KB070499

사회복지사의 길

99가지 실천지혜

권중돈 지음

학지사

지혜의 길 들머리에서

이 글은

사회복지사이자 교수로서의 삶에 대한 필자의 반성문(反省文)이면서,

후배 사회복지사에게 진심을 담아 전해 보는 권고문(勸告文)이다.

새벽 미명(未明)에 글을 쓰려고 앉았으나, 한동안 한 글자도 떠오르지 않는다. 엷은 어둠 위로 얇은 안개가 살포시 내려앉은 서재 창밖으로 '지혜의 등대'라 불리는 도서관 풍경이 깜깜한 머릿속의 엉킨 글 타래를 풀어 준다. 바다를 항해하는 배들은 검은 어둠이 내려앉은 바다에서 저 멀리 등대의 불빛으로 갈 곳을 알아차린다. 모진 세상 속에서 힘들고 지친 사람들은 사회복지사의 따사로운 마음과 진심 어린 도움의 손길에서 오늘과 내일을 살아갈 희망을 찾는다.

등대지기[燈臺手]는 배에게 밝은 희망의 빛을 선물하기 위해, 쉼 없이 등명기(燈明機)를 닦고 또 닦는 수고를 아끼지 않는다. 사회복지사 역시 세상 속 사람들의 삶의 길을 인도하기 위해 등대지기처럼 자신을 갈고 닦는다. 사회복지사는 머릿속에 전문지식을 가득 쌓고, 가슴에 사람 사랑의 마음을 가득 채워가며, 손발은 쉴 틈 없이 움직여서 사람을 돕고 세상을 살만한 곳으로 만들기 위해 애쓰고 있다. 사회복지사가 붙들고 씨름하는 '세상 속 사람의 삶'이라는 세 가지가 워낙 복잡하고 역동적 속성을 지니고 있어, 아무리 전문적 자질과 역량을 갈고 닦아도 사회복지

사가 어떻게 내담자의 삶의 길을 열어 줘야 할지 몰라 답답함을 느낄 때도 있다.

오랜 세월 이런 답답함을 함께 또는 바로 곁에서 지켜본 필자는 우매(愚昧)하고 몽매(蒙昧)함에도 불구하고, 제자들과 후배 사회복지사들에게 보탬이 되는 무엇인가를 해야겠다고 생각해 왔다. 그러던 와중 우연히 조선 양반가문에 전해져 내려오는 자녀양육법에 관한 책을 접한 필자는 재주라고는 글 쓰는 재주밖에 없으니 그것을 활용하여 후배 사회복지사들이 일하는 데 조금이라도 보탬이 되는 글을 쓰기로 했다.

오래 전 책을 쓰기로 마음을 먹고 떠올린 첫 번째 제목은 필자가 읽은 책의 제목을 본떠 만든 '사회복지사를 위한 쓴소리'이었다. 한참의 시간이 흐른 후, 필자가 참으로 좋아하는 이웃 대학의 동문수학한 교수님과 점심을 나누는 자리에서 책 제목을 꺼냈더니, "권 교수님! 사회복지사들 안 그래도 힘든데 쓴소리하지 말고, 격려의 말씀 좀 해 주는 건 어때요?"라고 하는 것이 아닌가? 그 순간 필자의 머릿속에 시쳇말로 '꼰대 교수'라는 네 글자가 떠오르면서, 책 제목은 물론 어떤 내용을 담을지에 대한 고민이 커져만 갔다. 그 고민을 머릿속에 담은 채로 필자는 전라남도 해남군 땅끝마을에서 인천광역시 강화군 교동도 대룡시장까지 이어지는 1,800km의 서해랑길에 올라섰다. 길을 걷다 잠시 쉬어가기 위해 앉은 바닷가 건너편 산속에 그 옛날 나무꾼들이 오갔을 만한 작고 좁은 길 하나가 눈에 들어왔다. 그 순간, 책 제목의 고민이 해결되었다. 책 제목 속 '길'이란 말에는 올바른 도(道, the Way)까지는 아니지만, 사회복지사가 '어떻게 일하고 어떻게 살아가는 것이 좋을지에 대한 방법과 방향'이란 의미가 내포되어 있다.

제목을 정하고 나니, '교수면 교수 짓이나 잘하지, 지가 뭔데 사회복지사가 하는 일에 감 놔라 팥 놔라 하는 거야.' '입으로 떠들기나 했지, 지가 사회복지현장에 대해 뭘 알아!' '딴 사람 말고, 너나 잘하세요.' 등의 말들이 환청으로 들려오고, 필자를 향해 건들거리는 검지들이 눈앞에 어른거리기 시작했다. 아무도 얼굴 맞대고 뭐라 하지 않았는데, 필자 스스로 그 말들과 손가락을 떠올리고 있었던 것이다. 그 내면의 목소리와 육십갑자(六十甲子)의 인생길을 한 바퀴 돌아 나왔고 일터에서 정한 정년도 코앞에 다가온 인생시계는 필자에게 그간 살아온 삶의 길을 깊이 성찰(省察)해 보기를 강하게 요구하고 있었다. 그 자아성찰의 결과물인 이 책은 필자가 사회복지사이자 교수 자리에 걸맞은 역할을 제대로 수행하지 못한 것에 대해 스스로 써서 제출하는 인생 반성문(反省文)이다. 이 반성문을 읽고 필자를 반면교사(反面敎師)로 삼아서, 후배 사회복지사들이 멋진 사회복지사로서 성장하고, 아름답고 행복한 삶을 살아가기를 바란다. 그 마음을 글로 표현해야겠다고 결심하고 하얀 종이 위에 까만 글자들을 채워 넣기 시작했다.

필자는 1995년부터 지금까지 예비사회복지사와 현장 사회복지사를 위한 수많은 강의와 강연을 해 왔다. 다양한 교과목과 주제를 담고 있기는 하지만, 필자가 청중들에게 전하고 싶은 핵심 내용은 사회복지사로서 갖추어야 할 조건과 자질에 관한 내용이었다. 그런 강의 경험을 바탕으로 쓰인 글이 바로 이 책의 첫 세 개의 글이다. 차가운 머리, 뜨거운 가슴, 움직이는 손과 발, 즉 지식, 가치, 그리고 기술이라는 세 가지 조건과 자질을 사회복지사들이 꼭 갖춰 주었으면 하는 필자의 바람을 가득 담아내려고 했다. 그 세 가지가 많으면 많을수록 좋겠지만, 부족해도 자신을 탓하지는 않았으면 한다. 그 대신 그 조건과 자질을 조금씩 차근차근 가득 찰 때까지 갈고 닦는 노력을 멈추지는 않기를 바란다.

필자는 1999년부터 지금까지 사회복지 프로그램 공모사업의 슈퍼바이저(supervisor)로 활동해 왔다. 보건복지부, 사회복지공동모금회, 삼성복지재단과 현대자동차, 아산복지재단 등에서 실시하는 정책사업이나 기획사업, 프로그램 공모사업에 참여한 여러 사회복지기관에 대해 슈퍼비전을 담당해 왔다. 정확히 세어보지는 않았으나, 1회성이 아닌 1년 단위의 정기적 슈퍼비전을 제공한 사회복지기관만 어림잡아 200곳은 넘을 듯하고 300곳은 채 안 될 듯하다. 프로그램 기획에서부터 평가에 이르기까지의 전체 과정을 지켜보고 길을 안내하는 과정에서 필자는 더 많은 것을 배우고 깨우칠 수 있었다. 그 경험들을 바탕으로 하여 쓴 글이 사회복지실천과 관련된 20개 꼭지의 글들이다. 사회복지실천방법을 활용하여 직접적 서비스를 제공할 때 내담자를 대하는 방법, 사람을 도울 때 특별히 관심을 기울여야 할 사항, 원조자로서 사회복지사의 역할 수행 방법 등에 대해 필자가 경험을 통해 얻은 지혜들을 글 바구니에 담아 놓았다.

필자의 전공을 굳이 말하라고 하면, 노인복지실천 전공이라고 스스로 규정하고 싶다. 필자가 사회복지정책을 전공하지 않았다 하여, 정책개발에 참여하지 않은 것은 아니다. 21세기 첫해에 사회복지기관들과 함께 모델을 만들었던 1.3 세대통합프로그램은 지금의 노인일자리사업의 출발점이 되었다. 2007년도에는 지금의 노인맞춤돌봄서비스의 모체가 된 노인돌봄기본서비스 개발에 깊이 관여했고, 2014년부터 6년 동안 보건복지부의 독거노인 친구만들기 사업의 사업지원단장으로서 모델 개발과 정책화에 주도적 역할을 해 왔다. 국가인권위원회의 노인인권 매뉴얼 작업을 주도하기도 했으며, 보건복지부의 국가 치매관리종합계획 수립 작업에도 여러 차례 참여한 바가 있다. 이런 정책개발 과정에 깊이 관여한 경험을 바탕으로 쓴 글이 사회복지정책에 관한 20개 꼭지의 글이다. 세상을 사람 살기 좋은 곳으로 바꾸기 위해 사회복지사가 해야 할 일, 정책의 목표와 기본 방향, 정책의제 선정부터 정책실행과 평가에 이르는 정책개발 과정에 관한 사항들과 관련하여 필자가 경험을 통해 얻은 것들을 글로 녹여 놓았다.

필자가 사회복지학 전공교수로서 해야 했던 필수적 활동 중에서 가장 깊은 의미를 두었던 것이 사회복지실천현장을 돕는 일이었다. 앞서 언급한 바와 같이 공공과 민간영역에서 실시하는 사회복지 프로그램 공모사업에 정확히 20년간 슈퍼바이저로 활동한 경험은 필자의 학문과 삶 모두에 지대한 영향을 미쳤다. 슈퍼바이저였지만 오히려 더 많은 것을 배울 수 있었고, 늘 현장의 사회복지사들과 함께 일하면서 실천현장에서 일어나는 일들과 고민거리들을 가까이서 느끼고, 그것들의 실마리를 풀 수 있는 답들을 함께 찾고 도와줄 수 있어서 참 좋았다. 사회복지 프로그램 개발의 전체 과정과 연관된 필자의 경험을 바탕으로 20개 꼭지의 글을 네 번째 묶음으로 엮어 놓았다. 이 글 뭉치에는 프로그램의 진정한 의미, 프로그램 기획의 첫 과정에서부터 프로그램 제안서를 작성하고 그것을 실행에 옮기고 평가하여 마무리하는 과정에서 사회복지사가 알아 주었으면 하는 지혜들이 담겨 있다.

필자는 1995년 신설학과에 첫 번째 교수로 부임하여 학과 조직을 운영하고, 대학에서 학생처장, 특수대학원장, 총장 비서실장을 거쳐 왔으며 사회봉사지원센터 모델을 개발하여 첫 번째 센터 장을 역임하기도 했다. 중앙정부와 지방정부 그리고 민간 사회복지조직의 이사, 정책위원, 운영위원, 실행위원, 자문위원 등의 이름으로 조직 운영에 관한 자문을 오랫동안 제공해 왔다. 이러한 필자의 조직 관리운영에 관여한 경험들과 사회복지조직의 장(長)들과의 대화를 통해 얻은 지혜들이 한데 어울려 나온 20개 꼭지의 글들이 다섯 번째 묶음의 사회복지조직 관리 운영과 조직생활에 관한 글이다. 그곳에는 사회복지조직의 사명, 사회 복지조직의 관리운영 방법, 사회복지사가 조직에서 살아가는 법 등에 관한 내용들이 지혜라는 말로 포장되어 모아져 있다.

　필자는 'Freud 팔아서 잘 먹고 잘 살다가 가는 교수가 되려느냐?'는 내면의 목소리에 번쩍 정신이 들어, 우리 것으로 복지하기를 위한 밑돌을 놓는 작업을 시작했다. 2004년 첫 번째 연구년에 우리 사상과 문화에 지대한 영향을 미친 유학에 관심을 갖고 한자 익히기를 시작하고, 세 번째 연구년 때는 선생님으로부터 유학 경전을 사사받기 시작했고, 이후 배우고 익힌 것들을 바탕으로 유학 경전을 사회복지적 관점에서 풀어쓴 두 권의 책을 출판하기도 했다. 지금도 유학과 사회복지실천에 관한 마지막 책 한 권을 쓰기 위해 읽고 정리하는 작업을 꾸준히 진행하고 있다. 이런 경험과 60년 이상 살아온 인생길에서의 경험을 바탕으로 이 책의 마지막 여섯 번째 글 꾸러미가 만들어졌다. 성찰과 수기라는 글 뭉치의 제목을 정해 놓고 막상 글을 쓰자니 아는 것이 없어 두렵기 그지없었다. 나이든 교수이긴 하나 아직 세상과 삶의 사리(事理)에 밝지 않은 우매함 때문에 필자의 경험이 아닌 옛 성현들의 장구(章句)의 힘을 빌려 사회복지사들이 자신을 되짚어 보고 스스로를 갈고 닦는 방법에 관해 열여섯 개의 글을 끄적거려 놓았다. 다른 곳보다 글이 네 개 적은 이유는 필자가 아는 것이 많지 않고 인격적으로 덜 성숙했기 때문이다.

　'사회복지사의 길을 걷지 않더라도 복지를 잊지는 말라.'라는 아흔 아홉 번째 글을 끝으로 우매(愚昧)하고 몽매(蒙昧)한 노교수(老敎授)가 진심을 담아 전하는 사회복지 실천지혜에 관한 글은 모두 마무리된다. 이렇게 마무리하고 나니, "백 개면 백 개지 왜 굳이 하나를 빼놓았을까?" 하는 의문을 갖는 독자와 사회복지사들이 있을 것 같다는 생각이 든다. 그 이유는 나머지 하나는 독자와 사회복지사 여러분이 이미 갖고 있거나, 앞으로 스스로 채워가야 할 지혜라고 생각했기 때문이다. 그래서 책 끝부분에 '99+α(알파)'라는 번호만 달고 밑줄만 그어 놓은 백지 한 장을 덧붙여 놓았다. 앞으로 사회복지사로서의 인생 경험을 통해 얻은 지혜들을 백 개 아니 천 개 만 개까지 채워가길 바라며, 또 여러분의 후배들에게 널리 전해주기를 부탁드린다.

필자는 1993년에 첫 저서를 지도교수님과 함께 출간한 이후, 지난 30년의 세월동안 이 책을 포함하여 모두 15권의 책을 집필했다. 2년에 한 권꼴로 새 책을 쓴 셈이지만, 글을 다듬어 재판(再版)한 경우까지 합산해 보면 정확히 1년에 한 권꼴로 책을 세상에 내놓은 셈이 된다. 모든 것이 읽어서 책의 나머지 절반을 완성해 준 독자의 덕분이다. 그런데 강원도 고성에서 부산 오륙도에 이르는 800km의 해파랑길을 걸으며 떠오른 복지 단상(斷想)을 담은 책 한권을 제외하면, 모두 전공 학술용어들로 빼곡하여 읽는 독자들이 많이 힘들었을 법한 책들이다. 어렵게 쓰인 글들로 독자들을 고문(拷問)을 한 것 같은 미안한 마음도 들고, 글을 읽다 흥미를 잃고 잠들게 만듦으로써 독자의 불면증 치료(?)에도 한 몫을 한 것 같다는 우스꽝스러운 생각이 함께 교차한다. 그래서 이 책만큼은 전공학술용어를 최대한 자제하고, 쉽게 읽히는 글로만 책을 채우고자 했다. 그러다 보니 일상에서 사용하는 다소 거친 표현들도 눈에 띌 것이다. 독자 여러분께서 필자의 속마음을 넓은 마음으로 헤아려 주시길 부탁드린다.

그런데 쉽게 쓴다고 쓰고 나니, 걱정이 한 다발 몰려든다. 이 책은 과학적으로 검증을 거쳐 오류가 최소한인 전공 지식(knowledge)을 담고 있는 책이 아니다. 필자의 경험을 바탕으로 터득한 사회복지와 삶에 대한 노하우(know how)인 지혜(智慧)에 관한 글이다. 지혜라는 단어를 국어사전에서 찾으면, "사물의 이치나 상황을 제대로 깨닫고 그것에 현명하게 대처할 방도를 생각해 내는 정신의 능력"이라고 뜻풀이가 되어 있다. 이 뜻을 깊이 새긴다면, 필자는 지혜라는 단어를 써서는 안 될 듯하다. 이 책의 글 속에는 필자의 삶과 경험을 통해 주관적으로 깨우친 것들이 많이 담겨 있기 때문에, 제대로 된 검증을 거치지 않은 다수의 편견과 오류가 포함되어 있을 수 있다. 이런 필자의 주관적 견해가 갖는 오류가 사회복지사와 독자 여러분에게 혹시나 해(害)를 끼치지 않을까 염려되고 또 염려된다. 그럼에도 다른 전공서를 내놓기 전에 예비사회복지사와 현장 사회복지사의 원고 검독을 미리 받았던 것과는 달리, 이 책은 아무에게도 미리 읽혀 보지 않았다. 그 이유는 책에 담긴 주관적 편견과 오류들에 대한 책임을 오롯이 필자의 몫으로 남겨 놓기 위함이었다. 괜히 글 읽어 주고 욕도 함께 먹게 하고 싶지는 않았다. 이 글을 읽는 사회복지사와 독자 여러분이 가진 혜안(慧眼)을 통하여 필자의 잘못을 걸러 주시기를 간절히 부탁드린다. 혹시라도 이 책이 나쁜 영향을 미친다 싶으면 필자를 향해 손가락질 해 주시고, 필자의 부족함을 거울삼아 올바른 사회복지사로서의 인생길을 걸어가시기를 진심으로 바란다.

이 책을 마무리하면서 감사해야 할 일이 너무 많다. 먼저 부족하고 죄 많은 필자를 지금껏 살게 해 주시고 크나큰 은혜를 베풀어 주신 하나님께 절하여 감사를 드린다. 이제는 못다 한 효도를 하고 싶어도 그럴 기회를 주시지 않는 하늘에 계신 부모님의 은혜에 눈물로 감사의 마음을 표현한다. 어려운 가정환경 탓에 막내 동생 먹이고 가르치느라 고생하신 형님과 누님들께 감사드리며, 부족한 것 많고 다정하기는커녕 퉁명스럽기만 한 남편과 아버지를 이해해 주고 도와준 아내와 아들, 딸과 사위에게도 고마운 마음을 전한다. 가끔은 속을 끓이기도 하지만 순수한 눈망울로 배움의 열정을 보여 준 제자들, 책을 통해 깨우친 것보다 더 크고 많은 깨달음을 선물해 준 사회복지실천현장의 사회복지사들, 그리고 현장에서 많은 경험을 쌓을 수 있는 길을 열어 준 보건복지부와 민간기업 사회복지재단의 관계자, 그리고 필자와 함께 사회복지 프로그램 공모사업의 슈퍼바이저로 활동해 주신 교수님과 관장님 그리고 실무자 여러분께도 감사의 마음을 함께 전한다. 그리고 지난 30년 동안 사회복지학 전공교수로서 알고 깨달은 것들을 깜깜한 곳간(庫間)에 쌓아 두지 않고 세상의 빛을 볼 수 있도록 길을 열어 주신 학지사의 김진환 사장님과 편집부, 영업부 직원들에게도 깊은 감사의 마음을 전한다.

2023년 도깨비 장마가 오락가락하는 한 여름날에
다섯 그루 소나무(五松)가 심겨진 호수 옆 작은 서재에서

글 싣는 순서

지혜 III. 사회복지정책

지혜 IV. 사회복지 프로그램

지혜 V. 사회복지조직

지혜 VI. 성찰(省察)과 수기(修己)

(부산 영도등대, 2012. 6. 28.)

《지혜 I.》

* * *

사회복지사

* * *

사회복지사는

어떤 자질과 조건을

갖추어야 하는가

✳ ✳ ✳

사회복지사의 사명(mission)은

사람들이 일정한 공간[社]에 서로 어울려 살면서[會]

물질적으로 풍요롭고[福] 정신적으로 안정된[祉] 삶을 살아가도록 돕고,

이 땅을 사람이 살기 좋은 세상으로 바꿔 나가는 것이다.

이를 위해

사회복지사는 세 가지 조건과 자질을 갖추어야 한다.

그것은 바로

차가운 머리(지식), 뜨거운 가슴(가치) 그리고 움직이는 손과 발(기술)이다.

01

무식해질 권리는 없다

사회복지사의 머리는 차가워야 한다. 그의 머리는 전문지식으로 가득 차 있어야 한다. 그런데 이 세상에 공부하기를 좋아하는 사람이 어디 있겠는가? 필자도 교수이지만 공부하기가 쉽지 않고 힘들 때가 많다. 그런데 아무리 공부가 귀찮고 하기 싫은 일이라도 머리가 텅 빈 사회복지사가 되어서는 안 된다. 사회복지사 역시 사람이기에 사람이 누릴 수 있는 모든 권리를 누릴 수 있다. 사회복지사는 존엄권, 자유권, 사회권, 절차적 권리라는 모든 인권을 가지며, 또한 그것을 누릴 권리가 있다. 그러나 무식해질 권리만큼은 누려서는 안 된다.

왜냐하면 사회복지사는 딱 알고 있는 만큼만 사람을 돕고 세상을 변화시킬 수 있기 때문이다. 사회복지사가 배움[學]과 익힘[習]을 멈추게 되면, 그가 가진 지식은 구식이 되고, 내담자는 결국 구식서비스를 받게 된다. 사회복지사가 아는 것이 없으면, 즉 무식하면, 내담자는 결국 무식한 서비스를 받는다. 구식이라고 해서 전혀 통하지 않는 것은 아니고, 무식하면 용감하다고 그 용감함이 오히려 의외의 결과를 낳을 수도 있다. 하지만 딱 거기까지가 끝이다. 뒷걸음치다 쥐 잡는 요행수로는 사람을 제대로 돕고, 세상을 바꿀 수도 없다. 그러므로 '배우고 수시로 익히면 또한 기쁘지 아니한가?(學而時習之 不亦說乎)'라는 『논어』「학이편」 1장의 첫 구절을 굳이 끌어올 필요도 없이, 사회복지사로 살아가는 동안에는 끊임없이 배우고 익혀야 한다.

그러면 무엇을 배우고 익혀야 하는가? 사회복지사가 배우고 익혀야 할 것은 크게 말해 세 가지로 간추릴 수 있다. 첫째, 사람과 세상을 이해하는 데 필요한 기초지식(foundation knowledge)이다. 셰프(chef)는 식재료의 특성을 알아야 최선의 조리법을 선택하여 맛난 음식을 만들어 낼 수 있다. 면의 속성을 알면 끓는 물에 삶고 찬물에 헹궈 쫄깃한 면발을 만들지만, 그걸 모르면 처음부터 차가운 물에 면을 넣고 끓여서 꿀꿀이 죽을 만들고 말 것이다. 사회복지사는 사람의 신체 · 심리 · 사회적 속성을 이해하고, 사회의 구조와 기능, 변동 등을 이해하는 데 필요한 기초지식을 학습해야 한다. 이를 위해 철학, 심리학, 사회학, 정치학, 경제학 등의 다양한 인문사회학적 교양지식을 쌓아야 한다.

둘째로 배워야 하는 것은 바로 사람을 돕고 세상을 바꾸는 데 필요한 실천지식(practice knowledge)이다. 사회복지학 교육과정을 거치며, 사회복지실천론, 사회복지실천기술론, 사회복지정책론, 사회복지행정론 등 다양한 미시와 거시의 접근방법과 관련된 교과목을 이수하였을 것이다. 이러한 교과목이 바로 실천지식의 범주에 속한다. 그런데 대학을 졸업하고, 아니면 사회복지사 자격시험을 끝내고 나서 이 책들이 한갓 책장의 장식품으로 전락하고, 손에 쥐어 본 지 오래되지는 않았는지 스스로 되돌아 볼 필요가 있다. 대학에서 배운 것으로 몇 년을 버틸 수 있을 것인가? 인간의 기억력은 한계가 있기에, 잊고 또 잊어버린다. 그 결과로 사람을 돕고 세상을 변화시키는 방법은 자신의 머릿속에서 하나

둘 무의식의 깊은 심연 속으로 빨려 들어가고, 종국에는 텅 빈 머리가 될 것이다. 배운 것을 다시 찾아보고, 반복하여 익히는 노력이 필요하다. 그런데 사회복지 전공지식만 있으면 되는 것이 아니다. 정신치료, 심리상담, 재활의학, 대안요법, 간호학, 경제정책, 주택정책 등 다양한 전문분야의 지식도 폭넓게 쌓아가야 한다.

셋째로 배워야 하는 것은 바로 실천지혜(practice wisdom)이다. 필자는 학생들에게 "사회복지의 절반은 책에 있고, 나머지 절반은 현장에 있다."고 늘 얘기해 왔다. 책 속에 담긴 지식을 외워서 머릿속에 담아 둔 지식이 아무리 많아도 그것이 머릿속에만 머물고 있다면, 그것은 '박제(剝製)된 죽은 지식'에 불과하다. 그러므로 책을 통해 얻은 지식이 입으로, 손과 발로, 몸짓으로, 프로그램 계획안으로 바뀌어, 사람을 돕고 세상을 변화시키는 데 쓰일 때, 진정 살아 움직이는 지식이 되는 것이다. 간혹 현장 슈퍼바이저 중에는 이론과 실천은 다르고, 책과 현장은 다르다고들 말하는 이들이 있다. 그러나 이 말은 결단코 틀린 말이다. 책 속에 현장이 있고, 현장 속에 책이 있어야 하고, 또 실제로 그렇다. 사회복지사가 책을 통해 배운 것을 사람을 돕고 세상을 바꾸는 일에 끊임없이 적용하기 위해 노력하고, 적용한 후에는 그것이 책에 있는 것과 어떻게 다르고 같은지, 어떻게 하면 책 속의 지식을 현장에서 써먹을 수 있을 것인지를 끊임없이 고민해야 한다. 이러한 지식의 현장 적용 노력의 과정 속에서 사회복지사는 나름의 실천지혜, 즉 사람을 돕고 세상을 바꾸는 데 필요한 노하우(know how)를 얻을 수 있게 된다.

그렇다면 이 세 가지 지식을 어떻게 쌓아가야 할까? 우리나라 교육문화의 주입식 교육체계로 인하여, 필자를 포함한 우리 모두는 책의 내용을 정리하여 외우고 기억하는 것을 공부하는 것이라고 생각해 왔다. 이 학습법이 모두 틀린 것은 아니다. 『논어』의 첫 글자는 '배울 학'인데, 이때 학(學)이라는 한자는 '아이가 앉아서 책을 손에 쥐고 있는 모양'을 형상화한 글자이다. 그러므로 배움의 첫 단계는 전문가나 학식이 높은 사람들이 써 놓은 책이나 학술논문을 읽거나 강의를 듣고, 중요한 내용들을 머리에 저장해 두어야 한다. 그런데 최근에는 인터넷이나 유튜브 등의 매체에 실려 있는 단편적 정보만 검색하고 전문서적을 멀리하는 경우가 많은데, 그런 정보들은 상당한 오류가 내포되어 있으므로 다소간 위험해 보이는 정보이고 지식이다. 그러므로 기왕 배울 것이면 전문 학술도서나 학술논문을 읽는 것이 바람직하다.

책을 읽고 지식이나 정보를 얻는 것만으로는 사회복지사의 학습과정이 완성단계에 이르지는 못한다. 그것은 저자의 지식을 자신의 머릿속에 옮겨서 저장해 놓은 것에 불과하다. 진정한 학습은 책을 읽은 다음에 이어지는 생각하는 행위(thinking)가 뒤따라야 한다. 저자가 왜 그런 말을 했으며, 그 말이 적용되는 경우와 적용되지 않는 경우는 무엇이며, 그것보다 더 좋은 방법은 혹시 없는지, 그 말과 반대로 하면 어떤 일이 벌어질지 등에 대해 생각에 생각을 거듭해야 한다. 그래야만 진정 자신이 이해하고 습득한 자기만의 살아있는 지식이 된다. 필자가 하는 일이 책 읽고 글을 쓰는 것이라 많은 책을 읽었지만, 책을 덮고 며칠이 지나면 그 중에 기억 속에 남아 있는 글귀는 몇 문장도 되지 않는다. 800쪽이 넘는 전공서적을 읽는다고 해도 깊은 생각이 뒷받침되지 않으면, 머릿속에 남아 있는 건 많지 않다. 단지 두껍고 어려운 전공서적을 읽어 냈다는 심리적 성취감만 남을 뿐이다. 반면에 곰곰이 생각하면서 찬찬히 읽은 책들은 대부분 그 내용들이 머릿속에 저장되어 있는 경험을 필자는 해 봤다. 생각 없이 눈으로 읽어 내려가는 책은 눈의 피로만 쌓이게 할 뿐이고, 무의식의 창고만 살찌게 하는 행위에 불과하다. 이제부터는 책이나 논문을 읽을 때 심지어 인터넷 등의 정보들을 볼 때도, 곰곰이 생각에 생각을 거듭하며 읽어야 할 것이다. 즉, 비판적 사고를 하면서 책과 논문, 정보매체를 통해 배워 나아가야 할 것이다.

읽고 생각하면 진정한 자기 지식이 되는가? 아니다. 머릿속 지식이 입으로, 손으로, 그리고 발을 통해 제공하는 서비스 행위에 녹아나올 때, 비로소 진정한 지식이 된다. 『논어』「학이편」1장의 '배울 학'이란 글자 뒤에 이어지는 한자는 '익힐 습(習)'이다. 이때 습은 '새가 계속해서 날갯짓을 하여 하늘을 나는 행동에 익숙해진다.'는 의미를 담고 있다. 읽고 생각해서 알게 된 지식을 내담자를 돕고, 정책이나 프로그램을 기획하는 과정에 적용해 보고, 그 지식의 활용가능성과 타당성, 신뢰성 등을 확인하고, 문제가 있다면 다시 수정해서 시도해 보는 과정을 통해서 깊이 있게 익혀 나가야 한다.

이렇게 얘기하면 사회복지사들은 '할 일도 많은데 언제까지 그렇게 하느냐?'고 볼멘소리를 할 수도 있을 것이다. 『논어』「학이편」1장의 익힐 습이라는 글자 앞에 '때 시(時)'가 붙어 있다. 번역서들을 보면 많은 책에서 시습(時習)을 '때때로 익히고'라고 번역하고 있다. 그런데 '때때로'라고 하면 '다른 일하고 시간 날 때 어쩌다 한번 정도 해도 괜찮다.'는 무의식적 사고를 형성할 위험이 높아 보인다. 그래서 필자는 시습을 '수시로 익힌다.' 아니면 '시도 때도 없이 익힌다.'로 해석하여 받아들인다. 물론 필자가 유학자가 아니니 해석이 틀릴 수도 있다. 그러나 공자가 진정으로 하고 싶은 말은 '시도 때도 없이 끊임없이 익혀라.'라는 의미일 것이 분명하다. 이에 필자도 사회복지사 여러분이 일하고, 밥 먹고 놀고 난 다음에 시간 날 때 배우고 익히는 것이 아니라 일상에서 늘 배우고 익히는 시간을 만들라고 권면하고 싶다. '하루라도 책을 읽지 않으면 입에 가시가 돋는다[一日不讀書 口中生荊棘].'라는 안중근 의사가 남긴 말을 따라, 일에 치이고 할 일이 넘쳐나도 하루 한 페이지라도 책을 읽고 생각하고 자신의 일에 그 지식을 적용하기 위해 노력하는 사회복지사를 필자는 자주 만나고 싶다. 지난 달 지출 중에 마신 커피값이 사서 읽은 책값보다 많다면, 이번 달에는 카페가 아닌 서점으로 좀 더 자주 발걸음을 옮겨 볼 일이다.

02

사람 사랑의 마음을 가득 채워라

사회복지사의 가슴은 뜨거워야 한다. 그것도 사람 사랑의 열정으로 말이다. '사람 사랑'은 사회복지사가 갖추어야만 하는 전문직의 가치를 압축적으로 표현하는 말이다. 그런데 사람을 사랑하는 것이 그렇게 쉬운가? 아니지 않은가? 내 가족, 내 애인에게도 소홀해지고 사랑이 식어가는 경우도 허다하게 볼 수 있다. 그런데 피 한 방울 안 섞인 내담자에게 끊임없는 사랑을 가슴에 안고 평생을 헌신한다는 것은 힘들고 또 힘든 일임에 분명하다. 그러나 사람 사랑의 열정이 사라지는 순간 사회복지사의 존재 근거는 사라진다. 그러므로 그 사랑이 식지 않도록 사회복지사는 끊임없는 노력을 기울이고, 그 사랑을 지켜내기 위한 행동지침을 지니고 있어야 한다.

그렇다면 누구를 사랑할 것인가? 물론 모든 사람을 사랑해야 할 것이다. 그런데 『논어』 옹야편 28장에서 자공이 '백성에게 은혜를 널리 베풀어 많은 사람을 구제한다면, 인(仁)하다고 할 만합니까?'라고 묻자, 공자는 그것은 성인의 경지에 이른 사람만이 할 수 있는 일이라 답한다. 필자를 포함하여 사회복지사는 성인은커녕 군자도 못되는 그냥 보통 사람이다. 그러기에 모든 사람을 사랑하고 뭇 백성들을 돕는 일을 해낼 수는 없다. 그렇다면 사회복지사가 '아끼고 위하며 소중히 여기는 마음을 갖고 그런 마음을 베푸는 일', 즉 사랑해야 할 사람은 다름 아닌 바로 내담자이다. 그 이유는 사회복지사가 존재하는 이유는 바로 내담자가 있기 때문이다. 내담자는 고객이요 주인이며, 사회복지사는 그로 인해 일거리를 갖게 된 사람인 것이다. 달리 말하면, 사회복지사는 내담자를 섬기고 받들어야 하는 사람인 셈이다. 그러므로 사회복지실천의 모든 근원은 사회복지사가 아니라 내담자에게서 유래된다고 볼 수 있다.

사회복지사가 내담자를 사랑하는 마음을 유지하기 위해 해야 할 행동은 세 가지이다. 내담자의 욕구에 대한 관심, 내담자의 복지에 대한 관심 그리고 전문직 윤리강령의 준수가 그것이다.

가장 먼저 사회복지사는 내담자가 관심 있어 하는 것, 내담자가 원하는 것 그리고 내담자가 힘들어하는 것이 무엇인지에 대해 끊임없는 관심을 기울여야 한다. 즉, 내담자에게 오감(五感)을 집중하여, 내담자의 관심과 욕구, 문제를 마음으로 느끼고 머리로 깨달을 수 있어야 한다. 그것이 사람 사랑의 시작이고, 그런 사랑의 마음을 가진 다음에야 사회복지사의 다른 모든 활동이 시작될 수 있는 것이다. 그렇다면 내담자의 관심과 욕구를 파악하는 방법은 무엇인가? 두 가지 방법이 있을 수 있다. 하나는 내담자가 바라는 것을 있는 그대로 느끼고 파악하는 것이고, 다른 하나는 내담자가 필요로 하고 원하는 것을 사회복지사가 판단하는 것이다. 첫 번째 방법에 의해 파악된 내담자의 욕구를 '실제로 느끼는 욕구(felt need)'라고 하며, 두 번째 방법에 의해 파악된 것은 '전문가인 그들이 판단한 욕구(they need)'라고 한다. 이 두 가지 욕구가 일치하면 가장 이상적인 상태라고 할 수 있다. 전문가랍시고 마음대로 내담자의 욕구를 판단하고 규정해서는 안 된다. 그런 행동은 내담자를 사랑하는 것이 아니라 내담자를 힘들게 만들고 괴롭히는 일에 다름 아니다. 그러므로 사회복지사는 인지능력이 심하게 손상된 내담자를 원조할 때를 제외하고는 내담자가 실제로 느끼는 욕구에 근거하여 서비스를 제공해야만 한다.

사람 사랑의 가치를 유지하기 위해 사회복지사가 해야 할 두 번째 일은 바로 내담자의 복지에 관심을 기울이는 것이다. 복지에 대해 이러 저러한 정의가 내려지고 있지만, 그 말뜻은 '물질적으로 풍요롭고[福] 정신적으로 안정된 삶[祉]'을 살아갈 수 있도록 돕는 것이다. 그러므로 내담자가 도움을 요청한 문제나 욕구를 해결하고 충족시켰다고 해서 사회복지사의 일이 끝난 것은 아니다. 바로 내담자의 일상적 삶의 질에 대한 관심으로 이어져야 한다. 밥은 먹었는지, 잠자는 방의 난방은 잘되는지, 맡은 일은 잘하고 있는지, 주변 사람들과는 사이좋게 지내는지, 아플 때 치료와 돌봄을 제대로 받고 있는지, 외롭거나 쓸쓸해하지는 않는지 등의 내담자 삶 전반에 대한 관심을 보이고, 그 삶에 어려움이 초래되지 않도록 관심을 갖고, 도울 일이 있으면 돕고 또 도와야 한다. 내담자의 욕구와 복지에 대한 관심을 지속적으로 유지하기 위해서는 내담자 대한 진정한 관심, 감정이입, 온화함 등을 갖추어야 하는데, 그게 말처럼 쉽지 않다.

그래서 사회복지전문직에서는 사회복지사에게 '최소한 이것만은 지키라.'고 준엄하게 명령하고 있는 윤리강령을 제시하고 있다. 사회복지사 윤리강령은 전문직의 가치 중에서 최소한 이것만은 지키도록 권유, 아니 요구하는 사회복지사의 행동원칙이자 윤리적 원칙이다. 즉, 사회복지사의 올바른 행동거지를 제시해 놓은 것이 윤리원칙이다. 미국사회복지사협회(NASW)의 윤리강령에 의하면 서비스, 사회정의, 인간의 존엄성, 인간관계의 중요성, 통합성, 유능성이 핵심 가치 영역으로 제시되어 있다.

첫 번째 윤리강령이 내담자에 대한 서비스(service), 즉 받들고 섬기는 행위이다. 이를 위해서 사회복지사는 앞에서 논의한 차가운 머리와 함께 사람 사랑, 즉 인본주의적 원칙을 준수해야 한다. 다시 말하자면 나-대상(I-it)의 물화(物化)된 관계가 아니라 나-당신(I-Thou)이라는 인격적 관계를 형성할 수 있어야 한다. 그러기 위해서 사회복지사는 진실해야 하고 언행의 일치를 이루어야 하며, 내담자의 마음을 읽고 그 마음에 적절한 반응을 할 수 있어야 한다. 이러한 사회복지사의 행동을 내담자가 느낄 수 있을 때, 사람 사랑의 가치가 전달될 수 있는 것이다.

그래야만 내담자가 사회복지사를 신뢰하고 자신의 변화와 문제해결을 위한 마음을 품게 되는 동기화(motivation)를 한 후에, 그의 역량(capacity)을 개발하고, 이를 현실의 삶에 적용해볼 수 있는 기회(opportunity)를 부여하는 원조전략이 의미를 지니게 된다. 즉, 내담자의 동기화가 되지 않은 상황에서는 문제해결이나 욕구충족이 이루어질 수 없기 때문에, 내담자를 향한 관심과 사랑이 선행되어야 한다는 것이다.

이와 같이 자신을 이해해 주고, 받아 주고, 비난하지 않고, 자율권을 주는 사회복지사로부터 사랑을 느낀 내담자는 스스로 자신의 능력과 장점, 자원을 활용하여 자신을 변화시키려 할 것이다. 그러나 전문가랍시고 자기 마음대로 판단하고, 뭐든 하라고 시키고, 못하면 뭐라고 하는 사회복지사에게 내담자는 마음의 문을 닫아 걸 것이 분명하고, 주객이 전도되었다고 생각할 것이다. 그런 사회복지사는 대부분 내담자의 장점을 찾기보다는 내담자의 단점을 먼저 찾게 된다. 강점관점접근

(strength-centered approach)이나 역량강화접근(empowerment approach)이 아닌 문제중심, 치료중심의 접근방법을 사용하게 되고, 그럴수록 사회복지사는 소리 지르고 귀찮아하고, 투덜거릴 일이 많아지고, 나중에는 그마저 귀찮아져 내담자를 그냥 내버려 두게 된다. 매순간 내담자가 실제 느끼는 욕구와 그의 복지는 안중에도 없고 자신이 전문가로서 판단한 욕구만 눈에 들어오게 되어 사람 사랑의 마음은 얼음장같이 차갑게 식어 가게 되는 것이다.

사회복지현장에서 일하는 사회복지사의 경우, 입사 초기에는 뜨거운 사람 사랑의 열정이 넘치지만, 시간이 흐를수록 반복되는 일들로 지치고 힘들어하며 그 사랑이 식어 가는 경우가 많다. 그리고 급기야는 그냥 내담자가 요구하는 것만 도와주고, 그와 관련된 행정업무를 처리하고 월급 받아서 살아가는 보통의 직장인으로 자신을 자리매김해 버리는 사람들이 있다. 아니면 몸이 지치고 마음이 천 갈래 만 갈래 찢어져 드러누워 버리는 소진된 사회복지사도 있다. 사회복지사가 아무 것도 하기 싫으니 내담자는 최소한의 서비스만 받을 수밖에 없게 되고, 그들의 삶의 주름은 펴지지 않은 채 하루하루 팍팍한 삶을 이어가게 된다. 그렇게 되면 사회복지사는 내담자 삶의 지원군이 아니라 방해꾼이 되는 것이다.

이러한 상황에 빠져들지 않기 위해서 사회복지사는 항상 자신의 직무와 관련된 새로운 것을 찾기 위하여 깊이 생각하고, 스트레스를 그때그때 풀어야 하며, 자기계발을 위한 노력을 꾸준히 기울여야 한다. 이런 노력도 하지 않은 채 그냥 월급쟁이 노릇만 하는 사람은 인간봉사전문직에 종사해서는 안 된다. 사람을 사랑하지 않는 사회복지사라면, 하루라도 빨리 사람을 돕는 일에서 물러나는 것이 마땅하다.

03

서비스의 달인(達人)이 되어라

　사회복지사의 손과 발은 끊임없이 움직여야 한다. 움직이는 손과 발은 '목적이 있는 행동(acting)'을 의미한다. 인간봉사전문직 종사자가 행동하는 목적은 바로 사람을 돕는 데 있으므로, 목적이 있는 행동이란 바로 인간 원조행동이다. 사람을 돕는 행동이 어설프게 되면, 도움을 받는 사람의 신뢰를 얻지 못할 뿐 아니라 그의 삶에 변화를 초래하기도 힘들고, 도움을 제공하는 자신도 힘들고 지칠 수밖에 없을 것이다. 그러므로 사회복지사는 내담자를 원조하는 행동, 즉 서비스를 제공하는 데 필요한 능수능란한 전문적 기술(skill)을 갖추어야 한다.

　사회복지학은 실천학문이고 응용학문이기 때문에 머리로만 이해하고, 가슴으로 느끼기만 해서는 아무런 의미가 없다. 머릿속 지식이나 가슴속 가치가 바로 기술이라는 행동을 통해서 나타나기 때문에, 사회복지사에게 있어서 기술은 매우 중요하다. 그러나 지식과 가치가 밑바탕이 되지 못한 기술은 사회복지사를 전문가(professional)가 아닌 기술자(technician)로 전락시키게 된다. 능수능란한 기술이 있을 때 사회복지사는 사람을 돕고 세상을 변화시키는 일을 잘 해낼 수 있을지 모르지만,

사회복지사의 존립 근거이고 최종 목표이기도 한 '인간'이라는 존재를 뒷전으로 밀어내 버리는 오류를 범하게 만든다. 그러므로 사회복지사는 단순히 기술만을 갖추어서는 안 되며, 지식과 기술을 밑바탕으로 하여 전문기술을 발전시켜 나가야 한다.

캠브리지 영어사전에 의하면, 기술이란 '어떤 활동을 잘 해낼 수 있는 능력(ability to do an activity well)'이라고 정의되어 있다. 사회복지실천으로 말하자면, 사람을 돕고 세상을 변화시키는 일을 잘 해낼 수 있는 능력이라 할 수 있다. 어린이백과사전에서는 기술을 '솜씨'라고 규정하고, 그 예로 어머니의 음식 솜씨를 들고 있다. 같은 재료라도 어머니의 음식 솜씨에 따라 음식의 질은 큰 차이를 보이고, 엄마 손맛이 배인 정도에 따라 음식 맛은 확연히 달라질 것이다. 엄마 음식 솜씨처럼 사회복지사의 기술 수준에 따라 사회복지실천의 결과는 다르게 나타난다.

그렇다면 사회복지사가 갖추어야 하는 기술에는 어떤 것들이 있는가? 첫째, 관계를 맺는 기술이다. 사회복지실천에서의 원조는 인간과 인간 사이의 관계를 바탕으로 하여 이루어지는 것이다. 그러므로 사회복지사는 내담자와 작업동맹(working alliance), 친화관계(rapport) 또는 촉진적 원조관계를 맺을 수 있는 기술을 가장 먼저 익혀야 한다. 이러한 기술 역시 인간봉사전문직의 전공 공부를 하는 과정에서 배운다. 대표적으로 Carl R. Rogers가 말하는 '진실성 또는 일치성, 무조건적 긍정적 존중 그리고 감정이입적 이해 또는 공감'할 수 있는 역량을 기르는 것이다. 그리고 사회복지실천의 과정에서 Felix Biestek이 말한 원조관계의 7대 원칙을 따를 수 있는 역량을 갖추어야 한다. 즉, 개별화, 의도적 감정표현, 통제된 정서적 관여, 수용, 비심판적 태도, 자기결정, 비밀보장이다. 대상관계이론가인 Donald W. Winnicott이 말하는 내담자를 정서적으로 포근하게 안아줄 수 있는 환경(holding environment)를 만들어 낼 수 있는 능력을 갖추어야 한다. 그 외에도 내담자와 전문적 원조관계를 맺기 위해서는 주의집중, 감정이입, 경청, 일관성 등의 다양한 기술이 활용될 수 있다.

　그런데 사회복지사가 내담자의 삶에 변화를 일으키고자 하는 목표에만 초점을 두고 돕는 일을 하다 보면, 가장 기본이 되는 사람과 관계 맺는 기술들을 까맣게 잊거나 소홀히 하는 경우가 많다. 그러면 아무것도 이룰 수 없고, 죽도 밥도 안 되는 결과를 얻게 될 터이니, 관계기술의 역량을 기르는 데 많은 노력을 기울여야 할 것이다. 예를 들면, 우리는 장애인을 장애인이라는 범주로 묶어서 도와주려 한다. 특히 공동생활을 하는 시설에서 장애인 개인별로 재활계획을 수립하지 못하고 있는 경우가 많은데, 이는 바로 개별화의 관계원칙을 따르지 않는 것이다. 그리고 수용하기 보다는 거부하고, 심판적 태도로 장애인 내담자를 나무라고, 그의 마음을 표현할 수 있는 기회를 주기보다는 성급하게 미리 판단해 버리고, 장애인 내담자가 자기 결정의 능력이 없다고 판단하여 사회복지사가 대신 뭔가 다 해 줘 버리고 더 나아가서는 장애인 내담자의 의견을 무시하기도 한다. 이런 사회복지사의 관계 맺는 기술이 인간적 서비스와 좋은 결과로 이어질리 만무하다.

　둘째는 내담자에게 실질적 도움을 제공하는 데 필요한 개입기술이다. 개입(intervention)이란 사회복지전문직이 의료적 모델을 따르던 초기에는 치료(treatment)와 동일한 의미로 사용되었다. 하지만 사회복지전문직의 지식과 기술적 기반이 탄탄해짐에 따라 내담자의 욕구충족, 문제해결, 증상이나 병리의 치료, 장애로부터의 재활 등 내담자와 환경 사이의 적응과 적합성을 방해하고 저하시키는 요인들을 변화시키는 모든 원조활동을 의미하는 말로 그 의미가 확대되었다. 이에 따라 개입기술도 단순한 증상과 병리 제거나 치료에 국한되지 않고 매우 폭넓고 다양해졌다. 장애인복지기관에서 사용하는 기술을 예로 들어 보면, 일상생활 원조기술, 상담, 작업치료, 물리치료, 운동재활요법, 언어치료, 미술치료, 치료레크레이션, 사회재활 등등 이루 헤아리기 힘들 정도로 많이 있다. 그런데 문제는 이런 치료 또는 요법이라는 말이 들어가는 개입활동은 전문적으로 보는가 하면, 그렇지 않은 경우는 전문적 개입이라고 보지 않는 잘못된 이분법적 사고가 사회복지사들에게 팽배해 있다는 것이다.

인간봉사전문직 종사자의 개입영역은 내담자의 삶 전체이다. 그러므로 밥 먹이고 대소변 가리는 것부터 상담이나 치료 프로그램을 진행하는 일에 이르기까지의 모든 개입활동이 전문적인 활동인 것이다. 대소변을 못 가리는 내담자에게 있어서 상담을 통해 마음의 응어리를 푸는 것보다 기저귀 교체가 가장 시급한 삶의 문제이다. 그런데 사회복지실천에 몸 담고 있는 우리들조차도 대소변 수발하는 것은 하찮은 것이고, 상담은 전문적 일이라고 생각하는 경향이 없지 않다. 그런데 그렇지 않다. 두 가지 행동 모두 내담자의 욕구를 채워 주고 삶의 문제를 해결할 수 있도록 돕는 일이기에 다 소중한 일이고 모두 전문적 개입활동이다.

그런데 왜 사회복지사들은 어떤 것은 하찮은 일이고 어떤 것은 고차원적 일이라고 생각하는 것일까? 사람의 욕구를 채워 주고 삶의 어려움을 해결해주는 모든 개입활동은 전문적 활동이고 기술이다. 다만 내담자의 기본적 일상생활 원조활동은 사회복지사가 아니어도 할 수 있는 행동이고 원조활동이기는 하다. 그러나 일반인의 돌봄 봉사활동과 달리 사회복지사의 돌봄서비스는 대소변 수발과정에서도 내담자의 자존감을 지켜 주고, 생식기 주변의 위생관리와 감염예방을 위해 세심한 배려를 한다는 점이 다르다. 이와 같이 사회복지사는 아주 사소해 보이는 원조활동에도 전문적 관심을 기울일 수 있는 능력을 키워 나가야 할 것이다. 그럴 때만 진정한 전문가라는 평가를 받을 수 있다.

세 번째로 사회복지사가 갖추어야 할 기술은 서비스 기술이다. 사회복지사의 모든 행위는 서비스(service)이다. 서비스란 말 그대로 남을 받들고[奉]섬기는 행위[仕]이다. 그런데 사회복지사는 삶의 의존성이 높은 내담자를 받들고 섬기는 것이 아니라 전문가랍시고 '위에 서서 나누어 주고 베푸는 서비스'를 하는 경우가 종종 있다. 그건 서비스가 아니며, 전문성이 갖추어진 활동은 더더욱 아니다. 진정한 전문서비스는 받들고 섬기는 것이다. 즉, 내담자를 위해서(for the client) 또는 내담자에게 (to the client) 서비스를 베푸는 것은 진정한 의미의 서비스가 아니다. 내담자와 함께(with the client)라는 관점에서 내담자를 받들고 섬기는 행위가 바로 전문적 서비스인 것이다. 아무리 능력 있는 사회복지사라고 할지라도 으스대고 뽐내고 생색내면서 도와준다면, 어떤 내담자가 그를 전문가라고 인정하겠는가? 사회복지사라면 누구나 사람을 섬기고 받들 줄 알고, 세상에 헌신하고자 하는 섬김의 태도와 기술을 갖추기 위해 노력에 노력을 거듭해야 할 것이다.

(인천 영흥도, 2017. 1. 28.)

《지혜 II.》

* * *

사회복지실천

* * *

사람을 제대로 도우려면

어떻게 해야 하는가

✳ ✳ ✳

사회복지실천은
사람들이 어제 보다 나은 오늘,
오늘보다 나은 내일의 삶을 살아갈 수 있도록 돕는
사회복지의 핵심 방법론이다.

사회복지실천의 중심은
사회복지사가 아니라 내담자이다.

사회복지사가 아는 만큼만
내담자를 도와줄 수 있고,

사회복지사가 성숙한 딱 그만큼만
사람들의 삶에 변화를 일으킬 수 있다.

04

최소한 해(害)를 끼치지는
말아야 한다

사회복지사는 사람과 세상 그리고 그 속에서 펼쳐지는 삶의 모습을 바꾸기 위해서 일한다. 먼저 사람을 돕기 위해 사회복지사는 수많은 일을 한다. 사람이 자라면서 마음에 상처를 입었다면, 그 마음을 다독이거나 꿰매서 마음의 상처가 덧나지 않게 돕는다. 여러 이유로 사회가 바람직하지 않다고 규정하는 성격이나 행동 특성이 있다면, 그것을 바로잡아 건강하고 바람직한 방향으로 변화시킨다. 사람이 세상을 살아가면서 해야 할 일, 즉 사회적 기능(social function)을 수행하지 못한다면, 동기(motivation)를 불러일으키고, 실질적 역량(capacity)을 키우고, 그것을 써먹을 수 있는 기회(opportunity)를 마련해 준다. 일할 수 없다면 일할 수 있는 기회를 연결하고, 몸에 병이 들었다면 적절한 치료와 돌봄을 받을 수 있도록 돕는다.

사회복지사가 사람을 도와서 변화시키더라도 세상이 바뀌지 않으면 그 효과는 반감될 수밖에 없다. 다 같이 어울려 함께 살아가는 세상을 모두가 꿈꾸지만, 세상 속에는 사람 살기에 부적절한 일들이 많이 벌어지고 있다. 모두가 알몸이라는 같은 조건을 갖고 태어났지만, 불평등과 차별이 만연하고 억압과 학대행위가 갈수록 늘어나고 있다. 누구는 금수저라 능력이 없어도 승승장구하는데, 또 누구는 흙수저라 뼈 빠지게 노력해도 마냥 그 자리인 것이 세상이다. 자원, 능력, 지위, 권력 심지어는 성별과 나이에 따라서도 세상은 갈수록 나눠지고 양극화되어 가고 있다. 그러므로 사회복지사는 세상이 정의롭고 사람 살기에 좋은 곳으로 바뀔 수 있도록, 좋은 정책도 만들고 필요하면 사회행동(social action)도 적극적으로 전개해 나가야 한다.

이렇듯 사회복지사가 사람을 돕고 세상을 바꾸려는 것은 바로 세상 속에서 펼쳐지는 사람들의 삶의 형편이 좀 더 나아질 수 있도록 돕기 위함이다. 물론 사회복지사가 사람들의 삶을 송두리째 바꿔 줄 수 있는 것은 아니며, 사람과 세상에 작은 변화를 일으켜 그의 삶이 조금이라도 나아지도록 돕는 것이다. 만약 사회복지사의 도움으로 내담자가 어제보다 나은 오늘의 삶을 살게 되고, 오늘보다 나은 내일의 삶을 꿈꿀 수 있게 되었다면, 사회복지사는 자신의 일을 정말 멋지게 해낸 것이다.

사람을 돕고 세상을 바꾸어서 보다 나은 삶으로 바꾸기 위해 사회복지사가 하는 모든 일을 우리는 통 털어서 원조(helping), 쉬운 우리말로 도움이라고 한다. 그러므로 사회복지사는 도움을 통해 사람, 세상 그리고 삶에 변화를 일으키는 전문가이다. 사회복지정책을 만들든 현장에서 실천을 하든, 절대 다수의 사회복지사는 자기 일을 무리 없이 잘하고 있다. 그런데 아무리 전문가라도 해도 실수를 할 수도 있고, 몰라서 못할 수도 있고, 아주 간혹이겠지만 하기 싫고 꼴 보기 싫어서 안할 수도 있는 것 아닐까?

그런데 철로 깡통을 만드는 노동자가 잘못하여 불량품이 나왔다면, 제조과정을 되밟아 멀쩡한 깡통을 만들 수 있다. 그러나 사람의 인생살이는 되돌아가서 살 수 없는 일방통행 길이다. 그래서 사회복지사의 돕는 활동이 조금이라도 잘못되면, 도움이 되기는커녕 내담자의 삶에 해가 되고 장애물이 되어, 그의 삶을 망가뜨리는 처참한 결과를 낳게 된다.

모든 사회복지사가 지금까지 세상 속 사람들의 삶을 돕는 일을 잘 해 왔고, 지금 잘하고 있고, 앞으로도 잘 해낼 것이라고 믿어 의심치 않는다. 하지만 그래도 천에 하나 만에 하나로도 돕기는커녕 해를 끼치는 일이 발생할까 봐 염려가 된다. 사회복지사들이여! '사회복지사는 해(害)를 끼쳐서는 안 된다(Social workers do no harm).'는 사회복지실천의 첫 번째 원칙을 머릿속 깊이 새겨 놓자. 꼭!

05

내담자 중심주의에서
한 발짝도 벗어나지 말라

사회복지사의 존립 기반은 내담자(client)이다. 살면서 크고 작은 어려움에 부딪혀 도움을 필요로 하게 된 내담자가 없다면, 사람 돕는 일을 하는 사회복지사는 존재의 의미를 상실하게 된다. 그러므로 사회복지사는 자신의 일을 함에 있어서 반드시 내담자의 입장과 관점에서 그를 깊이 이해하고 그가 원하고 힘들어하는 사항을 최우선적인 업무처리 기준으로 삼아야 한다. 다시 말해 사회복지사는 사람을 돕고 세상을 바꾸어 가는 일을 함에 있어서, 내담자 중심주의에서 단 한 발짝도 벗어나서는 안 된다.

한문으로 '필요한 도움과 관련하여 얘기를 나누러 온 사람'이라는 뜻을 지닌 내담자(來談者)라는 다소 순화된 용어의 영어 표현인 클라이언트(client)라는 말은 원래 부정적 의미를 담고 있다. 클라이언트라는 용어는 '혼자 힘으로 살아가지 못해서 권력자나 부자에게 의존하여 살아가는 사람, 또는 그들에게 의지하고 복종하는 사람'이라는 부정적 의미를 지니고 있다. 심지어 아랍지역에서는 클라이언트는 첩자(諜者, spy)라는 의미로 사용되기도 한다. 법조인의 도움을 받기로 한 사람 또한 클라이언트라고 부르는데, 그들은 자신을 도와줄 법률가를 스스로 선택하고 해고할 수 있는 권한이 있다. 반면, 사회복지서비스를 이용하는 클라이언트는 자신을 도와줄 사회복지사를 선택하거나 바꿀 수 있는 권한이 거의 없다.

이런 내담자라는 용어가 지니는 부정적 의미와 권력의 불균형 문제로 인하여, 그들을 돕는 사회복지사조차도 내담자에 대해 부정적 편견을 갖는 경우가 발생하기도 한다. 내담자라는 사람을 의학적 진단명을 붙여서 그가 지닌 문제나 병리와 동일시하기도 하며, 내담자들이 의존적이고 무능력하고 병리적인 존재라고 무의식적으로 받아들이기도 한다. 이런 잘못된 관점과 인식은 사회복지사 자신의 전문적 판단이 옳다고 확고하게 믿는 미성숙한 전문가주의와 결합하여, 사회복지사 자신의 계획대로 내담자를 변화시키려고 하는 잘못된 서비스로 연결되기도 한다.

다른 인간봉사전문직에서 있었던 사례를 예로 들어 보면, 사회복지전문직에서도 전문가 중심주의가 얼마나 쉽게 일어날 수 있는지를 가늠할 수 있다. 보행 중 사고로 인하여 요양병원에 입원한 노인이 어깨치료를 받았다. 치료를 통하여 어느 정도 어깨가 호전되어 가고 있던 어느 날 아침, 치료사 한 명이 노인에게 "오른 어깨를 돌려 보세요."라고 지시하자, 노인은 별 무리 없이 편안하게 어깨를 돌렸다. 이를 본 치료사는 들고 온 의료기록차트에 'ROM Good(관절가동범위 양호)'이라고 체크하고는 다른 병실로 발걸음을 옮겨 놓았다. 치료를 다 받고 퇴원한 노인이 요양병원에서의 경험과 관련된 질적 연구를 하는 노년학자와의 인터뷰에서 그 때의 일을 다음과 같이 술회하였다. "그 치료사가 들고 온 의료기록차트는 사람을 돕는 데 쓰이는 게 아니라 사람을 힘들게 만드는 도구이다. 왜냐하면 나는 한 사흘 동안 변비로 화장실을 못가고 있었는데, 치료사는 나의 변비문제는 안중에도 없었고, 자신이 필요한 일만 하고 가버렸다. 그때 치료사가 '어르신 힘들거나 필요한 것 없으세요?'라고 한 마디만 물어봤더라면, 나는 관장약이나 변비약을 달라고 해서 속을 편안히 할 수 있었을 거예요."라고 말했다.

이 사례에서 치료사는 자신의 전문적 업무를 어떤 오류도 범하지 않고 잘 했다고 생각했겠지만, 노인의 눈에는 내담자의 고통이나 욕구는 안중에도 두지 않은 가장 심각한 오류를 저지른 전문가의 행위로 비춰진 것이다. 이런 사례가 사회복지실천현장에서 전혀 일어날 일이 없다고 한다면, 그건 잘못된 표현이다. 얼마든지 일어날 수 있고, 실제로 일어나고 있는 일이다.

내담자의 미충족 욕구나 문제의 해결을 원조함에 있어서 전문가 중심주의라는 문제만 존재하는 것은 아니다. 전문가로서의 사회복지사가 내담자의 미충족 욕구나 문제를 내담자의 관점에서 이해하고 그것을 해결하기 위한 개입계획을 제대로 수립했다고 하더라도, 기관에서 정한 규정이나 사업기준에 내담자가 적합하지 않으면 내담자의 상황보다는 기관의 규정과 기준을 우선적으로 적용하여 서비스 부적격사례로 판정하는 공급자중심주의도 왕왕 목격된다. 사회복지서비스나 급여가 법적 기반 위에서 공공재원을 활용하여 제공되기 때문에, 법 조항이 미비한 상황에서는 아무리 내담자에게 서비스나 급여를 제공하고 싶어도 그러지 못하고, 법률 기준을 적용하여 내담자를 급여 대상에서 제외하는 법률만능주의가 발생하기도 한다.

사회복지사의 전문가주의에 대한 잘못된 인식은 그렇다 손치더라도, 법률이나 기관의 규정과 기준에 부합하지 않는 내담자를 도와야 할 것인가 말 것인가에 대해서는 많은 이견이 있을 수 있다. 하지만 내담자가 절실히 도움을 필요로 하는데도, 법과 규정 그리고 부족한 자원만을 평계로 삼으며 서비스에서 제외하는 행동은 사회적 비난과 공분(公憤)을 불러일으킬 수 있다. 내담자의 자격조건이 법률이나 기관의 기준에 적합하지 못하여 공공재원을 투입할 수 없다면, 지역사회의 민간자원을 동원, 연계하여 서비스를 제공할 수도 있으며, 법률이나 기관의 규정을 개정하기 위한 노력을 함께 하는 것이 옳은 길이다.

물론 할 일이 산더미처럼 쌓인 상황에서 이와 같은 노력을 동시에 기울인다는 것이 쉬운 일은 아니다. 하지만 사회복지전문직의 버팀목[支柱]인 내담자중심주의를 제대로 지켜 내지 못한다면, 우리를 찾던 내담자들이 다른 전문직으로 발걸음을 옮기는 결과로 이어지고, 우리가 설 수 있는 곳을 잃을 것이 분명하다. 아무쪼록 이러한 위기에 빠지지 말아야 할 것이다.

06

눈을 맞추고, 귀담아 듣고,
깊이 생각하라

　　인간봉사전문직인 사회복지전문직의 핵심가치는 인간 존엄성 존중이다. 대학에서 학생을 가르치면서 또는 사회복지실천현장의 자문이나 지도감독을 할 때, 나는 "인간 존엄성 준중을 어떻게 하는 것인가?"라고 묻곤 한다. 그러면 예비사회복지사든, 현장에서 잔뼈가 굵은 사회복지사든 관계없이 책에 쓰인 말이나 배워서 알고 있는 글귀를 원용하여, 어렵고 추상적인 용어를 사용하여 그 방법을 설명하는 경우가 대부분이다. 그러면 나는 다시 "그래서 구체적으로 어떻게 행동해야 인간 존엄성을 존중하는 것이냐?"고 질문하지만, 돌아오는 대답은 크게 다르지 않다. 그러면 나는 "그러면 인간을 개무시(?)하는 방법은 무엇이냐?"고 반대로 묻는다. 그 이유는 그 반대의 반대로 행동하면 인간을 존엄한 존재로 존중해 줄 수 있기 때문이다. 그런데 이 질문에는 침묵으로 답변해 오는 경우가 대부분이다. 그제서야 필자는 "인간을 개무시하는 방법은 본 척 만 척, 들은 척 만 척하는 것이다."고 답하고는 "그렇다면 인간 존엄성을 존중하는 가장 기본적인 행동은 눈을 맞춰 바라보고, 귀를 쫑긋하고 그의 말을 귀담아 들어 주는 것이다."라는 해답을 제시한다.

눈을 맞추고 귀담아 듣는 사회복지사의 행동은 전문직의 핵심 가치를 현실상황에서 구현하는 것뿐만 아니라 내담자와 원조관계를 형성하는 데도 매우 중요한 행동이다. 사회복지실천의 원조과정에서 내담자의 변화를 일으키는 데 있어서 기술이나 기법보다 더 중요한 것이 원조관계를 형성하는 것이라는 말은 익히 들어 왔을 것이다. 사회복지실천에서 원조관계를 형성하는 것과 관련하여 실존주의이론가인 Rollo May는 함께함(presence)이라고 하고, 대상관계이론가인 Donald W. Winnicott은 포근하게 안아 주는 환경(holding environment)을 만드는 것이라고 했다. 친밀하면서도 조화로운 관계라는 의미를 지닌 친화관계(親和關係)는 'rapport'라는 말로 주로 표현한다. 원조를 주고받기로 동맹을 맺었다는 의미의 작업동맹(working alliance)이라는 말이나, 친밀한 관계를 형성해야 하지만 넘지 말아야 할 선을 지켜야 하는 관계라는 의미로 약혼으로도 변역되는 'engagement'라는 용어를 쓰고, 정신치료 분야에서는 치료적 관계(therapeutic relationship)라고 부른다.

Carl R. Rogers는 원조를 주고받기에 딱 좋은 관계인 친화관계 또는 촉진적 원조관계를 형성하기 위하여 사회복지사는 진실성(일치성), 무조건적인 긍정적 존중(수용과 존중), 그리고 감정이입적 이해(공감)라는 세 가지 태도를 제대로 보여 줘야 한다고 말한다. 또 Felix P. Biestek은 개별화, 의도적 감정표현, 통제된 정서적 관여, 수용, 비심판적 태도, 자기결정, 비밀보장 등의 태도를 보여야 한다고 말하고 있다.

이 학자들의 주장은 사회복지사와 내담자가 좋은 원조관계를 형성하는데 나름 충분히 일리가 있고 매우 좋은 원칙을 제시한 것이다. 그런데 내담자를 원조하는 과정에서 이를 실제로 적용하기란 여간 어려운 일이 아니다. 그러다보니 실천현장의 사회복지사들이 원조관계 형성이 중요하다는 것과 그 원칙을 알고는 있지만, 관계형성에 어려움을 겪는 것을 필자는 많이 보아 왔다. 그럴 때 마다 필자는 "내담자와 눈을 맞추고, 귀를 쫑긋 세우고 귀담아 들으면서, 자신이 잘 듣고 있음을 내담자에게 알리고, 머릿속에서는 내담자의 말이 무슨 의미이고, 행간에 숨겨진 의미는 무엇이며, 내가 어떻게 반응해야 하는지를 골똘히 생각하는 것부터 하라."고 조언한다.

눈을 맞추는 것에도 방법이 있다. 눈을 바라보라고 하여 내담자의 눈동자를 뚫어지게 바라보면 내담자가 부담을 느껴 눈길을 피하게 되므로, 눈을 제대로 맞출 수가 없다. 그래서 처음 눈을 바라보거나 내담자가 중요하지 않은 얘기를 할 때는 콧등에서 울대뼈(혹은 넥타이 매듭) 사이의 어떤 지점에 시선을 두고 있다가, 내담자가 중요한 말을 할 때는 눈동자를 똑바로 응시하며, 내담자와 대화를 하는 도중에 눈길을 다른 곳으로 옮겨 다니지 않아야 한다. 이 방법으로 눈맞춤(scanning)을 하면, 내담자는 사회복지사가 자신에게 관심을 기울이고 있다는 것을 느끼게 되고, 사회복지사의 돕고자 하는 마음을 믿게 되고, 심리적 안도감을 느끼게 된다.

귀담아 듣는 데도 방법이 있다. 일단 내담자 방향으로 몸을 굽히거나 기울이고 내담자를 바라보는 상황에서, 내담자가 하는 말을 알아들었거나 그의 말에 동의를 하는 경우에는 머리를 앞뒤로 끄덕이고 '아예~~' '그렇군요.' '힘드셨겠네요.'와 같은 짧은 언어적 반응(minimal response)을 해 준다. 반면 잘 못 알아들었거나 동의를 할 수 없거나 의문이 생기는 경우에는 고개를 좌우로 저으면서 입안으로 공기를 들이마시면서 '스~~' 하는 소리로 반응해 주면, 내담자는 다시 말해 주거나 구체적인 다른 말로 바꿔 말해 줄 것이다. 이런 언어 및 비언어적 최소

반응을 확인한 내담자는 사회복지사가 자신의 말을 귀담아 듣고 있고 자신을 도우려는 관심이 있다는 것을 알게 될 것이다.

이렇게 눈맞춤을 하고 경청할 때, 사회복지사는 자신의 얘기는 아주 짧게 하고, 내담자에게 말할 수 있는 기회를 많이 부여하여야 한다. 그러나 그보다 더 많고 긴 시간을 할애해야 하는 것은 내담자가 말한 것의 드러나고 숨겨진 의미를 머릿속에서 골똘히 생각하고, 그에 걸맞은 언어 및 비언어적 반응방법이 무엇인지를 깊이 사색하는 것이다. 간단히 말해 사회복지사는 1분만 말하고, 내담자에게는 2분 동안 말을 시키고, 3분 동안은 내담자가 언어 또는 비언어적으로 소통한 내용을 사회복지사가 머릿속에서 깊이 생각해야 한다는 1, 2, 3의 법칙이다.

이와 같이 내담자에게 눈을 맞추고 귀담아 듣고 있음을 알려 주고 내담자가 의사소통한 내용을 골똘히 생각하면, 내담자는 사회복지사가 자신을 존중해 주고 자신에게 깊은 관심이 있고 도와주고자 하는 마음이 있음을 알아챌 것이다. 그리고 도움은 필요로 하지만 사회복지사를 믿을 수가 없고 제대로 된 도움을 받을 수 있는지에 대해 불안해하던 마음, 즉 양가감정(ambivalence)이 줄어들고, 마음속 얘기를 꺼내놓기 시작할 것이다.

그러므로 눈 맞추고 귀담아 듣고 깊이 생각하는 사회복지사의 태도는 촉진적 원조관계 또는 친화관계를 형성하는 데 필요한 모든 것은 아닐지 몰라도, 적어도 내담자의 신뢰를 얻고 마음속 얘기를 털어놓을 수 있는 의사소통 구조를 마련하는 계기가 된다는 점에서 원조관계 형성에 가장 중요한 요소가 될 것이다. 그러니 사회복지사들이 내담자를 원조함에 있어서 학자들이 말한 원조관계 형성에 도움이 되는 태도를 실천과정에서 행동화하는 데 어려움을 느낀다면, 눈 맞추고 귀담아 듣고 깊이 생각하는 것만이라도 제대로 해보는 것이 좋을 것이다. 그러면 내 담자 마음의 빗장 하나는 충분히 제거하고도 남을 것이므로, 그의 마음 속으로 들어갈 수 있는 실마리를 찾을 수 있을 것이 분명하다.

07

심문하듯 질문을 쏟아내지 말라

　내담자에 대해 알아야지만 그를 도울 수 있기 때문에, 자료수집은 필수적 과정이다. 내담자의 특성과 욕구나 문제에 따라 수집해야 할 자료와 정보가 달라지므로 수집해야 할 자료목록을 제시하는 것은 큰 의미가 없지만, 다음과 같은 내담자의 신체·심리·사회적 기능 수준에 대해 포괄적으로 자료를 수집해야 한다. 신체적 기능과 관련해서는 생리적 기능 수준, 건강상태, 질병이나 장애 등에 대한 자료가 필요하다. 심리적 기능과 관련해서는 인지기능, 정서상태, 정신병리 등에 대한 자료가 필요하다. 사회적 기능과 관련해서는 경제활동과 경제수준, 사회관계망의 구조와 상호작용, 사회환경의 특성과 영향 등에 관한 자료가 필요하다. 내담자의 기능 수준뿐 아니라 욕구나 문제의 내용, 심각성, 과거의 해결노력과 현재의 문제해결 동기, 사회복지 원조에 대한 기대 등에 대한 자료 또한 필요하다.

　내담자에 관한 자료가 많으면 많을수록 좋지만, 사회복지 내담자는 의료기관을 찾는 환자들과 자료나 정보를 제공하는 태도와 방식이 사뭇 다르다. 우리가 몸이 아파서 병원에 가면, 어디가 얼마나 아픈지 심지어는 왜 자신이 아프고 어떻게 해 주면 좋겠다는 얘기까지 의료진이 묻지 않아도 먼저 얘기를 한다. 이처럼 환자가 자발적으로 모든 자료를 제공하기 때문에, 의료진은 간단한 문진(問診)이나 검사만으로도 질병의 원인을 찾아내고 치료를 위한 처방전을 비교적 손쉽게 내놓을 수 있다. 사회복지 내담자 중에서 의료기관을 방문한 환자처럼 모든 정보를 상세하게 얘기하는 사례가 없는 것은 아니지만, 비자발적인 태도로 제한된 정보만 제공하거나, 자신을 알려고 드는 사회복지사를 경계하여 밀어내는 방식으로 저항하는 경우도 있다.

이처럼 사회복지실천과정에서는 알아내려는 사회복지사와 알려 주기를 꺼려하는 내담자 사이에 지속적인 권력다툼(power struggle)이 일어난다. 이런 다툼에 휘말려 들어 허우적거리지 않고 효율적으로 자료를 수집하여 도움을 제공하기 위해서는 우선적으로 촉진적 원조관계를 형성해야 하지만, 가장 기본적 자료수집 방법은 면접(interview)이다. 면접을 효과적으로 진행하기 위해서는 눈을 맞추고 귀담아 듣고 깊이 생각하는 것이 필수적이다. 사회복지사가 그런 태도를 보여 주면, 내담자는 자신의 속마음까지도 털어놓을 수 있게 될 것이므로, 내담자에게 물어서 답을 구할 필요가 줄어든다.

그런데 사회복지사들은 원조관계가 제대로 형성되기도 전에 빠르게 자료를 수집할 목적으로 면접과정에서 질문을 쏟아내는 경우가 있다. 즉, 사회복지사가 주도적으로 욕구나 문제의 원인을 찾아내서 개입계획을 수립하여 도와주는 데 필요한 정보를 얻기 위해서, 다양한 질문기법을 활용하여 묻고 또 묻고 또 묻는 방식으로 면접을 진행하는 경우가 있다. 마치 경찰이 피의자의 범죄행위를 소명할 수 있는 증거를 찾아내기 위해 심문(審問)하는 것처럼 따져 묻는 경우가 의외로 자주 있다. 사회복지사 자신이 피의자 심문 같이 계속 질문을 받는다면 어떨까? 자신도 싫을 것이다. 그러므로 질문을 통해 캐묻는 방식의 자료수집방법은 효과적인 방법이 아니다. 그보다는 앞서 말했듯이 눈 맞추고 귀 기울여 듣고, 듣고 있음을 최소한의 반응을 통해 내담자에게 알려 주고, 내담자의 언어 및 비언어적 의사소통의 내용을 곱씹어서 그 의미를 잘 헤아리고 그에 맞게 반응해 주게 되면, 내담자는 마음 문을 열고 사회복지사가 알고 싶은 정보를 속 시원하게 제공할 것이다. 캐물어서 알아내는 심문 같은 면접방식보다는 내담자의 마음 문을 여는 것이 자료수집에 가장 효과적이고 효율적인 방법임을 기억해야 할 것이다.

08

문제와 사람을
동일시해서는 안 된다

필자가 대학에서 가르치는 '인간행동과 사회환경'이라는 교과목은 사회복지학의 기초과목군으로 분류된다. 이 교과목에서는 사람과 세상 그리고 그 속에서 펼쳐지는 삶의 양상을 이해하는 데 필요한 인간발달, 성격 그리고 사회체계에 관한 다양한 이론을 배운다. 그런데 대부분의 수강생들이 이 교과목을 공부하는 데 많은 어려움을 겪는다. 그도 그럴 것이 복잡다단하고 역동적 체계인 사람과 세상 그리고 두 체계가 상호작용하여 만들어 내는 삶을 이해하는 일은 결코 쉬운 일이 아니기 때문이다. 그렇게 어려운 과목임에도 1학년 때 배우는 이유는 '세상 속에서 살아가는 사람(person in environment)'이 사회복지의 대상이고, 그 대상을 이해하지 못한 채 사람을 돕고 세상을 바꿔 가는 일을 잘 해낼 수는 없기 때문이다.

이 책을 읽는 독자 대부분이 이 과목을 통해 인간과 사회를 이해하는 기본적인 시각들을 갖추고 있을 것이다. 그런데 인간행동과 사회환경을 배우고 난 뒤의 사회복지 교육과정은 주로 삶의 과정에서 어려움을 겪는 사람들의 문제를 해결해 주고, 그들을 돕는 방법들에 관한 내용을 담고 있다. 다시 말해 사회복지사들은 사람들 특히 내담자가 겪는 문제가 왜 일어나고, 어떤 증상이나 병리를 보이고, 그 문제의 진행경로와 예후가 어떤지를 배우고, 그 문제를 해결하는 다양한 실천방법을 위주로 배운다. 그러다 보니 자연스럽게 사람이 겪는 문제나 병리에 대해 많이 알게 되고, 자신이 많이 알고 있으니, 자연스럽게 내담자라는 사람보다 그가 겪는 문제가 먼저 눈에 들어오게 된다.

내담자의 문제를 정확히 알아야만 잘 도와줄 수 있으므로 사회복지사가 문제에 대해 깊이 들여다보고 냉철하게 판단하여 효과적인 개입방안을 고민하는 것은 매우 바람직한 태도이다. 그런데 문제에 너무 많은 관심을 기울이면서 그 문제를 가진 사람을 제대로 인식하지 못하거나, 그 사람과 그가 겪는 문제를 동일시하는 경우가 왕왕 발생한다는 것이다. 배가 나와 허리가 굵은 필자를 만나는 사람들 중의 일부는 눈인사를 나누고 나면 자연스럽게 내 배와 허리로 눈길을 돌리고, 대놓고 살쪘다고는 못하고 에둘러서 "교수님, 건강 잘 챙기세요."라고 말하는 경우가 있다. 하도 세상에서 비만은 질병이라고 떠들어 대니 배불뚝이 필자가 심혈관계 질환으로 쓰러져 죽을까 봐 걱정이 되어서 해 주는 말이기는 하다. 그런데 그들의 눈에는 '사람 권중돈'이 아니라 '굵은 허리와 뿔록 나온 배 그리고 심혈관계질환'만 눈에 보이는 것이다. 그 배가 필자의 모든 것이 아닌데 누군가의 눈에는 배만 보이는 것처럼, 사회복지사 중에도 사람이 아니라 문제만 보거나 그 문제가 곧 그 사람이라고 생각해 버리는 경우가 없지 않아 있다.

분석심리이론가인 Carl G. Jung은 "상담받으러 오는 내담자는 해결하고 싶은 문제만 갖고 오는 것이 아니라 그의 인생 전체를 들고 상담을 받으러 온다."라고 말하면서, 문제가 그 사람과 그의 인생에 어떤 의미를 던져 주는가를 깊이 살펴보아야 한다고 했다. 그런데 사람이라는 존재 자체를 외면하거나 사람과 문제를 동일시하게 되면, 내담자는 주체적인 사람이 아니라 문제라는 객체 또는 대상으로 취급당하여 뜯어고쳐야 할 개입의 대상으로 전락하게 된다. 즉, 문제만 있고 사람은 없는 꼴이 되므로, 사회복지실천은 비인격적 처우로 변질될 위험이 높아진다. 그러므로 사회복지사는 문제라는 색안경을 끼고 그 안경 색깔에 맞춰 사람을 판단하는 일은 없어야 한다. 문제와 사람을 구분하여 인식하고, 문제가 그와 그의 삶에 어떤 의미를 부여하려 하는지 깊이 살펴야만 제대로 된 사회복지실천을 할 수 있다.

문제나 욕구보다
인권의 관점에서 접근하자

한 나라의 사회복지제도는 일련의 발달단계를 거친다. 어떤 사회이든 사회복지제도의 원형(原型, archetype)은 구제와 자선으로 시작된다. 즉, 굶주리고 병들고 돌봐 줄 사람 하나 없는 사람들을 불쌍히 여기고 선한 사마리아인이 되어 자원봉사활동을 전개하여, 그들의 목숨을 건져내 살려 놓는 전근대적인 형태의 사회복지제도가 가장 먼저 발달한다. 그다음으로는 사람들이 세상을 살아가면서 힘들어하거나 고통을 겪는 문제를 해결해 주는 단계로 넘어가게 된다. 이 단계의 사회복지제도는 다수의 사람이나 영향력 있는 사람이 개선이 필요하다고 보고, 집단적 노력을 통하여 개선의 가능성이 있다고 보이는 사회문제를 해결하는 데 집중한다. 세 번째 단계로는 살면서 필요로 하거나 이루고 싶은 것이 있지만, 혼자 힘으로 또는 가족 등 주변의 도움으로 그것을 얻거나 이루지 못할 때 발생하는 사회적 욕구를 충족시키는 사회복지제도로 발전해 나간다. 마지막으로 사회복지제도는 인간다운 삶을 영위하는데 필요한 복지서비스나 급여를 사회성원의 당연한 권리로 인식하고 그 당연한 권리를 충분히 누릴 수 있도록 보장하는 인권관점으로 발전해 나간다.

'우리의 사회복지제도가 몇 단계까지 발달했는가?'라고 묻는다면, 칼로 무를 자르듯이 몇 단계에 도달했다고 명쾌하게 말할 수는 없다. 비록 밥을 굶고 돈이 없어 병을 치료하지 못하는 사례가 없는 것은 아니지만, 우리의 사회복지제도가 구제와 자선의 단계는 분명히 넘어섰다고 평가해도 무리가 없다. 그런데 현재 우리의 사회복지정책이나 실천은 문제해결단계를 완전히 넘어섰다고 말할 수는 없을 것이며, 욕구충족단계에 온전히 진입했다고도 말할 수 없을 것이므로, 2단계와 3단계의 어느 지점까지 발달했다고 평가하는 것이 비교적 타당한 평가가 될 것이다. 그러나 이념적인 측면에서 보면, 우리의 사회복지는 분명 4단계에 진입해 있다고 말할 수 있다.

사회복지실천현장에서 이루어지는 서비스나 개입활동을 개괄해 보면, 아직 내담자의 문제를 해결하는 데 좀 더 치중하고 있는 것이 사실이며, 그들의 미충족 욕구를 해결하기 위한 노력도 많이 경주하고 있는 것이 사실이다. 다시 말해, 사회복지실천의 발전단계 역시 문제해결단계와 욕구충족단계사이의 어느 지점에 머물러 있다고 평가할 수 있다. 그러므로 개인, 가족, 집단 또는 지역사회 수준에서 사회복지실천을 함에 있어서는 내담자의 문제가 왜 일어났고 어느 정도로 심각한지에 집중하게 되고, 그들의 잘못된 부분을 뜯어고쳐서 삶의 문제를 해결하려는 개입에 집중하게 된다. 또한 내담자가 욕구를 충족하지 못하는 것은 개인적 역량 부족이나 사회적 기능 수준이 낮기 때문이라고 보고, 그들에게 부족한 것들을 채워 넣고 키워 나가는 개입에 집중하게 된다. 이처럼 문제나 욕구의 관점에서 내담자를 사정하고 개입하게 되면, 내담자를 다소간의 결함이 있는 존재로 간주하고, 그의 잘못된 부분을 고치고 부족한 부분을 채워 나가려고 하는 전문가 주도적 개입이 이루어질 수밖에 없다. 그러므로 내담자는 자신의 문제이고 욕구임에도 불구하고 부차적 지위와 역할만 담당하게 되게 됨으로써, 자기 삶의 주도권을 잃을 위험에 노출된다.

인권관점 사회복지실천은 내담자가 세상 속에서 사람대접을 받으면서 사람답게 살아가는 데 필요한 것들을 당연히 받을 수 있는 권리가 있다고 본다. 문제중심실천, 욕구중심실천 그리고 인권관점의 실천을 청년실업의 문제를 예로 들어 비교하면 다음과 같다. 문제 또는 욕구중심의 사회복지실천에서는 청년 내담자가 일자리를 얻는 데 필요한 직업적 역량이 부족하다고 평가하고, 청년에게 직업훈련을 통하여 직업적 역량을 키우고, 자신의 역량에 맞춰 일자리를 구하도록 하고, 일자리를 얻은 후에는 직업적응프로그램 등을 통하여 청년 내담자가 그 일을 오랫동안 유지하게 만들기 위해 내담자가 어떻게 하면 직장에 적용할 있는지를 알려 주는 데 집중할 것이다. 그러나 인권관점 실천에서는 내담자가 인간 사회의 구성원인 이상 일할 수 있는 당연한 권리를 갖고 있다고 보고, 국가와 기업이 협력하여 다양하고 좋은 일자리를 지속적으로 창출하여 노동시장에 공급하며, 청년이 자신의 역량과 선호도에 맞는 안정된 정규직 일자리를 선택할 권리를 보장해 주는 데 초점을 맞출 것이다. 일자리를 얻은 후에는 청년이 그 일자리에 적용해 나갈 수 있도록 돕는 데 집중하기보다는 기업의 조직문화를 개선하고 기업 내 복리후생체계를 강화하여, 누구든 큰 어려움 없이 일하기 좋은 환경 속에서 일할 수 있는 토대를 만들어 나가는 데 더 집중하게 될 것이다.

이와 같이 문제 또는 욕구중심의 사회복지실천은 내담자의 잘못된 부분 또는 부족한 부분을 채워 주는 잔여적 또는 보충적 성격의 도움을 집중적으로 제공하므로, 내담자가 진정한 인간다운 삶을 영위할 수 있도록 하는 데 부족한 부분이 많을 수밖에 없다. 그러므로 이제부터 사회복지실천에서는 내담자가 사회복지 서비스나 급여를 받는 것을 당연한 권리로 인정하고, 그가 당연히 받아야 할 것들을 충분히 받을 수 있도록 돕는 데 집중하는 인권관점 실천으로 전환해 나가야 할 것이다. 물론 아직 인권관점 사회복지실천을 위한 지식이나 기술 그리고 노하우(know how)가 많이 축적되어 있지 않은 관계로, 내담자를 바라보는 관점의 단순한 전환뿐만 아니라 구체적인 인권관점 실천방안이나 기술들을 개발하려는 노력도 함께 경주되어야 할 것이다.

10

너무 문제 문제하지 말고, 강점과 자원을 찾아라

1917년 Mary Richimond는 Sigmund Freud의 정신분석이론의 관점을 받아들여 『사회진단(Social Diagnosis)』이라는 책을 써서 사회복지를 과학이자 예술(a science and art)의 반열에 올려놓았다. 이 책이 발간될 당시의 학문적 사조인 논리실증주의를 따라 Richimond는 사회현상이든 개인의 문제이든 그 원인을 명확하게 밝혀 내어야만 현상 변화와 문제해결이 가능하다고 보았다. 다시 말해 문제의 원인, 즉 특정 문제를 일으키는 원인적 요인을 밝혀 내서, 문제를 해결하는 직선적 원인론(linear casuality)을 선택하게 된 것이다. 하지만 1960년대 이후 일반체계이론(general system theory)과 의사소통이론(communication theory)이 사회복지실천에 도입되면서, 다양한 원인이 상호작용하여 문제를 유발하게 된다는 순환적 원인론(circular casuality)에 입각한 실천으로 전환되었다.

직선적 원인론에 입각한 의료모델(medical model)은 문제를 일으키는 특정한 원인적 요인을 정확하게 찾아내는 진단(diagnosis)을 강조하는 반면 순환적 원인론에 입각한 체계적 모델(systemic model)은 문제를 유발하는 다양한 요인과 그들 간의 상호작용, 더 나아가 문제를 완화 또는 억제하는 요인들까지 면밀하게 살피는 사정(assessment)을 강조한다. 이와 같이 사회복지실천의 패러다임이 변화된 지 오래되었음에도 불구하고, 사회복지사들은 학습과정에서 워낙 문제에 관한 내용들을 많이 배우다 보니 본인도 의식하지 못한 채 문제를 해결하기 위해서는 문제의 원인, 즉 문제의 문제를 찾아내야 한다는 무의식적 편견과 고정관념에 사로잡혀 있는 경우가 많다.

실제로 필자도 그러한 무의식적 편견에 빠져 있었던 적이 있다. 사회복지공부를 어설프게 하고 있던 1987년 여름 대학원 석사과정 때 정신장애인 지역사회복귀시설에서 현장실습을 하고 있을 때의 일이다. 그곳을 이용하던 내담자들은 대부분이 만성정신질환을 앓고 있었으므로, 나는 그들이 혼자서 잘못할 것이라 생각하고 최선을 다해서 도우려고 했다. 그러던 중 시설에서 내담자들이 가족을 초청하여 시설에서 활동한 내용들을 발표하는 특별행사가 열렸다. 그때 40대 후반의 만성 조현병(chronic schizophrenia)을 앓고 있는 여성이 나와서 시낭송(詩朗誦)을 하였는데, 그 시를 듣고 있던 필자는 자신도 모르는 사이에 눈물을 흘리고 있음을 뒤늦게 발견하게 되었다. 오랫동안 정신질환을 앓았으니, 누군가의 도움을 받아야만 한다고 생각했던 필자에게 그 일은 너무나 큰 충격이었다. 정말로 아름다우면서도 사람의 마음을 움직이는 시 구절을 차분하게 읊조리는 그녀를 보고 나보다 훨씬 나은 사람이라는 생각을 하게 되었고, 이 세상 누구든 잘하는 게 있고 빼어난 부분이 있음을 인정하게 되었다. 내게 그 인생 삽화(episode)가 없었다면, 나는 지금도 문제중심적 사고와 인간차별적인 무의식적 편견에서 벗어나지 못했을 것이 분명하다. 나에게 그런 큰 선물을 준, 지금은 늙은 노인이 되었거나 하늘나라로 이사 갔을지도 모를 그녀에게 무한한 감사의 마음을 전하고 싶다.

문제의 정확한 원인을 찾아야만 문제를 잘 해결할 수 있다는 말이 틀린 말은 아니다. 그렇지만 문제 문제하다 보면, 문제가 되는 것만 눈에 들어오게 된다. 더 나아가 내담자가 못하는 것, 잘못된 것들만 찾아내려 애쓰게 되고, 잘못된 것이니 바로잡아야 한다는 자기만의 생각에 빠져들어, 문제해결에 도움이 된다는 이런 저런 기법을 동원하여 내담자를 변화시키려 한다. 심하게 말하면, 전문가입네 하면서 자신의 생각과 판단이 맞다고 굳게 믿고, 제 입맛에 맞게 내담자를 뜯어고치려 한다. 더 심하게 말해서 내담자를 자기 뜻에 맞게 이리저리 조작(manipulation)하게 된다. 그렇게 하면 내담자는 사회복지사가 설계한대로 인생을 살아가게 될 것이니, 그건 내담자의 인생이 아니다. 그러니 사회복지사는 더 이상은 이런 유형의 사정과 개입을 해서는 안 된다.

내담자와 그의 문제를 이해하기 위해 다양한 원인적 요인과 그들 간의 상호작용에 대해 포괄적으로 자료를 수집하고 사정하되, 사회복지사는 반드시 내담자가 갖고 있는 자원, 장점, 강점을 찾아야 하고 그것들을 키워 갈 수 있도록 도와야 한다. 문제 문제하면 뜯어고칠 것만 보이지만, 자원과 강점을 찾으면 해결책의 실마리가 보인다. 내담자가 갖고 있는 자원이나 강점이 드러난 순간이 내담자의 문제가 제일 심하지 않았던 때이거나 문제가 없는 상황이므로, 그 지점이 바로 문제해결의 출발점이 될 수 있다. 문제나 약점을 없애는 것은 쉽지 않았지만 강점을 키워서 약점을 가리는 것은 비교적 어렵지 않았던 필자의 경험을 볼 때, 자원과 강점을 키워서 약점과 문제를 감추는 방법도 좋은 문제해결방법이 될 것이다. 사실 약점이나 문제가 없는 사람은 없다. 다만, 약점과 문제가 삶의 길목에서 방해꾼이 되지 않도록 적절히 감추고 억누르면서 살아가고 있는 것이다.

지금은 사회복지사의 전문지식에만 의존해야 했던 20세기 초반도 아니고 인공지능(AI) 시스템에 몇 글자만 입력하면 포괄적 자료와 정보를 얻고 간단한 문제해결책을 얻을 수 있는 세상이 되었다. 그러니 이제 너무 문제 문제하는 문제중심주의라는 배에서 내려서, 강점중심주의의 배로 갈아탈 때가 되지 않았을까? 아니 너무 늦었는지도 모를 일이지만, 지금이라도 배를 갈아타는 것이야 말로 참으로 현명한 선택이 될 것이다.

11

알지 못함(not knowing)의
자세를 견지하라

내담자의 특성과 문제의 속성, 사회복지사가 채택한 이론적 기반이나 실천모델에 따라 원조과정에서 사회복지사가 갖게 되는 지위와 역할은 다양하다. 내담자는 스스로의 힘으로 문제를 해결할 수 있는 능력에 제한이 있으므로, 전문적 지식과 기술을 갖춘 사회복지사가 한 단계 위의 지위(one-up position)에서 실천과정 전반을 주도적으로 이끌어가는 것이 옳다고 할 수도 있다. 반대로 내담자의 자원과 강점을 신뢰하고 내담자 스스로 변화를 위한 계획을 수립하여 자발적 변화를 일으키도록, 사회복지사가 한 단계 아래의 지위(one-down position)에서 묵묵히 지지하고 격려하는 것이 바람직하다고 볼 수도 있다. 또한 사회복지실천을 통해 변화라는 목표를 달성하기 위해서는 어느 일방의 노력만으로는 불가능하기 때문에 사회복지사가 중립적 지위(neutral position)에서 내담자와 동반자적 관계를 맺고 상호 협력하여 선(善)을 이루어가는 것이 좋다고 볼 수도 있다. 그도 아니면 이 세 가지 지위와 역할을 절충 또는 통합적으로 활용할 수도 있을 것이다.

세상 속에서 살아가는 사람이 겪는 삶의 문제를 다루는 것이므로, 어느 것이 더 좋고 옳다고는 결코 얘기할 수 없다. 하지만 아무리 사회복지사가 공부를 많이 해서 해박한 전문지식을 갖고 있고, 현장에서의 실천경험이 풍부하여 수준 높은 개입전략과 기술들을 활용할 수 있다고 하여도, 내담자가 자기 자신이나 문제에 대해 얘기해 주지 않는다면 사회복지사는 내담자에 대해 아무것도 알 수 없다. 달리 말하면, 사회복지사는 사회가 공인한 전문가이지만, 내담자나 그의 문제에 있어서만큼은 비전문가이고 내담자 자신이 진짜 전문가이다. 내담자는 문제나 욕구가 생기자마자 사회복지사라는 전문가를 찾아와 도움을 요청한 것이 아니다. 문제를 겪지 않고 욕구를 충족시키기 위해 일상의 삶을 열심히 살아왔고, 문제나 미충족 욕구가 발생했을 때 자신이 가진 자원을 가지고 그것에 대처하기 위해 부단히 노력했을 것이다. 그렇게 했는데도 해결되지 않으면, 주변의 활용 가능한 자원들에게도 도움을 요청하여 해결해 보려고 애썼음이 분명하다. 그런 노력들을 기울인 다음에도 문제나 미충족 욕구가 해결되지 않아서, 마지막으로 사회복지사의 도움을 얻기 위해 찾아온 것이다.

따라서 내담자는 자신의 문제가 어떤 것이고 어느 정도 심각하며, 그 문제를 일으킨 원인이 무엇들인지에 대해서도 어느 정도 감(感)을 잡고 있을 것이다. 또한 자신이 시도한 과거의 문제해결책이 왜 실패로 돌아갔는지에 대해서도 어느 정도 평가를 내리고 있을 것이다. 이렇게 내담자는 자신과 자신의 문제에 대해 많은 것을 알고 있다. 그러나 사회복지사는 접수단계부터 주어지는 작고 흩어져 있는 정보 조각들을 모으고 이어 붙여서 내담자와 그의 문제를 이해하려 하지만, 그게 말처럼 쉽지 않다.

이처럼 사회복지사는 내담자가 알려 주기 전에는 내담자와 그의 문제를 알지 못한다. 그러므로 내담자와 촉진적 원조관계를 맺어서 내담자의 마음 문을 열어 속마음을 터놓을 수 있는 계기를 만들고, 알지 못한다는 자세로 내담자가 제공하는 소중한 자료와 정보들을 조직화하고 심도 깊게 분석하여 내담자와 그의 문제를 알아가기 위해 노력에 노력을 거듭해야 한다. 내담자의 문제를 일으킨 원인에 대해 성급하게 누구의 잘못이라고 판단하지 말고, 문제의 원인과 결과 간의 관계에 대한 여러 가지 작업가설을 수립하여 그 타당성을 검토하고 어느 누구도 반박할 수 없는 최종 작업가설, 즉 사정결과를 바탕으로 개입목적과 목표를 수립해야 한다.

목표달성을 위한 개입계획을 수립할 때에도 전문가가 주도하는 것이 아니라 지금까지 실패했던 내담자의 과거 문제해결책의 한계와 활용 가능성을 함께 검토하고, 내담자가 희망하고 내담자 스스로 하고자 하는 동기가 높으면서 성공 가능성이 높다고 판단하는 문제해결방안을 중심으로 개입계획을 수립해야 한다. 개입계획을 실행에 옮기는 것 역시 내담자가 자발적으로 움직이지 않으면 안되므로, 내담자가 주체적으로 변화를 위한 노력을 기울일 수 있도록 지지하고 격려해야 한다. 그런 과정에서 내담자가 저항하거나 변화 노력을 기피하거나 소홀히 하는 경우에는 사회복지사가 한 단계 높은 지위에서 지도력을 발휘하여 내담자가 다시 변화의 도상으로 복귀할 수 있도록 밀어붙이는 개입도 해야 한다.

이와 같이 사회복지실천과정에서 사회복지사는 자신을 유식하고 유능한 사회복지전문가라고 생각하기보다는 내담자에 대해 아는 것이 없는 사람임을 인정해야 한다. 그런 후에 내담자에 대해 알아가기 위해 노력하고 중립적 지위를 유지하면서 내담자가 자신의 변화과정을 주도적으로 이끌고 나가도록 돕되, 그의 변화 동력이 저하될 때에는 한 단계 위의 지위로 올라서서 내담자를 이끌고 나가고 지도할 수 있어야 한다. 한마디로 말해서 사회복지사는 한 단계 위와 한 단계 아래 그리고 중립적 지위를 오가면서, 내담자에 대해 많은 것을 알려고 노력하고 알게 된 것을 바탕으로, 내담자의 변화를 지지, 격려 또는 주도하는 다중적 지위와 역할(multiple position and roles)을 수행할 수 있어야 한다.

12

뭔가 있어 보이는 목적 말고,
작은 것 하나를 바꿔라

사회복지실천에서 목적(purpose)은 바람직한 결과를 정당화하기 위해 무엇인가를 해야 할 근거와 이유를 제시한 것이다. 목표(goals)는 바람직한 결과를 묘사하는 일반적인 진술로서, 미래의 목적지나 방향을 설정하는 것이다. 영어사전에서 목표라고 동일하게 번역되는 또 다른 목표(objectives)는 바람직한 결과를 얻기 위해 취해야 할 조치사항이나 행동을 말하는데, 편의상 다음에서는 하위목표라는 용어로 부르고자 한다. 이들 세 개념들의 관계와 차이를 알아보면, 개념이 포괄하는 범위와 추상성은 목적, 목표(goals) 그리고 하위목표(objectives)의 순이다. 즉, 목적이 매우 일반적이고 추상적인 개념이라면 하위목표는 구체적이고 현실적이며 측정 가능한 개념이며, 목적은 그 중간 지점에 위치한 개념이다. 그러므로 사회복지실천과정의 목표설정은 하위목표를 성취해야 목표성취가 가능해지고, 목표성취가 되어야 목적을 달성할 수 있도록 계단식으로 설계되어야 한다.

다양한 저서와 논문에서 사회복지실천의 정의에 빠지지 않고 제시되는 목적은 '내담자의 사회적 기능(social functioning) 향상'이다. 하지만 내담자가 세상을 살아감에 있어서 해야 할 일들, 즉 사회적 기능이란 한 두 가지가 아니고 매우 다양하며, 그 개념 또한 추상적이다. 사회복지사들이 현장에서 내담자를 도울 때 가장 많이 활용하는 목적은 역량강화(empowerment)인데, 이 역시 매우 포괄적이고 추상적이다. 필자가 사회복지기관의 자문과 슈퍼비전 과정에서 그 일을 담당하는 사회복지사에게 사회적 기능과 역량강화라는 목적이 무엇이냐고 질문하면, 대부분 책에 나오는 그럴싸하고 쉽게 이해가 되지 않는 전문용어들을 이용해서 설명한다. 그래서 다시 물으면 그 내용을 조금 다른 용어로 바꿔서 비슷하게 추상적이고 포괄적으로 설명하는 경우가 많다. 포괄적이고 추상적이면서 교과서에 나오는 뭔가 있어 보이는 좋은 말들로 목적이나 목표, 하위목표를 설정하면, 그 실천의 결과는 보지 않아도 뻔하다. 그래서 자문과정에서 필자는 사회복지사에게 묻고 또 묻는 행동을 반복하여, 사회복지사가 자신이 내세운 목적과 목표가 구체적으로 어떤 의미인지를 명확히 이해하도록 돕고, 그것을 바탕으로 내담자나 사회복지사가 실제 원하는 결과를 얻기 위해서 해야 할 일들을 목표와 하위목표로 제시하도록 한다.

예를 들어, 독거남성노인을 대상으로 한 실천에서 '일상생활 역량강화'보다는 '찌개 세 종류 끓이는 법 배우기'가 훨씬 좋은 목표이다. 가족상담이나 치료의 목적을 '가족갈등 완화를 통한 조화로운 관계 회복'으로 설정했다면, 목표는 '부부 간 의사소통 방법 개선, 막내아들의 자아분화 수준 향상' 등이 되어야 하고, 하위목표는 '눈을 마주보고 말하기, 막내가 하는 일에 간섭하는 일을 반으로 줄이기'가 되어야 한다. 필자가 대학에서 가족치료 교과목을 가르칠 때, 가족치료는 '어이하고 부인을 부르던 남편이 누구 엄마라고 부르게 만드는 것'이라고 오리엔테이션을 한다. 그런 후 거대한 댐을 무너뜨리는 변화를 일으키기 위해서 다이너 마이트를 사용하는 것이 아니라 작은 삽으로 구멍 하나를 뚫으면 된다고 얘기하면서, 가족치료는 바로 이런 작은 변화 하나를 유발하는 것이라고 말해 준다.

이와 같이 사회복지사는 실천과정에서 전문 학술용어를 사용하여 포괄적이고 추상적인 거창한 목적을 수립하기보다는 그 목적을 한 단계 좁히고 줄이며 구체화해서 목표를 설정해야 한다. 다시 말해 앞서 말한 목적을 없애고, 목표를 목적으로 설정하는 것이 더 좋은 것이다. 구체화된 목적을 성취하기 위해 내담자와 사회복지사가 구체적으로 무엇을 할 것인지를 아주 구체적이고 상세하게 그리고 제한된 시간 내에 성취할 수 있고 성취도를 객관적으로 측정할 수 있는 하위목표들로 구체화해 나가야 한다. 이렇게 구체화된 하위목표를 하나하나 성취해 나가다 보면, 궁극적으로 목표든 목적이든 용어에 상관없이 바람직한 성과를 얻을 수 있을 것이다.

그러므로 사회복지사는 너무 거창하고 뭔가 있어 보이는 성과를 목적으로 삼지 말고, 구체적 행동계획을 담은 목표와 그 세부적 실천 활동이나 조치사항을 담은 하위목표를 세우고 이를 달성하기 위하여 내담자와 협동적 노력을 기울이는 것이 바람직하다. 이렇게 작은 것부터 하나하나 차근차근 변화를 일으켜서 내담자가 성취감을 경험하게 하고 더 큰 변화에 대한 희망을 마음속에 품게 되었을 때, 목표와 목적을 성취할 수 있는 동기와 역량이 키워지고 실제 성취도도 높아지는 더 큰 변화가 일어날 것이다.

13

목적전치현상에 빠져들지 말라

사회복지실천은 내담자의 사회적 기능 향상을 목적으로 개인, 가족, 집단, 지역사회 수준에서 전개되는 전문적 개입활동이자 원조활동이다. 그런데 분명 내담자의 기능 향상과 변화를 목적으로 원조를 제공하고 있음에도 가끔씩 목적과 방향을 잃어버리고, 단순히 내담자를 돕는 일 자체에 매몰되어 있는 경우를 종종 발견할 수 있다. 이와 같이 사회복지실천 과정에서 목적이 수단이 되고, 수단이 목적이 되는 현상을 목적전치현상 또는 목적전도현상(goal displacement)이라고 한다.

사회복지실천과정에서 계획한 회기 중간에 목적이나 목표가 이미 달성되어서, 새로운 목적과 목표로 대체하는 것도 넓은 의미에서는 목적전치현상이라고 할 수 있다. 하지만 이런 유형의 목적전치현상은 내담자에게 긍정적 영향을 미치고, 조직의 성과와 산출도 늘려 주기 때문에 문제가 되지 않는다. 사회복지실천과정의 장애요인으로 작용하고 내담자에게 부정적 영향을 미치는 목적전치현상은 목적과 수단이 뒤바뀌거나, 원래 목적 자체에 관심이 없고 또 다른 새로운 목적이나 수단에 더 높은 가치를 부여하는 경우를 말한다.

집단사회복지실천에서 나타날 수 있는 부정적 목적전치현상의 예는 다음과 같다. 사별 후에 혼자 살고 있는 노인들의 우울감 및 사회적 고립감 감소에 목적을 두고 집단 원예요법 프로그램을 실시하다 보면, 집단성원인 노인들은 자신의 정서상태에는 아무런 관심도 없고 오로지 주어진 시간 내에 원예작품을 완성하는 것에만 골몰하는 경우가 있다. 또 어떤 집단성원은 집단목적은 안중에도 없고 원예활동을 하면서 자신이 호감을 가진 이성과 교제하고 싶은 숨겨진 개인적 목적을 달성하고 싶어서 사적 접촉과 교류에만 관심을 갖는 경우도 발생한다.

목적전치현상이 나타나는 이유는 다양한데, 이를 열거해 보면 다음과 같다. 첫째, 사회복지실천의 목적과 목표가 매우 추상적이고 광범위하게 설정되는 경우이다. 둘째, 사회복지실천의 목적-목표-하위목표 그리고 각 회기(session)별 목표 사이에 연계성이 낮거나, 회기별 목표 자체가 설정되어 있지 않은 경우이다. 셋째, 사회복지사 또는 내담자의 내면에 숨겨진 개인적 목표가 실천목표와 갈등을 일으키거나 개인적 목표가 더 강하게 작동하는 경우이다. 넷째, 사회복지사나 내담자 심지어 사회복지조직이 실천과정을 통해 얻게 되는 성과목표(outcome)보다 얼마나 많은 것을 해냈는지를 말하는 산출목표(output)를 더 강조하고 산출량에 민감한 경우를 들 수 있다.

신약성경 빌립보서 3장 14절을 보면, 사도 바울이 하나님의 부름에 따라 푯대를 향해 달려간다는 구절이 나온다. 이때의 푯대가 사회복지실천으로 말하면, 바로 목적이고 목표인 것이다. 사회복지사와 내담자가 도달해야 할 푯대를 놓치게 되면, 원조관계도 원조과정도 그리고 결과도 모두 일그러지게 되고 시간과 에너지만 낭비하는 꼴이 될 것이다. 그러므로 사회복지사는 목적전치현상이 일어나지 않도록 목적과 목표를 구체화하여 자신과 내담자가 명확하게 인식하도록 하고, 원조과정의 회기별 목표를 명확히 하여 내담자가 왜 그런 활동을 해야 하는지를 인식시켜야 한다. 그리고 내담자가 목적과 목표달성에 방해가 되는 개인적 목표를 추구하지 못하도록 막아 내고, 산출 자체보다는 내담자의 삶을 변화시키는 성과목표에 집중하여야 한다. 하지만 사회복지사가 실천과정에서 이것들 모두를 해내기가 쉽지 않으므로, 필자는 사회복지사들에게 '자신이 왜 이 일을 하고 있는지를 자주 자주 물어보라.'고 권해 주고 싶다. 그래야 목적과 목표를 잃지 않고 앞으로 나아갈 수 있다.

14

전문직의 고갱이를 지켜라

사회복지전문직은 다른 인간봉사전문직에 비해 그 역사가 상대적으로 짧다. 또한 인간, 사회 그리고 그 속에서 펼쳐지는 삶의 영역 전체가 전문적 실천영역이다 보니 전문직 발달 초기에는 그 정체성에 대해 많은 비판을 받기도 했다. 아주 극단적으로 사회복지학은 제대로 된 학문이 아니라 심리학, 사회학 등의 학문을 뒤섞어 놓은 '짬뽕 학문'이라는 비판까지도 받았었다. 하지만 전문직 나름의 독자적이고 고유한 지식, 가치, 기술체계를 튼튼히 해 왔기 때문에, 이제는 그런 비판을 하는 사람은 없다.

『논어』공야장편 3장에서 공자가 제자 자공을 일컬어 "종묘제사에 쓰이는 아주 예쁜 그릇이다."라고 표현했듯이, 사회복지사는 특정 분야에 뛰어난 역량을 갖춘 전문가(specialist)가 될 수도 있다. 하지만 공자가『논어』위정편 12장에 "군자는 쓰임새가 국한된 그릇 같은 존재가 아니다."라고 말한 것처럼, 세상은 사회복지사에게 사람을 돕는 일이라면 어디에서 어떤 일을 하더라도 일정 수준의 능력을 발휘할 수 있어야 하는 다용도 그릇(generalist)이 되기를 요구하는 경우가 더 많다. 그러다 보니 특별히 다른 전문직에 비해 아주 뛰어난 부분이 많지 않은 것처럼 보이는 경우가 없지 않아 있다.

지금에야 사회복지전문직과 사회복지사의 독자적 정체성을 의심하는 사람은 없다지만, 그래도 전문직의 뿌리를 튼튼히 내리고 오래 유지되기 위해서는 사회복지사들이 전문직의 정수(精髓), 진수(眞髓) 또는 골자(骨子), 즉 고갱이(core elements)를 확실하게 지켜나가야 한다. 이때 고갱이라는 말은 '풀이나 나무의 줄기 한가운데 있는 연한 심', 또는 '사물의 핵심이 되는 부분'을 비유적으로 이르는 순수 우리말이다.

그런데 사회복지실천현장에서 내담자를 도와 실천목표를 달성하기 위해 사용하는 개입방법들을 보면, 다소 우려가 드는 것도 사실이다. 필자는 한때 보건복지부의 시범사업인 노인 고독사 및 자살예방사업의 사업지원단장 역할을 맡아서, 노인 내담자의 우울감과 무망감, 고독감을 줄일 목적으로 집단프로그램을 16회기 이상 실시하도록 요구한 적이 있다. 그런데 이 사업에 참여한 전국의 노인복지관, 사회복지관 등에서 제출한 집단프로그램은 하나도 빠짐없이 원예치료, 음악치료, 미술치료, 향기치료 등의 대안적 요법들로 채워져 있고, 집단활동을 이끌고 가는 집단지도자 역시도 사회복지사가 아닌 대안치료사이었다. 반면 사회복지사는 프로그램을 기획하고, 대안치료사의 집단활동 지도 업무를 보조하고 이에 수반되는 행정업무만을 담당하고 있었다. '사회복지사는 전문직 고유의 방법으로 집단프로그램을 만들고 이끌고 갈 수 없는 것인가? 세상 사람들이 노인 자살예방 전문가는 사회복지사가 아니라 대안치료사라고 하지 않을까?'라는 생각이 들어, 사업지원단장으로서 무척이나 실망할 수밖에 없었다. 뭔가 잘못되어 가고 있음을 알았지만, 학부에서 집단사회복지실천을 고작 3~6시간 배운 것이 전부인 신출내기 사회복지사에게 더 높은 수준의 것을 요구할 수가 없어, 잔소리도 슈퍼비전도 못하고, 있는 현실을 그대로 받아들일 수밖에 없었다.

앞에서도 『논어』의 장구를 인용했으니 다시 『논어』 옹야편 제23장의 "모난 술잔(觚)이 모나지 않으면, 모난 술잔이라 할 수 있겠는가?"라는 장구를 인용하여, 사회복지실천현장의 기관장, 중간관리자, 일선 사회복지사뿐 아니라 예비사회복지사와 그들을 가르치는 교수님들께 사회복지전문직의 고갱이를 지켜 나가기 위해 우리가 할 수 있는 최선의 노력을 다 함께 기울이자고 권고하고 싶다.

15

아는 만큼, 성숙한 만큼,
딱 그만큼만 도울 수 있다

이 책의 첫 글에서 전문지식은 사회복지사가 갖추어야 할 중요한 조건 중의 하나라고 말한 바 있다. 속담에 '알아야 면장(免牆)을 한다.'는 말이 있다. 이때 면장이란 행정구역상 면(面) 지역의 장(長) 노릇을 한다는 의미가 아니라, 담벼락을 쳐다보고 서 있는 답답한 처지를 면할 수 있다는 의미이다. 흔히 우리가 말이 안 통하는 사람을 앞에 두고 '차라리 벽을 보고 얘기하는 것이 낫다.'라고 말하는 것처럼, 아는 것이 없으면 할 수 있는 게 없어 답답할 뿐이니 열심히 배우고 익히라고 권면하는 뜻을 지닌 속담이다.

사회복지실천에서도 '사회복지사가 아는 만큼만 내담자를 도울 수 있다.'는 똑같은 원리가 적용된다. 조현병(schizophrenia)이라는 정신병리의 원인과 증상에 대해 알지 못하면, 어떻게 도와야 할지도 모른다. 사회복지제도가 좋아지고 있음에도 불구하고 세상의 양극화가 왜 심화되고 있는지를 알지 못하면, 모두가 함께 어우러진 세상을 만들 수 있는 정책을 개발할 수도 없다. 집단사회복지실천의 방법론을 모르면, 대안 치료사에게 집단활동 지도를 부탁할 수밖에 없는 것이다. 장애인을 모르면 장애인복지를 제대로 할 수 없고, 노인을 알지 못하면 노인복지관과 노인장기요양시설에서 사회복지사가 무엇을 해야 할지 알 수 없다.

내담자의 앞날을 꽉 막고 버티고 서있는 장벽과 같은 사회복지사가 되지 않으려면, 배우고 익혀야 한다. 배울 학(學)은 아이가 책상에 앉아 손에 책을 펴들고 있는 형상의 글자이고, 익힐 습(習)은 새가 날기 위해 계속해서 날갯짓을 하고 있다는 의미를 담고 있다. 책이든 논문이든 아니면 인터넷이나 인공지능이든 무엇을 이용하든지, 사회복지사는 이미 개발되어 있는 지식과 기술을 끊임없이 배우고, 그것을 자기 것으로 만들고 실천에 적용할 수 있도록 반복해서 익히고 또 익히는 노력을 게을리 하지 말아야 한다.

그런데 자기가 아무리 배우고 익혔다고 하여도, 내담자를 변화시키기 위해 사용하는 전략이나 기술들이 반드시 효과가 있는 것은 아닐 수도 있다. 사회복지사 스스로 잘 알고 있고, 이렇게 하면 내담자를 변화시킬 수 있을 것이라는 주관적 판단과 막연한 기대에 의존하여 개입하면, 그 개입이 때로는 내담자를 해치는 최악의 결과를 가져올 수 있다. 그러므로 내담자의 욕구나 문제를 해결하기 위해서는 반드시 효과가 있다고 과학적으로 그리고 경험적으로 입증된 전략과 기술들을 사용하는 것이 바람직하다. 즉, 사회복지사는 근거기반 실천(evidence-based practice)을 해야 한다.

그러기 위해서는 사회복지사가 현재 다루고 있는 문제나 병리 그리고 그에 대한 개입방법과 관련된 책이나 학술논문 백 편을 찾아 읽으라고 권하고 싶다. 실제로 이탈리아 밀라노 지역에서 개발된 체계적 가족치료(systemic family therapy)를 하는 남녀 각 두 명씩 네 명으로 구성된 치료팀은 회기와 회기 사이의 배양기(incubation period) 동안에 자신들이 개입하는 가족과 유사한 사례를 분석한 학술자료와 슈퍼비전 기록들을 찾아서 읽고 팀 회의를 통하여 자신의 가족들에게 어떻게 적용할지를 의논하는데, 길게는 석 달 동안 공들여서 준비한다. 사회복지사가 담당하는 사례가 많은 우리의 상황에서 한 가지 사례나 업무를 위해 석 달 씩이나 공부하면서 준비할 여건은 안 되겠지만, 체계적 가족치료자들의 배우고 익혀서 가족에게 최선의 서비스를 제공하려는 자세만큼은 본받을 만하다.

많은 것을 깊이 알고 있다면, 내담자의 문제를 해결하는 데 수준 높은 개입과 양질의 도움을 제공할 수 있는 것은 분명 사실이다. 하지만 많이 안다고 해서 최고의 서비스를 제공할 수 있다는 것은 아니다. 아는 것에 덧붙여 사회복지사가 인격적으로 성숙한 사람이어야 한다는 조건이 추가적으로 따라붙는다. 앞의 글들에서 사회복지실천에서 가장 중요한 변화의 수단은 지식이나 기술이 아니라 바로 내담자와 맺는 촉진적 원조관계라고 했었고, 이를 위해 사회복지사가 어떤 태도를 보여야 하는지에 대해서도 이미 언급했다.

사회복지사가 아무리 원조관계에 대해 배우고 바람직한 태도를 보이는 구체적 행동지침을 알고 있다고 하더라도, 사회복지사 자신이 인격적으로 성숙되어 있지 않으면, 그의 행동이나 말들이 내담자에게 가식처럼 느껴질 수도 있다. 다시 말해, 내담자가 '사회복지사가 머리에 든 것은 많은데, 아직 제대로 된 사람은 아닌 것 같다.'는 느낌을 갖게 된다면, 좋은 관계를 형성하기가 쉽지 않을 것이고 당연히 개입의 결과도 썩 좋지 못할 것이다. 그러므로 사회복지사는 전문적 역량을 기름과 동시에 인격적 성숙을 위한 노력을 기울여야 하는데, 지금 인격적으로 성숙하지 못하다고 좌절할 필요는 없다. 왜냐하면 인본주의이론가인 Carl

R. Rogers는 인간은 '되어 가는 존재(becoming)'이므로 앞으로 스스로의 노력으로 얼마든지 인격적 성숙의 단계를 높여갈 수 있다고 우리에게 말하고 있기 때문이다.

혼히들 세상에는 높은 지위와 좋은 평판을 얻는 '난 사람', 높은 수준의 지식을 보유한 '든 사람' 그리고 인격적으로 성숙한 '된 사람'이라는 세 유형의 사람이 있다고들 한다. 이 세 유형의 사람 중에서 사회복지사는 든 사람과 된 사람의 자질을 함양하기 위해 끊임없이 노력해야 할 것이다. 왜냐하면 아는 만큼 그리고 성숙한 만큼, 딱 그만큼만 내담자를 돕고 세상을 변화시킬 수 있기 때문이다.

16

내담자의 자발적 변화 노력을
이끌어내라

사회복지사가 사회복지실천과정에서 절대해서는 안 되는 말은 "저만 믿고 따라 오시면, 모든 게 잘 해결될 것입니다."라는 말이다. 물론 사회복지사 자신이 전문가이고 역량도 충분히 갖추었으니, 내담자의 문제를 잘 해결할 수 있다는 자신감을 표현하고 싶었던 것일 수도 있다. 하지만 그런 자신감은 마음속에만 담아 두고, 절대로 입 밖에 꺼내서는 안 된다. 이와 같은 말이 사회복지사의 입 밖으로 나오는 순간, 그의 입은 복(福)의 문(門)이 아니라, 화(禍)의 문이 된다.

인간이라면 누구나 다른 사람과 기대어 살아가야 하지만, 결국 누구나 혼자 살아가는 것이다. 즉, 인간은 자신이 어떤 사람인지 정확하게 알고, 자신의 두 발로 현실에 굳건히 발붙이고, 스스로의 힘으로 자기만의 삶을 살아가야 하는 존재이다. 그런데 무슨 권리로 그들의 삶의 여정을 전문가 자신이 원하는 방식대로 바꿔 주겠다는 것인가? 그러다 잘못되면 사회복지사가 그의 인생을 송두리째 책임질 수 있는가? 책임도 지지 못할 것이면서, 그렇게 말하는 것은 사회복지사가 자신의 전문성을 오용(誤用)하여 내담자와 그의 인생을 마음대로 조작(manipulation)하는 나쁜 짓거리다. 그러므로 인간봉사전문직인 사회복지사가 절대로 해서는 안 되는 일이다.

사실 사회복지사가 아무리 전문적 역량이 뛰어나다 하더라도, 내담자의 참여와 협력이 없이는 털끝 하나도 변화시키기가 쉽지 않다는 것을 실천현장의 사회복지사 여러분은 경험을 통해 익히 알고 있을 것이다. 사회복지사가 뛰어난 능력을 갖추고 내담자와 그의 삶을 좋은 방향으로 변화시키려고 아무리 용을 쓰더라도, 내담자가 자신이 무엇이 문제이고 부족한지조차 모르고 있고, 스스로 변화하려는 마음이나 의지도 없고, 자발적인 변화 노력을 권고해도 귀담아 듣지도 않는다면, 내담자에게서 변화는 절대로 일어날 수 없다. 그래서 사회복지실천의 방법론을 배울 때, 여러분 모두는 '내담자의 자기인식을 증진시키고, 자발적 변화를 이끌어 내라.'는 말을 수도 없이 들었을 것이다.

유학의 사서(四書) 중 하나인『맹자』의 이루장구 상편 10장을 보면, '사람은 누구나 선한 본성을 타고 태어났으므로 마음을 보존하고[存心] 선한 본성을 기르기 위해[養性] 스스로 노력하면 누구든 성인의 경지에 오를 수 있지만, 스스로 그런 노력을 하지 않는 사람은 어떻게 해 볼 도리가 없다.'고 했다. 즉, 자신에게 나쁜 것인 줄 알면서도 그런 행동을 계속함으로써 스스로 해치는 자[自暴]와 자신에게 좋은 것인 줄은 알지만 힘들어 못하겠다고 스스로 포기해 버리는 자[自棄], 즉 자포자기(自暴自棄)하는 자와는 함께 말을 할 수도 없고, 어떻게 해 볼 도리도 없다고 했다.

지금으로부터 2,400년 전에 살았던 유학자가 말했고, 여러분이 공부할 때 수없이 들었던 것처럼, 내담자 스스로 자신이 어떤 존재인지를 명확히 깨닫고 스스로 문제를 해결해야 하겠다는 마음을 갖게 하고, 변화하기 위해서 팔 걷어붙이고 직접 나서도록, 그의 옆에서 어깨를 빌려 주는 사회복지사가 되어야 한다. 다시 말해, 사회복지실천과정에서 내담자에게(to the client) 그리고 내담자를 위해서(for the client) 뭔가를 자꾸 해 주려 하기보다는 내담자와 함께(with the client) 있으면서 내담자가 힘이 부칠 때 어깨를 빌려주고, 그가 포기하려 할 때 손잡아 일으켜 주고 어깨를 토닥거려 주는 사회복지사가 되어야 한다. 그렇게 할 수 있는 사회복지사가 진정으로 사회복지실천을 제대로 하는 전문가이다.

17

변화는 쉽게 이루어지지 않는다

사람이 잘 변화되는가 그렇지 않는가에 대해 많은 학자가 서로 다른 의견을 제시하고 있다. 인간의 가변성과 불변성에 대해 Salvatore R. Maddi는 타고난 본질적 성격 측면은 변하지 않는 반면 후천적 경험을 통해 획득한 주변적 성격 측면은 변한다고 하여, 양극단의 관점을 절묘하게 절충한 의견을 제시하고 있다.

어떤 내담자와 어떤 문제를 대상으로 하더라도 사회복지실천의 최종적 목적은 바로 변화라 할 수 있으므로, 사회복지전문직에서는 인간의 가변성을 신뢰하는 관점을 지지한다. 만약 변화가 손쉽게 일어나면 사회복지실천의 과정이 순조롭게 진행될 수 있지만, 그 반대라면 원조과정은 매우 어렵고 혼란스러울 것이다. 그럼에도 전문학술지나 책 그리고 연구보고서에 실린 사회복지실천 사례에 관한 글들을 보면, 하나같이 성공적 변화를 이끌어 냈다고 쓰여 있다. 그렇다면 경험이 많지 않은 사회복지사도 실천을 통해 내담자의 성공적 변화를 이끌어 낼 수 있을 것이라는 생각을 가져도 되지 않겠는가?

그런데 정말 사회복지실천을 통해 개입하면 내담자가 성공적으로 변화할 수 있을 것인가? 필자가 아무리 인간의 변화가능성을 적극적으로 지지하는 관점을 가졌다 손치더라도, 이 질문에 동의하는 답변을 내놓고 싶지는 않다. 사람의 인지상정에 따르면, 사회복지실천을 통해 내담자의 변화를 일으키는 데 실패할 경우에는 외부로 그 결과를 발표하지 않으려는 성향이 있기 때문에 이 사실이 숨겨지는 경우가 많다. 설령 실패한 사례를 발표하려 하여도, 전문학술지 심사과정에서 게재불가 판정을 받아 학술지에 실리지 못하는 경우가 대부분이다. 성공사례로 소개된 것도 있지만, 실패하거나 숨겨진 사례들도 부지기수일 것이 분명하다. 그러므로 필자는 사회복지실천을 통해 내담자의 변화에 성공할 수 있다는 주장에 전적으로 동의하지 않는 것이다.

또한 사회복지실천을 다룬 전문서적이나 논문에서는 '접수-원조관계 형성-자료수집과 사정-목표와 개입계획의 수립-개입-점검-종결과 평가'라는 일련의 과정을 거쳐 내담자들 돕거나 개입을 하게 되면, 내담자의 삶이나 문제에 변화가 일어난다고 쓰여 있다. 그러므로 이렇게 배운 사회복지사들은 부지불식간에 그런 절차를 거쳐 가면, 당연히 좋은 결과를 얻을 것이라는 기대를 하게 된다. 그러나 처음부터 내담자 자신의 삶과 문제에 개입하는 것 자체를 회피하거나 저항하기도 하며, 좋은 원조관계를 맺는 데까지는 성공했지만 본격적인 문제해결단계로는 진입하지 못하는 경우도 있다. 모든 것이 순조롭게 진행되어 곧 종결해도 되겠다 싶은 바로 그 시점에, 처음 도움을 받으러 왔던 상황으로 되돌아가기도 한다. 쉽게 말해 전문서적에 쓰여 있는 그대로 원조과정의 각 단계가 원활하게 진행되지 않을 수도 있고, 기대한 변화를 일으키기도 쉽지 않다는 얘기이다.

사회복지실천의 원조과정이 책에 나오는 대로 원활하게 진행된다면,

사회복지사는 큰 어려움 없이 내담자의 변화를 도모할 수 있다. 그러나 비자발적인 내담자나 저항적인 내담자, 많은 도움을 제공해도 변화의 기미가 보이지 않는 내담자 사례에 직면하게 되면, 사회복지사는 당황하게 되고 그의 머릿속은 혼란스러워진다. 왜 이런 일이 벌어지는지는 각각의 사례에 따라 그 이유가 달라질 수 있으므로, 내담자가 변화의 도상으로 올라서서 탄탄대로를 밟아가게 할 수 있는 좋은 방안을 일목요연하게 제시하기는 어렵다. 그러나 분명하게 말할 수 있는 것은 어떤 이유로든 변화에 저항하고, 거부하고 또는 변화의 기미가 보이지 않더라도, 절대로 사회복지사는 당황하거나 좌절해서는 안 된다는 것이다.

우리들이 어떤 큰 병을 고치는 과정에서 명현현상(冥顯現像)이 일어나는 것처럼, 내담자 역시도 변화의 과정에서 그런 현상을 겪고 있다고 믿고, 인내심을 갖고 끝까지 지지하고 격려하면서 내담자가 변화의 길로 접어들 수 있도록 돕고 또 도와야 한다는 것이다. 음양이 극(極)에 이를 때 반대쪽 기운이 생겨나기 시작한다는 『주역』의 기본 원리처럼, 사회복지실천에서 더 이상 변화를 기대하는 것이 불가능하다고 생각하는 바로 그 순간에, 변화의 싹이 트고 점점 변화의 기운이 커져서 마치 들불 같은 기세로 변화하기도 한다. 그러므로 사회복지사는 내담자의 욕구와 문제, 삶에서 변화를 일으키는 것이 쉽지 않더라도, 끝까지 내담자의 변화가능성을 믿고 최선을 다해 돕고 또 도와야 한다. 절대 좌절하거나 혼돈에 빠져 헤매서는 안 되고, 더 이상 변화를 기대할 수 없는 마지막 순간에서조차도 변화를 불러일으키기 위한 실천행동을 멈추거나 포기해서는 안 될 것이다.

18

착한 사람 증후군에
빠져서는 안 된다

필자는 수업시간에 여담(餘談)으로 "사회복지사의 장점은 착하다는 것이고, 단점은 착하기만 하다는 것이다."고 학생들에게 말하곤 한다. 착한 심성을 가진 사회복지사는 신약성경 누가복음 10장 30~35절에 나오는 착한 사마리아인에 비유할 수 있다. 착한 사마리아인 비유는 강도당한 유대인을 높은 지체의 종교지도자조차도 외면했지만, 유대민족과 적대관계에 있던 사마리아인이 자신이 할 수 있는 최선을 다해 유대인을 돌보았다는 것이 주요 골자이다. 사회복지사 역시 착한 사마리아인처럼 내담자를 존중하고 사랑으로 돌보고 그들이 필요로 하고 힘들어하는 것을 해결하기 위해 최선의 노력을 기울인다. 그런 점에서 사회복지사는 착한 사마리아인을 닮았다.

그런데 문제는 이 장점이 너무 강해서 오히려 단점이 되기도 한다는 것이다. 사회복지전문직에서는 인간 존엄성 존중의 가치를 매우 중시하고, 사회복지사 윤리강령에서는 내담자를 위해 받들고[奉] 섬기는[仕] 서비스(service)를 제공해야 함을 강조하고 있다. 그리고 사회복지실천 관련 교과목에서는 내담자를 조건 없이 긍정적으로 존중하고 있는 그대로 수용할 것을 강조하고, 내담자의 마음을 헤아려 그의 마음과 힘듦을 깊이 공감하고, 내담자를 지지하고 격려하는 것이 매우 중요하다고 강조하고 있다. 이처럼 사회복지전문직의 모든 영역에서 사회복지사가 타인을 존중하고 수용하고 배려하고 지지하는 헌신적 태도를 가질 것을 강조하고 있다.

이와 같은 사회복지전문직에서의 요구와 교육으로 인해, 사회복지사는 서비스 과정에서 내담자에게 강력하게 요구해야 하는 상황에서도 선뜻 그렇게 하지 못하고 망설이는 경우가 있다. 사회복지교육에서는 내담자와 좋은 관계를 맺기 위해 비심판적 태도를 보이고, 내담자의 자기결정권을 철저히 보장해야 하며, 개입단계에서 자칫 감정을 상하게도 할 수 있는 조언(advice)은 하지 말고, 내담자가 준비되지 않은 상황에서 문제에 맞닥뜨리게 하는 직면(confrontation) 기법을 사용하지 말아야 한다고 반복적으로 가르친다.

그런데 내담자가 현재 겪고 있는 문제의 원인이 내담자 자신에게 있음에도 이를 전혀 인정하려 들지 않고, 아무리 여러 방안을 제안(suggestion)하면서 지지하고 격려하여도 스스로 결정하거나 행동하지 않으려 하고, 문제해결을 위해서는 반드시 맞서 싸워야 하는 상황에서도 내담자가 자꾸 회피만 하는 상황에서도 책과 수업시간에 배운 대로 해야 할까? 쉽게 고칠 수 있는 정말 나쁜 행동습관으로 판단되는데도, 내담자가 마음을 가다듬고 변화를 위한 노력을 경주하기로 결정할 때까지 기다리고 또 기다려 주어야 하는가? 사회복지사가 내담자와 협의하여 집에서 해 와야 할 과제를 내주었는데 다음 시간에 그 과제를 해오지 않았는데도, "다음에는 꼭 해 오세요. 오늘은 양해해 드릴게요."라고 말해야 할까?

착하다는 것과 물러 터졌다는 것은 분명 다르다. 필자는 착하되 단단해야 할 때는 단단함을 보여 주는 것이 진정으로 착하고 좋은 사회복지사가 되는 길이라고 생각한다. 최대한 신중해야 하겠지만, 전문가의 입장에서 볼 때 꼭 필요하다면 신속한 전문적 결정을 바탕으로 주도적이고 지시적인 개입도 적극적으로 행하고, 조언과 직면기법도 적절하게 사용하고, 과제를 해오지 않으면 그에 대해 강하게 질책할 필요가 있다고 본다. 그러므로 남을 돕는 데 있어서 착한 것이 좋기는 하지만, 사회복지사는 늘 착하게만 행동하려는 착한사람 증후군에 빠져들어서는 안 된다. 때로는 착하면서도 권위와 카리스마를 지닌 사회복지사가 되어야 한다.

하물며 내담자로부터 부당한 처우를 받는 경우에도 "좋은 게 좋은 건데, 나 하나 참으면 조용해질 텐데…… 굳이 대응해서 시끄럽게 만들지 말고, 그냥 참자."라고 속으로만 삭히는 경우들도 심심찮게 발생한다. 그렇게 분노의 감정을 차곡차곡 쌓아가게 되면 언제 어떻게 폭발할지 모르고, 사회복지와 관련된 일 자체가 싫어져서 아무 것도 하고 싶지 않는 소진증후군(burnout syndrome)에 빠져들 위험이 매우 크다. 남을 도우면서 부당한 일까지 당하면서도 참고 이해하고 받아들이고 해야 하는가? 부당하고 불법적인 내담자의 행위에 대해서는 반드시 사과도 받고 책임도 지게 해야 한다, 참고 견디지만 말고 말이다.

19

내담자의 변화를 일상화시켜라

　잠재적 내담자(potential client)가 사회복지사의 도움을 받기로 동의하면서부터 시작되는 사회복지실천의 원조단계는 종결단계로 마무리된다. 이 단계에서 사회복지사와 내담자가 수행해야 할 과업은 성취한 것과 그렇지 못한 것에 대한 평가, 종결감정 다루기, 종결 이후 미래에 대한 계획 수립, 의뢰와 사후서비스 등이다. 사회복지실천의 원조 자체는 시간제약적 계약관계이므로, 영원히 지속되는 관계가 아니라 시작이 있었기에 끝도 있는 관계의 특성을 갖는다.

　그러므로 사회복지실천 과정에서 사회복지사와 내담자가 함께 노력하여 성취한 것들이 무엇이며, 어떤 과정과 매개체를 활용하여, 그런 성과를 거두었는지를 평가해야 한다. 뿐만 아니라, 성취하려 했으나 그렇지 못한 것들이 무엇이고 왜 그렇게 되었는지, 그리고 시간의 제약으로 인하여 더 하고 싶었는데 하지 못했던 것들이 무엇인지에 대해서도 다루어야 한다. 시원섭섭함으로 요약되는 사회복지사와 내담자 모두의 긍정적 종결감정과 부정적 종결감정을 잘 다스리고 정리하여야 한다.

　그런데 종결단계에서 무엇보다 중요한 것은 사회복지실천의 원조과정을 통해 일어난 변화를 일상의 삶에서 어떻게 이어갈 것인지에 대한 미래계획을 수립하는 것이다. 앞서 언급한 것처럼 변화를 일으키는 과정이 쉽지만은 않듯이, 일어난 변화를 유지하는 것도 쉽지 않으며, 그 변화를 더욱 키워가는 것은 더더욱 어려울 수 있다. 그러나 그보다 더 어려운 것은 사회복지실천과정을 통해 이루어 놓은 변화를 내담자의 일상적 삶의 과정에서 어떻게 단단하게 자리 잡게 만드는가라는 점이다. 왜냐하면 사회복지실천에서 내담자의 문제가 완전하게 해결되고 그 변화를 진정한 자기 것으로 소화하여 익숙해져 있는 상태에서 종결을 하는 것이 아니기 때문이다. 내담자의 문제에 변화가 시작되고 어느 정도 진척이 이루어졌을 때 종결을 하는 것이 가장 일반적이면서 바람직한 종결의 시점이라고들 한다. 그러므로 내담자는 아직 어느 정도의 문제를 갖고 있는 상태이며, 사회복지사의 지지를 받는 보호적 환경에서는 일어난 변화를 유지할 수 있다. 그러나 험난한 현실세계의 삶을 통해 그 변화를 이어가기에는 아직 변화가 성숙되지 않은 경우가 많아, 그 변화가 수포로 돌아가고 다시 문제에 빠져들 위험성이 있다.

사회복지실천이든 인간의 삶이든 간에 방심(放心), 즉 마음을 다잡지 않고 놓아버리는 순간에 위험한 일이 일어나고 모든 것이 물거품이 될 수 있다. 따라서 사회복지실천과정에서 내담자의 문제에 어느 정도의 변화가 일어나면, 회기 간의 간격을 조금씩 늘려가면서 내담자가 그 변화 내용을 실생활에 적용해 볼 수 있는 기회를 많이 부여하는 것이 좋다. 그리고 내담자가 변화를 실생활에 적용할 때 겪게 되는 애로사항이나 성공할 수 있었던 이유 등에 대해 의견을 나누고, 장애물은 줄이고 성공요인은 키워 나갈 수 있는 방법을 협력하여 만들어 내야 한다.

내담자의 변화를 이끌어 냈으니 사회복지사로서의 책임을 잘 이행했다고 방심하지 말고, 일상화되지 않은 변화는 변화가 일어난 것이 아니라고 생각하는 것이 좋다. 그런 인식하에서 그 변화가 내담자의 일상적 삶에 제대로 녹아들어 탄탄하게 뿌리를 내릴 수 있도록 사회복지사는 마지막까지 최선의 노력을 기울여야 한다.

20

사후서비스는 중도탈락자에게
더 필요하다

　사회복지실천을 통해 계획된 회기 내에 목표를 성취하여 사회복지사와 합의하에 종결을 할 때도 내담자는 일상생활에서 변화를 유지하고 키워 나가는 데 도움을 필요로 하므로 사후서비스(follow-up service)가 필요하다. 실제로 사회복지사들은 사회복지실천 교과목에서 서비스 종결 이후에 내담자에게 사후서비스를 적절하게 제공해야 한다고 배운다. 그런데 이때 사후서비스의 대상은 주로 계획된 회기만큼 서비스를 받고 목표를 성취한 내담자들로 제한되는 경우가 많다.

　세상만사가 뜻대로 되지 않듯이, 사회복지실천의 과정 역시 계획되지 않은 종결(unplanned termination)을 하는 경우가 자주 발생한다. 즉, 사회복지실천에서 세운 목적이 달성되지 않았고 계획된 회기도 남아 있는 상황에서 예기치 않게 중간에 서비스가 종결되는 경우가 있다, 이러한 계획되지 않은 종결은 사회복지사와 내담자 각각의 요인에 의해 일어날 수 있다.

　사회복지사가 이직을 하거나 담당 업무가 변경된 경우, 건강문제로 입원하거나 이사를 하게 되는 경우, 사회복지사 자신의 역량이 부족하여 더 이상 사례를 다루는 것이 적절하지 않다고 판단되는 경우, 내담자가 변화를 위한 노력을 지나치게 게을리하거나 개입의 목표가 달성되기 어렵다고 판단되는 경우에 사회복지사가 중도에 서비스 중단을 결정할 수 있다. 이런 경우에 내담자는 자신이 버림받았다는 느낌을 강하게 받을 수 있고, 앞으로의 사회복지서비스 이용과정에서도 같은 좌절을 경험하지 않을까라는 두려움에 휩싸이기도 한다. 따라서 사회복지사는 내담자에게 중도에 서비스를 종결하는 이유를 충분히 설명하여 이해를 구하고, 내담자가 도움을 받을 필요가 있다면 다른 기관이나 사회복지사에게 서비스를 의뢰하여야 한다.

반면에 내담자가 자신이 문제라고 생각했던 것이 사라져 더 이상 원조를 필요로 하지 않거나, 내담자의 직업 또는 거주지의 변경, 질병과 같은 개인적 사정이 발생한 경우, 원조과정이나 기관의 지원 또는 사회복지사의 태도에 만족하지 못하는 경우, 또는 서비스 이용에 따르는 비용부담 등을 이유로 내담자가 예기치 않은 종결을 결정하기도 한다. 이 경우에 사회복지사는 내담자가 중도에 종결하고자 하는 이유를 파악하고, 그에 대한 관심과 이해를 표현하고, 내담자의 선택과 결정을 존중하고, 원만하게 원조관계를 종결하는 것이 좋다.

사회복지사가 이런 방식으로 예기치 않은 종결에 대응하여 원만하게 원조관계를 종결하더라도, 여전히 내담자는 문제로 인하여 크고 작은 어려움을 겪을 수 있다는 사실만큼은 달라지지 않는다. 중도 종결 또는 탈락한 내담자를 설득하여 서비스를 계속 받을 것을 권유하고 직접 나서서 서비스 의뢰를 하는 것만으로, 사회복지사로서의 책임을 다했다고 생각해서는 안 된다. 이에 더하여 사회복지사는 예기치 않게 중도 종결한 내담자가 그 이후에 어떻게 살아가고 있는지, 처음 호소했던 문제의 상태는 어떠하고, 그 문제를 해결하기 위해 어떤 노력을 경주하고 있는지, 그 문제로 인해 현실의 삶에서 어떤 영향을 받는지, 중단했던 서비스를 다시 이어갈 생각은 없는지 등을 확인하는 사후서비스를 통하여 내담자에 대해 지속적 관심과 지지를 보내 주어야 한다. 그래야만 내담자가 해결되지 않은 문제를 다시 해결하려는 동기와 의지를 다질 수 있게 되고, 전문기관이나 사회복지사의 서비스를 받는 길로 되돌아와 문제를 해결할 수 있는 기회를 갖게 될 가능성이 높아진다. 사회복지사는 문제를 해결하고 계획된 종결을 한 내담자보다 중도에 서비스를 중단한 내담자의 사후서비스에 더욱 신경 써야 한다.

집단사회복지실천은
따로 좀 더 배우고 익히자

서구(西歐)의 사회복지실천은 자선조직협회(charity organization society)와 인보관 운동(settlement movement)에서 그 원류를 찾을 수 있다. 자선조직협회에 소속된 무보수 자원봉사자들이었던 우애방문원(friendly visitor)들은 박애주의, 인도주의 철학을 기반으로 빈곤계층의 가정을 방문하여 조언과 돌봄 등의 봉사활동을 전개하였다. 1900년대부터 우애방문원들에게 활동에 대한 보수가 지급되면서 이들의 활동영역이 확대됨과 동시에 서비스의 전문성에 대한 요구가 높아지게 되고, Mary Richimond의 『사회진단』이라는 저서 발간과 함께 점차 개인수준과 가족수준의 사회복지실천방법론의 발달로 이어지게 된다.

이에 반해 인보관운동에서는 빈민들이 겪는 문제는 개인에게 그 원인이 있는 것이 아니라 사회구조적 문제에 기인한다고 보고, 사회개혁을 통하여 빈곤 등의 문제를 해결하려고 하였다. 이를 위해서는 개인이나 가족 단위의 접근이 아니라 집단과 지역사회 수준의 개입활동이 더욱 유용하고 쓸모 있는 것으로 받아들여지게 되고, 이후 기독교 청년운동, 보이스카우트 및 걸스카우트, 사회교육방법론 등과 결합하여 집단

사회복지실천방법론의 발달을 촉진하게 되었다.

필자가 학부과정에서 사회복지실천을 배울 때는 개별사회복지실천(social casework), 집단사회복지실천(social group work) 그리고 지역사회조직(community organization)을 3대 방법론이라고 불렀다. 미국에서는 사회복지방법론의 세분화가 지닌 문제점을 인식하여 1960~1970년대 사이에 사회복지방법론의 통합이 이루어졌다. 우리나라에서는 1999년 「사회복지사업법」 개정으로 사회복지사 자격 취득이 국가시험제도로 전환되는 시점을 전후로 하여 사회복지방법론의 통합 작업이 이루어졌다. 개별사회복지실천과 집단사회복지실천 그리고 가족복지실천은 사회복지실천론과 사회복지실천기술론으로 통합되었고, 사회복지실천기술론 교과목 강의에서 집단사회복지실천은 한 주 또는 두 주 분량밖에 안될 정도로 그 비중이 매우 작아졌다. 그러므로 사회복지사의 대부분은 대학시절, 즉 예비사회복지사 시절에 집단에 대해서 매우 제한된 지식과 기술만을 배우고 사회복지실천현장에 진입하게 된다.

그런데 국민들의 사회복지에 대한 수요는 급증한 반면 사회복지인력의 공급은 수요에 미치지 못함으로써, 사회복지사는 과중한 업무 부담을 안은 채 일하고 있다. 사회복지사 한 명이 담당하는 사례가 많아지면 개인 단위보다는 집단 단위의 사회복지실천이 더욱 효율적이다. 그러나 집단에 대해 많이 배우지 못해 아는 것이 별로 없는 사회복지사 입장에서는 선뜻 집단사회복지실천을 하겠다는 용기를 갖기가 쉽지 않다. 그렇다고 사회복지사 보수교육 과정들에서는 집단사회복지실천과 관련된 양질의 교육프로그램들이 많이 개설되지 않으니, 현장에 나와 집단사회복지실천의 필요성을 느끼더라도 배울 기회를 마땅히 찾지 못하는 것이 현실이다.

사회복지실천현장에서 제공되는 서비스 단위(service unit)별 비율을 정확히 따져 본 연구들이 제시되지 않아 정확히 알 길은 없지만, 집단을 매개체로 한 서비스나 개입이 많이 이루어지고 있는 것은 사실이다. 이런 상황에서 사회복지사가 집단사회복지실천을 모른다고 언제까지나 집단 수준의 개입이나 서비스를 하지 않을 수는 없는 일 아닌가? 한참 공부할 때 배울 기회가 적었고, 현장경험을 쌓으며 집단을 배울 필요가 있다는 생각이 깊어지지만 배울 곳이 없는 상황에서는 사회복지사 스스로 따로 배우고 익히는 노력을 기울여야 마땅하지 않겠는가?

필자가 한 민간기업의 사회복지공모사업 슈퍼바이저로 활동할 때의 경험을 토대로, 집단사회복지실천에 자신감을 갖게 된 젊은 여성 사회복지사의 얘기를 해 보고자 한다. 서울의 한 노인복지관에서 제출한 원래 프로그램 계획서는 원예치료사를 강사로 활용하여 노인의 우울감을 감소하겠다는 것이었다. 이에 필자는 집단사회복지실천방법을 이용한 집단프로그램으로 변경하고 사회복지사에게 집단지도자로서 집단프로그램을 직접 진행할 것을 요구했다. 사회복지사가 집단에 대해 아는 것이 없으니 원래대로 프로그램을 승인해 달라는 요청에도, 필자는 완강하게 입장을 고수했다. 변경된 사업계획을 승인하고 한 달 뒤 두 번째 슈퍼비전 모임에 참여한 여성 사회복지사는 "신혼여행을 갈 때 첫 회기 진행 대본을 작성해 가서 남편과 역할극을 통해 몇 번 연습을 하고나서, 첫 회기를 진행했는데 뭘 어떻게 했는지 기억이 안날 정도로 힘들었다."는 경험담을 털어놓았다.

슈퍼바이저인 필자와 동료 사회복지사들이 도전하려는 용기에 박수를 보내고, 잘할 수 있다고 정서적 지지를 보내 주었다. 그 후로도 사회복지사는 집단사회복지실천에 관한 공부도 하고, 미숙하지만 차곡차곡 집단지도 경험을 쌓아 갔다. 6개월 정도의 시간이 흘렀을 때, 사회복지사는 이제는 혼자서 집단지도를 할 수 있다는 자신감이 생겼고, 다음에 다른 집단을 맡아도 얼마든지 해낼 수 있겠다는 소감을 피력했다. 마지막 슈퍼비전 모임에서 사회복지사는 "교수님의 억지스러운 슈퍼비전 때문에 어쩔 수 없이 시작한 집단사회복지실천 공부와 경험이 자신의 전문역량을 끌어올리는 데 많은 도움이 되었다."고 필자에게 진심으로 감사의 마음을 전해 왔다.

다들 바쁘고 힘든 것은 알지만, 사람들을 돕는 데 효과적이고 효율적인 방법론을 배우기 위한 자발적 노력을 기울여 주기를 간곡하게 부탁드린다.

사회복지사는
딜레마를 겪으며 성장해 간다

　지금으로부터 30여 년 전인 1990년도에 MBC에서 〈여자는 무엇으로 사는가?〉라는 드라마를 방영한 적이 있었다. 그 드라마 주제가를 부른 가수가 "여자는 무엇으로 사는지 진정 대답해 줄 수 없나요?"라며 호소하는 것에 반응하여, 사람들은 저마다 "사랑을 먹고 산다. 아니다 여자도 사람이니까 밥 먹고 산다." 등과 같이 나름의 해답을 찾아 제시하기도 했다. 당시 국책연구원의 신출내기 연구원이었던 필자는 "그럼 사회복지사는 무엇으로 사는가?"라는 질문으로 바꿔서 묻고는 "남을 돕는 보람에 산다, 네 이웃을 사랑하라는 하나님이 주신 사명을 이행하는 책임감으로 산다, 아니 사회복지사도 사람이니까 밥 먹고 산다." 등의 해답들을 찾아본 기억이 있다.

　그때는 시류(時流)에 편승하여 재미삼아 그냥 물어보고 답을 찾아본 것으로, 특별히 의미가 있는 일은 아니었다. 하지만 대학에서 학생들에게 사회복지 윤리와 철학이라는 과목을 가르치면서, 학생들이 "사회복지사는 무엇으로 사는가?"라고 내게 물어 오면 답해 줄 말이 있어야 하니, 그 질문에 대한 해답들을 찾기 위해 치열하게 고민할 수밖에 없었다. 그래서 찾아낸 답은 "사회복지사는 돈, 명예, 지위와 권력 등 보통 사람들이 행복의 척도로 내세우는 것을 얻기 위해 사는 것이 아니라, 세상 사람들이 보다 바람직하다고 여기는 가치(value)들이 내담자의 삶과 현실세계에서 구현되도록 만들기 위해 살아간다."라는 것이었다. 차별보다는 평등, 통제와 억압보다는 자유, 종속보다는 자립, 양극화보다는 형평, 불의보다는 정의 등과 같이 세상 사람들이 "A보다 B가 더 낫다(prefer A to B)."라고 말하는 가치들을 내담자가 세상 속에서 일상적 삶을 영위하는 과정에서 현실화할 수 있도록 돕기 위해 사회복지사는 살아야 한다고 지금도 믿고 있다. 즉, 사회복지사는 물질이나 권력을 지향하는 것이 아니라 가치지향적 삶(value-oriented life)을 살아가야 한다.

그런데 순우리말로 값어치라고 부를 수 있는 가치(value)라는 것이 상대적으로 더 좋다는 것이지 절대적으로 옳다는 것은 아니므로, 상황이나 사람에 따라 특정 가치의 값어치가 높아지고 낮아질 수도 있다. 이로 인해 사회복지사들은 남을 돕고 세상을 바꾸어 가는 일을 하면서 가치갈등을 경험하게 되고, 이것을 선택해야 좋은지 저것을 선택해야 좋은지를 명쾌하게 판단할 수 없는 딜레마 상황에 자주 직면하게 된다. 예를 들어, 사회복지사들은 10대 청소년이 임신을 했을 때, 태아의 생명권을 존중해야 할지 10대 청소년의 미래의 희망과 자립적 삶의 권리를 중시해야 할지와 같이 쉽게 결론을 얻을 수 없는 상황들에 자주 직면하게 된다.

사회복지사를 딜레마에 빠지게 하는 가치갈등에서 한걸음 더 나아가 옳고 그름의 영역인 윤리적 갈등에 직면하게 되면, 사회복지사는 더 크고 깊은 딜레마를 경험한다. 늪에 빠진 사람은 "빠져들수록 더 허우적거리게 되고, 허우적거리면 거릴수록 더 깊이 빠져든다(The more sinking the more struggle. The more struggle, the more sinking)."는 Mental Research Institute의 상호작용가족치료 모델의 금언(金言)처럼, 사회복지사가 직면한 가치갈등이나 윤리적 갈등에 의해 야기된 딜레마 상황은 스스로의 노력과 함께 외부의 도움이 병행되어야만 빠져나올 수 있다.

사회복지사는 그것이 가치의 문제이든 윤리의 문제이든 아니면 기술의 문제이든 딜레마상황에 직면하게 되었을 때, 깊이 골똘히 사색하면서 전문서적이나 논문, 사례집 등을 참고하여 스스로 해답을 찾기 위해 노력함과 동시에 외부 전문가나 상급자 또는 동료들로부터 자문이나 슈퍼비전을 받아서 특정 딜레마 상황에 적절한 슬기로운 결정을 내릴 수 있어야 한다.

이런 딜레마를 극복한 경험이 있는 사회복지사는 그런 딜레마를 경험하지 못한 사람이나 딜레마 상황에 맞닥뜨렸음에도 해답을 찾지 않고 회피해 버린 사회복지사보다 한층 더 유능하고 성숙해질 수 있다. 사람이면 누구나 만나고 싶어 하지 않는 딜레마 상황에 맞서서 자신의 노력과 외부의 도움으로 그 굴레에서 벗어나는 힘든 과정을 거칠 때, 비로소 성장과 성숙의 길이 열리기 시작하는 것이다. 대중들이 콧노래로 흥얼거리는 대중가요의 가사처럼 "아픈 만큼 성숙해진다."는 말은 거짓이 아니다. 굳이 찾아가 아파할 필요는 없지만, 힘들고 아픈 경험을 통해서 자신을 더욱 연단(鍊鍛)하여 나중에 세상에서 그리고 사람들에게 더 크게 쓰임 받는 사회복지사로 성장해 나갈 수 있기를 진심으로 바란다.

23

경험이 없어 잘못할까 봐
두려워 말라

사회복지실천을 통해 사람의 삶에 관여하는 사회복지사는 자신의 능력이 부족하여 또는 잘 몰라서 또는 잘못이나 실수로 인하여 내담자를 더욱 힘든 상황으로 내몰지나 않을까 하는 불안을 늘 경험하며 산다. 더구나 경험이 일천한 신출내기 사회복지사라면 불안을 넘어 공포를 느낄지도 모를 일이다. 그렇게 되면 뭔가를 할 때 자꾸 주저하게 되고, 계획했던 것들을 실행하지 못하고, 잘못이나 실수를 더 많이 저지르기도 한다.

필자라고 해서 햇병아리 시절이 없었던 것이 아니다. 필자가 처음으로 대학 강의를 한 것은 박사과정 재학 중일 때인데, 첫 수업시간에 들어가서 칠판에 한문으로 이름 석 자를 쓰고 돌아섰는데, 강의실 전체가 암흑천지로 변해 있었고 그때부터 한 십 분 동안 무슨 말을 했는지 기억이 나지 않는 경험을 했다. 대학원 시절 정신장애인 사회복귀시설로 실습 나가서 처음 내담자와 인터뷰를 할 때는 머릿속에서 맴도는 생각들을 입으로 내뱉지 못해서 전전긍긍했던 기억이 아직도 선연하게 남아 있다. 처음으로 필자의 이름 석 자가 들어간 글인 석사논문을 쓸 때에는 지도교수님께서 500자 원고지 거의 열다섯 페이지 정도를 연이어서 우측 상단에서 좌측 하단으로 빨간 펜으로 사선을 그어서 돌려주셔서, 눈물을 머금고 한자 한자 다시 써야 했던 아픈 기억도 남아있다.

지금은 몇 백 명의 청중이 앉아있어도 '지금 이 자리에 있는 사람 중에 내가 제일 잘 아는 사람이다.'라는 자신감으로 무장하고, 아무렇지도 않게 내가 하고 싶은 말을 다하고 강연을 마무리한다. 사회복지실천현장의 사례에 대한 슈퍼비전을 할 때에는 특정 상황에서 어떤 표정과 자세로 어떤 말을 어떻게 해야 하는지 사회복지사에게 상세하게 알려 주기도 한다. 또한 필자가 쓴 책 중에 20~25년 동안 꾸준히 읽히는 스테디셀러 책들이 몇 권 있고, 책을 낸 출판사에서 인세를 가장 많이 받는 작가 중의 한 사람이 되어 있다.

올챙이 시절이 없었던 개구리는 없듯이, 경험 없는 신출내기 시절이 없는 역량 있는 사회복지사는 존재할 수 없다. 올챙이가 개구리가 되기 위해서는 스스로 꼬리를 자르는 연단의 과정을 거치는 것처럼, 사회복지사 역시도 좋고 나쁜 일들을 겪고 성공도 하고 실패도 해 보면서, 조금씩 자신을 연단해 가면서 점점 성장해 간다. 신출내기 사회복지사는 그런 사실을 모르는 것은 아니지만, 자신이 잘못이나 실수를 저지를까 봐 불안하고 두려워할 수밖에 없다. 그렇더라도 불안과 두려움에 짓눌려 아무것도 하지 않는 것보다는 무엇인가를 시도하고 오히려 실수를 통해 하나라도 더 깨우쳐 가는 것이 더 좋은 선택이다. 내담자를 돕는 과정에서 실수를 하면 스스로를 너무 자책하지 말고, '한 번 실수는 병가지상사(兵家之常事)'라는 말처럼 사소한 실수나 실패에 지나치게 낙담하지 말고, 떨치고 다시 일어서서 도전하는 것이 더 중요하다.

지난 실수에 너무 연연해하지 말고 같은 실수를 두 번 이상 반복하지 않기 위해서 스스로 노력하고, 주변의 제언, 조언, 자문 그리고 슈퍼비전 등을 통해서 하나하나 깨우쳐 가는 노력을 게을리하지 말아야 한다. 그런 노력을 통해 처음에 경험이 없어 미숙한 도움을 줄 수밖에 없었던 미안함을 다른 많은 내담자를 더 잘 돕는 것으로 보상해 나가면 되는 것이다. 경험이 없어 잘못할까 두려워하지 말고, 두려워서 아무 것도 못하는 자신을 더 미워하고, 그 두려움의 딱딱한 껍질을 깨고 나와서, 도전하고 또 도전하면서 한걸음씩 앞으로 나아가야 할 것이다.

(경북 포항 월포해변의 여명, 2018. 4. 18.)

《지혜 III. 》

* * *

사회복지정책

* * *

살기 좋은 세상을 만들려면,

어떻게 해야 하는가

* * *

사회복지정책은
사람 살기 좋은 세상을 만드는 데 목적을 둔
사회복지의 핵심 방법론이다.

이 땅 위에서 동시대를 살아가는 사람들이
함께 어울려 살 수 있는
우리들의 대동사회(大同社會)를 만들어가야 한다.

사회복지사는
세상이 어떻게 굴러가고 있는지 눈여겨 바라보고,
나라가
진정으로 국민을 생각하고 국민을 위해 해야 할 일을
제대로 할 수 있는
좋은 방책(方策)을 만들어 내야 한다.

24

세상을 바꾸는 일에 적극 나서자

사회복지제도는 사람들이 서로 어울려 인간다운 삶을 살아가도록 돕는 일을 하는 사회제도이다. 사회복지제도는 사회복지실천이라는 방법을 활용하여 개인, 집단, 가족, 지역사회 수준에 개입하여 사람들이 오늘의 삶에 충실하면서도 보다 나은 내일의 삶을 영위할 수 있도록 돕고 있다. 하지만 아무리 사회복지실천을 통하여 사람들의 삶의 형편을 살피고 돕는다고 하여도, 세상이 사람 살기에 적합하지 않다면 사회복지제도는 제 할 일을 제대로 해낼 수도 없고, 제도가 추구하는 목적을 달성할 수도 없다. 그러므로 사회복지제도가 제대로 굴러가고 제 할 일을 다 할 수 있기 위해서는 사람을 도움과 동시에 세상을 사람 살기 좋은 곳으로 바꾸어 나가는 일에도 힘을 써야 한다.

그러므로 사회복지제도의 일꾼인 사회복지사는 당연히 사람을 도움과 동시에 세상을 바꾸어 가는 일도 해내야 한다. 사회복지사가 일을 잘할 수 있도록, 사회복지 대학교육과정에서는 사회계획(social planning), 사회복지정책(social welffare policy), 사회행동(social action) 등과 같은 세상을 바꾸는 방법들을 가르친다. 공부할 때는 당연히 세상을 바꾸는 일을 해내야 한다고 생각하고 결심도 해 보지만, 실제로 사회복지현장에서 일을 할 때는 세상 바꾸는 일은 자신의 일이 아닌 듯이 사람을 돕는 일에만 몰두하는 경우가 많다. 세상에서 정의롭지 못한 일[不義]들이 벌어져도, "아! 저래서는 안 되는데……."라고 탄식은 내뱉지만, 그것을 바꾸기 위해 직접 나서거나 참여하기는 꺼리는 경우가 많다.

필자는 한국전쟁이 종료된 7년 뒤에 태어났기 때문에, 보릿고개라는 것을 경험해 보았고 운동화와 책가방은 초등학교 6학년 때 처음으로 신고 들어 보았다. 그렇게 찢어지게 가난하던 시절이지만, 가족성원 간의 결속은 매우 단단했고 동네사람들은 자기 자식처럼 필자를 챙겨 주고 돌봐 주었다. 물질적으로는 궁핍한 시절이었으나 서로를 아끼고 사랑하는 마음만큼은 차고 넘치는 공동체 속에서 자라났다.

그로부터 60년의 세월이 흐른 지금 우리 사회는 세계 경제대국으로 인정받고 스스로도 선진국이라고 자부하고 있다. 그런데 물질적으로 풍요로워진 지금의 세상이 사람 살기에 좋은 세상이 되었는가? 다이어트를 위해 흰 쌀밥을 멀리하고, 헝겊으로 책을 둘둘 말아서 메고 다니던 책보 대신 명품 백을 들고 다닐 수 있게 되었으니, 보릿고개를 거친 세대들은 좋은 세상이 되었다고 말할 수도 있다. 그렇지만 필자는 옆집에 누가 사는지도 모르고, 서울에서 청주시 오송읍의 아파트로 이사한 후 엘리베이터에서 다정하게 인사를 건네는 주민들의 행동이 영 어색했다. 물질은 넘쳐나지만, 서로를 아끼고 돌보는 마음은 멸종위기 동물을 목격하는 것보다 더 어려워졌다고 하면 지나친 과장일까?

Emile Durkheim의 주장처럼 세상의 생산양식이 달라지고 세상이 분화될수록 사회성원간의 정서적 유대와 연대의 양상이 달라지는 것은 어쩔 수 없다 치고, 물질적 측면만 놓고 생각해 보자. 우리 사회가 경제부국(經濟富國)이 되었다고 해서 개인 모두가 부자가 되는 것은 아니다. 누구는 가만히 앉아서 몇 억씩 연봉을 받아가지만, 다른 누군가는 하루 종일 힘든 노동을 해도 최저임금에도 못 미치는 일당을 받아드는 사람이 있다. 어디선가는 몇 십 만원 넘는 정찬(正餐)을 즐기지만, 노인복지관 경로식당에서 돈 내고 밥 먹는 노인들의 눈치를 살피며 먹은 무료 급식 한 끼로 하루를 버티며 사는 어르신도 있다. 누구는 대궐 같은 집에서 호화롭게 생활하지만, 누구는 집 한 채 마련하기 위해 평생을 애쓰는 사람도 있다. 포르쉐를 타고 바닷가를 질주하는 청년이 있는가 하면, 그 해변에서 푸드 트럭의 열기 속에서 땀 흘리며 스테이크를 구워 파는 청년도 있다. 2019년 개봉한 봉준호 감독의 영화〈기생충〉(寄生蟲, Parasite)에 나오는 이선균 가족과 송강호 가족의 삶이 영화 속에만 있는 것이 아니고, 우리가 숨 쉬고 사는 지금 이 순간의 대한민국 사람들의 삶의 모습 그대로이다.

예전보다 먹고 살기는 좋은 세상이 되었는지 모르지만, 세상의 불평등과 양극화는 가속페달을 계속 밟고 있다. 정의보다는 불의가 득세하고, 사람들 사이의 관계는 끊어져 열린 사회가 아닌 닫힌 사회로 내달려 분절사회(分節社會) 속에서 서로 고립된 채 살아가고 있다. 가진 것은 많은데 외롭고 쓸쓸히 살아가게 만드는 세상으로 자꾸만 나아가고 있다. 이처럼 사람 살기 좋은 세상의 모습을 점점 잃어 가고 있으니, 사회복지사는 세상을 사람 살기 좋은 세상으로 되돌려 놓기 위한 노력을 기울여야 하지 않겠는가?

이 책을 읽는 독자들은 사회복지사 자격증을 받아들며, 공식 또는 비공식적으로 사회복지사 선서를 했을 것이다. 그 선서문에는 "나는······ 사회정의의 신념을 바탕으로······ 사회의 불의와 부정을 거부하고······

공공이익을 앞세운다…… 나는 나의 자유의지에 따라 명예를 걸고 이를 엄숙하게 선서합니다."라는 문장이 포함되어 있다. 자신의 명예를 걸고 일그러지고 올바르지 않은 세상을 올곧고 바른 세상으로 바꾸겠다고 선서하였으니, 말한 그대로를 실행에 옮겨야 한다.

힘든 삶의 여정을 살아가는 사람들을 돕는 것도 좋은 일이고, 사회복지사가 꼭 해야 하는 일이다. 사람 살기 좋은 세상을 만들어 가는 일 또한 그러하다. 사회변화를 위해 적극적으로 나서야 하는 것이 사회복지사의 사명(mission)임에 틀림없으니, 지금 이 순간부터 세상을 바꾸는 일에도 두 팔 걷어 부치고 나설 일이다.

25

국가의 복지책임 이행을 촉구하자

　사회복지의 책임 주체는 개인, 시장(market) 그리고 국가이다. 이 셋 중에서 누가 가장 책임이 크냐고 물으면, 사실 답하기가 쉽지 않다. 그러나 사회가 발전할수록 개인의 책임보다는 국가의 책임이 더욱 강조되는 것이 일반적인 흐름이다. 실제 「사회복지사업법」 제4조에 국가와 지방자치단체의 국민 복지증진을 위한 책임이 명시되어 있다. 쉬운 말로 국가가 개인으로부터 조세와 보험료를 걷어가서 국민 개개인의 복지를 증진할 수 있는 복지체계를 구축하고 운영하고 있기 때문에, 그에 상응하는 책임도 져야 한다.

　국가가 사회복지의 책임을 어느 정도 이행하고 있는지를 알아보기 위한 지표로서 정부재정지출 중에서 사회복지 재정이 차지하는 비율을 주로 활용한다. 기획재정부의 2023년 본예산 자료를 기준으로 해 볼 때, 사회복지부문에 투입되는 예산은 92조 659억 원으로 정부 총예산의 14.4%에 이르고 있으며, 해를 거듭할수록 복지예산은 꾸준히 증액되고 있다. 그런 점에서 국가가 사회복지 책임을 이행하기 위해 기울이고 있는 노력에 대해서 후한 평가를 받아도 괜찮을 것이다.

그런데 국내총생산(GDP) 대비 공공사회복지 지출의 비율 지표를 가지고 국제비교를 해 보면, 국가의 복지책임 이행 정도에 대한 평가는 전혀 다른 양상을 띠게 된다. 경제협력개발기구에서 2022년을 기준으로 회원국의 사회복지 순위를 발표한 자료를 보면, 우리나라는 국내총생산의 14.8%를 공공사회복지 영역에 지출하고 있어 프랑스, 핀란드, 벨기에의 절반 수준에 불과하며 회원국 평균보다 7% 포인트 정도 낮아서 38개 회원국 중 34위로서 거의 바닥권인 것으로 나타났다.

우리 국민이 자신의 소득에서 조세 및 사회보험료로 부담하는 비율은 27%에 약간 못 미치는 상황이므로, 국민부담률이 46%를 넘는 프랑스와 같은 높은 수준의 고복지(高福祉)를 기대하기는 어려울 것이고, 또 기대해서도 안 된다. 높은 수준의 복지를 누리기 위해서는 결국 국민 모두가 높은 수준의 부담을 수용하고 감내할 수 있어야 한다.

그런데 우리 사회에서는 근대화 과정에서 선성장 후분배(先成長 後分配), 즉 경제성장에 따르는 낙수효과를 통해 복지를 확대시키려 했다. 그리고 복지에 재정을 투자하는 것은 밑 빠진 독에 물을 붓는 꼴이라고 주장하며, 복지재정투입을 최대한 억제하는 정책을 한동안 지속해 왔다. 심지어는 '열심히 일해서 살려고 하지 않고 복지 혜택에 의존해서 살아가려는 심리 상태나 현상'을 지칭하는 복지병(福祉病)을 운운하면서까지 국가는 복지재정 투입을 꺼려 온 것이 사실이다. 그 결과 이 땅에서 사는 사람들은 복지를 국민의 권리가 아닌 불쌍한 사람들에게 베푸는 국가의 혜택으로 여기게 되었고, 경제를 살리기 위해 재정투입을 하는 것에는 찬성하면서 복지재정의 확대에는 반대 목소리를 내는 경우가 많았다. 여기에 더해 오랜 군사독재정권을 거치면서 권력자들이 국민의 돈을 자신의 배를 불리는 데 사용하는 일들이 폭로되면서, 국민들이 자신이 내는 세금이나 사회보험료가 깨끗하게 집행될 것이라는 데 대해 의구심을 갖게 만드는 결과가 초래되었다.

잘 사는 사람은 더 잘 살게 되고, 못 사는 사람들은 더 못 살게 되는 사회양극화 현상을 완화 또는 해소하기 위해서는 복지에 대한 재정투입을 확대해야만 한다. 그런데 조세와 사회보험료를 증액하기 위해서는 정치권력과 행정부에 대한 신뢰가 있어야지만 가능한데, 국민들의 정치와 공공행정에 대한 신뢰도가 높지 않다는 것이 문제이다. 그렇다고 해서 경제발전 수준에 걸맞게 고부담 고복지 체계로 전환하는 일을 더 이상 늦출 수는 없으므로, 사회복지학계와 실천현장을 비롯한 사회복지관계자 모두가 더욱 많은 노력을 기울여야 한다.

먼저 현행 사회복지정책의 급여와 서비스가 어느 정도 부족하고 어떤 질적 개선이 요구되며, 거기에 어느 정도의 재정이 투입되어야 하는지를 객관적이고 과학적 방법을 통해 연구하고 분석하여 제시해야 한다. 국민들이 낸 조세와 사회보험료가 얼마나 투명하게 집행되는지 중앙과 지방정부의 복지행정과 회계처리 과정을 두 눈 부릅뜨고 감시해야 한다. 선출된 권력을 얻기 위해 선거 때마다 달콤한 공약을 내걸지만 당선되고 나면 그 공약을 헌신짝으로 만드는 정치권력에 대해서는 정당한 정치행위를 통해 심판하는 일도 해야 한다. 더 나아가 국민을 대상으로 해서는 어느 정도의 조세와 사회보험료를 내면, 개개인이 필요한 복지급여와 서비스가 어느 정도 수준까지 올라가는지를 과학적 연구자료를 바탕으로 설득해 나가는 작업도 함께 진행해야 한다. 이런 노력을 기울여도 단기간에 성과를 거두기는 쉽지 않을 테지만, 지금의 노력들이 차곡차곡 쌓여서 우리 후손들이 더 높은 수준의 복지를 향유할 수 있다면, 힘들어도 이 일을 뒤로 미루지 말아야 한다.

26

때론 촛불 들고, 목소리를 높이자

사회복지사는 워낙 다양한 영역에서 많은 일을 하고 있기 때문에 여러 가지 역할을 수행해야 한다. 특히 세상을 사람 살기 좋은 곳으로 변화시키는 일을 하는 사회복지사에게는 사회계획가(social planner)와 정책개발자(policy developer)의 역할이 매우 중요하다. 사회계획가로서 사회복지사는 세상에서 해결되어야 할 사회문제의 원인, 심각성, 영향력 등을 객관적으로 분석하고, 이를 개선하거나 해결할 수 있는 합리적 사회계획을 수립하여 적절하지 않은 사회적 조건을 변화시켜야 한다. 사회복지 정책개발자로서의 사회복지사는 누구에게(배분), 무엇을(급여), 어떤 재원을 동원하여(재정), 어떤 경로를 통하여(전달) 급여나 서비스를 제공할지를 면밀히 검토하고 계획하여, 세상을 변화시키는 복지정책을 마련하여 집행해야 한다.

사회복지사가 만들어 낸 사회계획이나 정책들을 통하여 우리 사회의 복지수준은 빠르게 발전하였고, 바람직하지 못한 사회적 조건들이 많이 개선된 것은 사실이다. 그럼에도 불구하고 아직도 개선이 필요한 사회적 조건이나 환경들은 무수히 많이 남아 있다. 특히 애쓰고 애를 써도 혼자 힘으로 살아가기 어려운 사람들은 사는 것에 모든 생명에너지를 쏟아붓다 보니 자신들이 세상을 향해 소리 내어 요구할 만한 여력이 없는 것이 현실이다. 그러므로 사회복지사는 대변인 또는 옹호자(advocate)가 되어서, 사회적 약자들을 대신하여 그들의 요구사항을 세상을 향해 소리 높여 외쳐야 한다. 또한 그 외침이 공허한 메아리로 되돌아오지 않도록 하기 위해서 새로운 법률을 제정하도록 요구하고, 현행 법률의 테두리 안에서 청원도 하고 로비(lobby)도 해야 하고, 불의와 불법이 게재되어 있는 경우라면 고발 조치도 취할 필요가 있다.

그런데 세상이라는 곳에는 워낙 다양한 이익집단이 공존하고 있으므로, 사회계획이나 정책 그리고 그 외의 합법적 활동들이 효과를 얻지 못하는 경우가 허다하다. 그렇지만 사람 살기 좋은 세상을 만들어야 하는 것이 사회복지사의 사명이므로, 합리적이고 합법적인 활동들이 기대한 성과를 얻지 못했다고 해서 아예 손을 놓아 버리는 것은 바람직하지 않은 행동이라 할 수 있다. 왜냐하면 세상을 변화시킬 수 있는 수단이 남아있기 때문이다.

사회행동가(social activist)는 이 땅에 살고 있는 모두(everyone)를 위하여 세상을 더 좋은 곳(better place)으로 만드는 일을 하는 사람으로, 앞서 말한 옹호활동이나 입법활동, 청원이나 로비, 피켓팅(picketing)이나 캠페인(campaign), 시위(demonstration) 등을 통해 세상을 바꾸는 일을 한다. 그러나 특정 사회조건의 개선이 반드시 필요한 데도 불구하고 불의하고 불법적 권력을 악용하여 자신들의 이익을 향유하고 있는 경우, 합법적 테두리 내에서의 사회행동만으로 개선이 불가능하다면 법 테두리 바깥에서의 사회행동을 개시할 필요가 있다.

필자의 대학 신입생 시절은 군부독재 권력이 민주주의와 국민의 목숨을 유린하던 1980년도와 겹친다. 그때 이 땅의 청년들은 불의한 권력에 저항하여 민주주의와 나라를 지키기 위해 캠퍼스를 벗어나 광장으로 모여들었다. 거기서 김민기가 작사 작곡하여 직접 불렀고 양희은의 데뷔곡이자 히트곡이기도 한 〈아침 이슬〉이란 노래를 두 주먹 불끈 쥐고 목청껏 부르며, 경찰과 군대의 최루탄과 총칼에 맞서 저항했었다. 그 노래 가사는 다음과 같다.

> "긴 밤 지새우고 풀잎마다 맺힌 진주보다 더 고운 아침 이슬처럼 내 맘에 설움이 알알이 맺힐 때 아침 동산에 올라 작은 미소를 배운다. 태양은 묘지 위에 붉게 타오르고 한낮에 찌는 더위는 나의 시련일지라 나 이제 가노라 저 거친 광야에 서러움 모두 버리고 나 이제 가노라."

사회적 약자들이 칠흑 같은 어둠의 질곡에서 벗어나 진주보다 고운 아침 이슬이 맺힐 때 작은 미소를 떠올릴 수 있는 세상이 올 수만 있다면, 사회복지사는 기꺼이 사회행동가로 떨쳐 일어나야 하지 않겠는가? 필요하다면 광장에 여럿이 모여 한 손에는 촛불을 들고 다른 한손은 주먹 불끈 쥐고, 아침 이슬 노래를 목청 높여 불러야 할 것이다. 그리고 시대의 흐름에 맞게 사회관계망 서비스(SNS)라는 또 다른 광장에서 목소리를 함께 낼 수 있어야 한다. 이렇게 소리를 지르고 온 몸으로 저항해야지만 세상을 바꿀 수 있다면, 사회복지사는 응당 그렇게 하는 것이 옳다.

27

세상이 어떻게 흘러가는지
촉각을 곤두세워라

　모든 사회복지정책은 이상적 목표만을 추구하는 것이 아니라, 그 시대의 사회적 상황에 반응하여 만들어진 것이다. 농경사회에서는 가족이 한 곳에 모여 살며 같은 노동을 하고 그 노동에 의해 생산된 결과물을 공동소비하면서 살아왔기 때문에, 가족이 복지기능을 충실히 감당할 수 있었다. 그러므로 국가가 잔여적이고 사후처방적인 복지정책만을 추진해도 크게 문제가 되지 않았다. 그러다가 우리 사회가 '우리도 한번 잘 살아 보세.'라는 기치를 내걸고 근대화를 추진하여 산업사회로 전환되면서, 가족은 서로 다른 지리적 공간에서 생활하고 서로 다른 일을 하는 경우가 많아져 가족복지기능이 위축됨에 따라 국가의 복지책임에 대한 목소리가 높아지기 시작했다. 국가 역시도 나라 안에서 벌어지고 있는 바람직하지 못한 사회적 조건이나 병리현상을 알고 있었기에, 국민들의 요구에 부응하여 점차 보편적이고 제도적인 사회복지제도를 확대해 가지 않을 수 없게 되었다.

　정보지식사회로 전환되고 점차 농익어 가는 지금 우리 사회는 어디로 어떻게 흘러가고 있는 것일까? 현재 우리 사회에서 큰 흐름으로 나타나고 있는 사회현상은 저출산 고령화, 1인 가구의 증가, 학령인구의 감소, N포세대(N抛世代)의 증가, 노동시장 유연화 정책으로 인한 비정규직 일자리 양산, 소득양극화의 심화, 분절사회의 가속화, 지역 불균형과 지방소멸 위험성, 삶의 질 향상에 대한 요구 증가, 개인 권리의식의 고양 등등이다. 이런 사회적 흐름은 이 땅에 사는 사람들이 변화하는 세상에서 살아남기 위하여 선택한 행위들이 복합적으로 상호작용하여 만들어 낸 사회현상이다. 결국 사람들의 삶의 양상이 바뀌면서 세상이 바뀌게 되었고, 세상이 바뀌면서 사람들의 삶도 바뀌게 된 것이다.

이러한 사회현상에 대한 명확한 인식 없이는 제대로 된 사회복지정책을 만들어 낼 수 없다. 그러므로 정책개발을 하고자 하는 사회복지사는 세상의 큰 흐름을 정확하게 인지하고 있어야 한다. 특정 시대에 나타나는 사회적 흐름은 분명 그 시대의 필요를 반영하고 있으므로, 사회적 흐름에 제대로 편승한 사람들은 질 높은 삶을 영위할 수 있다. 그런데 철길 위를 달리는 열차의 종류가 고속열차에서부터 저속열차 그리고 전철과 지하철로 다양하듯이, 커다란 사회적 흐름의 물결에 올라타지 못하고 뒤쳐져 느린 속도로 따라가는 사람들도 분명히 있다. 모든 사물과 현상에 좋고 나쁜 두 가지 측면이 동시에 존재하듯이, 사회적 흐름의 변화 역시도 양지(陽地)와 음지(陰地)를 만들어 낸다. 사회적 흐름에 발맞춰 자신들의 삶을 변화시키지 못한 사람들, 즉 음지에 속한 사람들은 사회변화로 인해 오히려 삶에 그늘이 드리우게 되고, 시간이 지날수록 삶이 피폐해져 간다.

사회복지정책은 사람들이 사회적 흐름에 잘 적응할 수 있도록 도와야 하고, 적응하지 못해 힘들게 살아가는 사람들의 삶의 여건도 함께 개선해 나가야 한다. 둘 중 어느 하나도 소홀히 해서는 안 된다. 그러므로 사회복지사는 지금 세상에서 주로 어떤 일들이 어떻게 벌어지고 있으며, 그것으로 인해 야기되는 긍정과 부정의 영향력과 그 결과물은 무엇인지 명확히 인식해야 한다. 더 나아가서는 가까운 장래 또는 먼 미래에 일어날 사회변화의 흐름을 예측하여, 지금 일어나고 있는 사회현상을 적절하게 통제하여 변화를 일으킬 수 있는 사회복지정책들을 만들어 내야 한다. 그러므로 사회복지사는 두 눈 크게 뜨고 두 귀를 활짝 열어 놓고, 세상에서 일어나고 있는 일들에 촉각을 곤두세우고 있어야 한다.

28

복지는 혜택이 아니라 권리다

우리나라 「헌법」 제34조 1~2항에 '모든 국민은 인간다운 생활을 할 권리를 가지며, 국가는 사회보장·사회복지의 증진에 노력할 의무를 진다.'고 명시되어 있다. 그러므로 인간다운 삶을 영위하기 위하여 국민이 복지급여나 서비스를 요구하는 것은 당연한 권리이다.

그런데 「헌법」상 권리인 복지급여나 서비스를 받는 것이 마치 혜택을 누리는 것처럼 인식되는 경우가 허다하다. 필자의 어머니는 고관절 골절상으로 거동이 불가능해져 요양병원에서 6년 넘게 생활하시다 얼마 전 하늘의 부름을 받으셨다. 어머님께서 "양로원이나 요양원은 자식 없고 돈 없는 사람이 가는 곳이지, 나처럼 먹고 살만한 자식들이 다섯이나 있는 노인이 가는 곳이 아니다."라고 다치시기 이전부터 누누이 말씀을 하셔서, 장기요양 2급 판정을 받았음에도 자식된 도리로 도저히 노인장기요양보험제도의 시설과 재가급여를 이용할 수가 없었다. 노인복지를 전공한 교수가 불필요한 사회적 입원으로 노인의료비를 축냈다고 비판해도 할 말은 없다. 하지만 필자는 우리 윗세대 국민의 복지에 대한 인식이 그러했다는 것을 말하고 싶다.

이처럼 아직도 복지급여나 서비스를 받는 것은 불쌍한 사람들만 받는 것이고, 다른 사람이 낸 세금으로 혜택을 누리는 것이라고 생각하는 국민들이 많다. 국가가 선별적이고 잔여적인 복지제도를 오랫동안 유지하면서 국민들에게 복지를 그런 방식으로 각인시키려고 하지 않았어도 그렇게 각인이 되어 버린 것이다. 그래서 복지급여나 서비스를 이용하는 국민들은 복지대상이 되었다는 자체를 부끄러워하고, 자칫 그 사실이 알려지게 될 경우 받게 될 다른 사람들의 차가운 시선과 차별, 낙인행위가 걱정되어, 가능한 한 숨기려고 애쓰기도 한다.

필자는 어머님 세대와는 다른 생각을 갖고 있다. 필자는 유치원이 없어서 못 다닌 것 말고는 모든 교육기관에서 성실하게 교육의 의무를 이수하였고, 강원도 화천군 최전방에서 3년 가까운 세월 동안 국방의 의무를 이행하였다. 국책연구원과 대학교에서 글을 쓰고 학생을 가르치고 사회활동을 하면서 35년 넘게 열심히 일했고, 그 일을 통해 번 돈에 대해 부과되는 모든 세금과 사회보험료를 단 한 번도 밀리지 않고 제 날짜에 꼬박꼬박 납부했다. 필자만 그런 것이 아니라 주변의 아는 사람 모두 국민으로서 해야 할 의무를 아주 성실히 이행했다고들 말한다. 성실한 국민으로 살아 온 필자의 대학 동기들 중에서 민간기업과 공공기관에서 은퇴한 친구들은 노후준비를 충분히 하지 못한 상태에서 받아드는 국민연금 급여로는 생활 자체가 어려워, 할 수 있는 일이라면 무엇이든 해야겠다고 하소연을 하고 있다.

국민의 의무를 성실히 수행하는 과정에서 국가나 지방자치단체에 꼬박꼬박 세금과 사회보험료를 냈고 그것으로 사회복지제도를 만들어 운용하고 있는데, 자신이 혼자 힘으로 살아가는 데 결핍을 느끼고 부족함이 있을 때 '내 삶을 살펴봐 달라.'고 요구하는 것이 잘못된 일인가? 아니지 않은가? 국민의 세금으로 사회복지제도를 만들고 운영하고 있는데, 그 국민이 혼자 힘으로 인간다운 삶을 꾸려 가는 데 한계를 느낀다면, 국가가 「헌법」 제34조 2항에 정한 의무를 성실히 이행하여 그를 보살펴야 하는 것이 마땅하다. 내 돈 받아가서 남을 돕는 것은 충분히 동의할 수 있지만, 내가 힘들 때는 나도 도움을 받을 권리가 있다고 생각하는 것은 사람이면 누구나 갖는 당연한 마음 아닌가? 혹시 복지가 혜택이라고 생각하는 정치권력자나 정책당국자 더 나아가 사회복지사가 지금 이 순간에도 존재한다면, 제발 생각을 바꿔 '복지는 당연한 권리다.'라는 짧은 2형식 문장을 꼭 기억해 주기 바란다.

우리들의
대동사회(大同社會)를 지향하자

이 책을 읽고 있는 독자 여러분도 사회복지를 가르쳐 주신 은사님께서 해 주신 말씀 중에 몇 가지는 기억하고 있을 것이다. 필자가 학부 때 은사님들께서는 한결같이 "나는 서구의 사회복지를 여러분에게 가르치고 있지만, 여러분은 나중에 꼭 우리 것으로 사회복지를 해 주길 바라네."라고 말씀하셨다. 하지만 필자는 중년의 대학교수가 될 때까지 우리의 사회복지에 대해 공부할 시간과 여력이 없었다. 아니 솔직하게 말하면, 은사님들의 말씀을 무의식속으로 억압해 놓고는 우리의 사회복지에 대해 관심조차 갖지 않았다. 서구의 사상과 지식, 가치, 기술들이 담긴 책과 논문을 읽고, 그것을 기반으로 학생을 가르치고 글을 쓰고 실천현장의 자문과 슈퍼비전을 주는 일을 해내는 데만 몰두하고 있었다. 그럴수록 사회복지라는 것이 당최 뭐지, 사회복지라는 도구로 무엇을 해야 하고, 무엇을 이루어야 하는지에 대한 의문이 점점 커지고 쉽게 답을 찾을 수가 없었다. 어느 날 "너는 프로이트 이론 가르쳐서 밥 잘 벌어먹고 교수생활 끝낼래?"라는 내면의 목소리에 화들짝 놀라게 되었고, 그 길로 우리의 복지를 찾아 나서기 위해 유학의 고전들을 읽는 공부를 시작하게 되었다. 읽어도 쉽게 이해되지 않는 한문을 읽고 생각하고 나름의 정리를 하면서, 우리 문화에서 아주 오랫동안 이상사회(理想社會)라고 간주해 온 대동사회(大同社會)야말로 사회복지가 지향해야 할 최종 목표라는 인식을 갖게 되었다.

대동사회는 글자 그대로 '사람들이 크게 하나 되어 어울려 살아가는 세상'이라는 진정한 의미의 공동체사회를 말한다. 이런 대동사회의 모습은『예기』예운편에 상세하게 기술되어 있는데, 이를 살펴보면 다음과 같다.

> 대도(大道)가 행해지는 세상에서는 천하를 공적인 것으로 여기니, 어진 사람과 능력 있는 사람을 선발하며, 신의(信義)를 강론하고 친목을 닦는다. 그러므로 사람들은 오직 자기의 부모만 부모로 여기지는 않으며, 자신의 자식만 자식으로 여기지는 않는다. 노인들은 삶을 품위 있게 마칠 수 있게 하며, 장년의 사람들은 사회에서 유용한 역할이 있게 하며, 어린이들은 양육 받을 곳이 있게 하며, 홀아비·과부·고아·자식 없는 노인·병든 사람들이 모두 부양 받을 곳이 있게 하고, 남자들은 사회에서 맡은 역할이 있으며, 여자들은 가정이 있다. 재화가 땅바닥에 버려지는 것은 싫어하지만 반드시 자기 집에만 저장하려 하지는 않으며, 노동력이 자신에게서 나오지 않는 것을 싫어하지만 반드시 자기만을 위해서 하지는 않는다. 이 때문에 나쁜 모의(謀議)가 막혀서 일어나지 않으며, 도둑질을 하거나 혼란을 일으키는 사람들이 생겨나지 않는다. 그래서 바깥문을 만들기는 하지만 닫을 필요가 없으니, 이것을 일러 대동사회라고 한다.

이 글 중에 지금의 현실에 맞지 않는 부분이 없는 것은 아니지만 정치, 경제, 문화 등의 다양한 영역에서의 이상적 사회의 모습을 포괄적으로 기술하고 있다. 그렇기 때문에 대동사회를 사회복지제도가 추구해야 할 목적으로 삼는 데 크게 문제는 없을 것으로 보인다. 이러한 이상사회의 모습에 담겨 있는 사회복지제도의 목표를 정리해 보면, 혈연이나 지역을 넘어 인류 전체의 가치와 공동이익을 추구하고, 사회적 신뢰와 화목하고 조화로운 사회관계를 형성하고, 내 부모와 가족을 먼저 사랑하는 친친(親親)의 사랑에서 출발하여 세상 모든 사람에 대한 사랑[仁民]으로 확충해 나가는 보편적 인류애를 실천하고, 모든 사람이 소외되거나 차별받지 않고 안정된 삶의 기반 위에서 각자 자신의 자리에서 제역할을 수행하고 그에 따른 권리를 향유하는 사회를 만들어 가는 것이다. 즉, 대동사회는 정의(justice)의 토대를 뛰어넘어 인류애(人類愛)와 선한 인간본성의 미덕(美德)이 제대로 발현되는 따뜻하고 평화로운 인류공동체 속에서, 모든 사람이 안정되고 인간다운 생활을 영위할 권리를 보장해 주는 사회를 말한다.

독자 여러분들은 대동사회가 '정의가 구현된 사회, 사회적 위험으로부터 최저 또는 적정 수준의 삶을 보장하는 안전망 구축, 사회통합과 안정, 인간 존엄성의 확보, 개인의 자립과 성장 등을 추구하는 서구 사회복지제도의 이상적 모습'보다 더 바람직해 보이지 않는가? 아직 학계나 실천현장에서 대동사회에 대한 논의가 거의 이루어지지 않았으니, 서로 다른 판단과 주장을 담은 여러 가지 말이 오갈 수 있을 것이다. 그런 서로 다른 얘기들을 주고받고 가다듬어 가는 과정을 통해 지금 이 땅에서 가장 바람직한 대동사회의 모습들을 구체화해 나갈 수 있을 것이다. 다소 늦은 감이 없지는 않지만, 우리 문화 깊숙이 자리 잡고 이어져온 전통적 이상사회를 사회복지제도의 목적으로 삼고, 이에 가까워지기 위해 부단히 노력을 기울여 볼 때가 된 것 같다는 것이 필자의 견해이다. 특히 사람 살기 좋은 세상을 만들기 위해 사회복지정책을 개발하는 사회복지사와 정치권력자, 정책담당자, 전문가 집단은 대동사회의 모습을 머릿속에 깊이 새긴 상태에서 정책을 개발하고 실행하고 평가해 주기를 간곡히 부탁드린다.

30

높은 사람 말 말고,
보통 사람의 목소리를 담아 내라

    사회복지정책은 '국가나 공공기관이 공공선(公共善)을 이루기 위해 선택한 행동노선 혹은 행동계획'을 말한다. 이런 정책이 만들어지기 위해서는 상당수의 사람들이 해결을 필요로 하고, 국가 또는 사회적 차원의 노력을 통해 해결 가능한 사회적 욕구나 사회문제가 존재해야 한다. 어떤 사회현상에 대해 나라 사람들이 사회적 관심을 보인다고 해서 모두 사회문제가 되는 것은 아니다. 사회가치에 비추어 볼 때 바람직하지 못한 사회현상으로 인해 상당수의 사람이 고통, 손해, 부당한 처우를 당하고 있고, 다수의 사람이 해결이 필요하다고 인식하거나 사회적 영향력이 크고 강한 힘을 가진 사람이 해결이 필요한 문제로 인식해야만 사회문제로 규정되게 된다.

    사회복지정책을 개발하는 과정에서 모든 사회문제를 다룰 수는 없으므로, 나라 사람들이 당하는 고통의 정도가 심하여 해결 필요성이 높고 해결가능성이 높은 사회문제를 정책의제(agenda)로 선택하여 우선적으로 다룰 수밖에 없다. 이런 정책의제를 선정하는 과정에서 가장 우선적 기준이 되어야 하는 것은 바로 나라 사람들이 살면서 가장 힘들어

하고 해결을 바라는 사회문제가 되어야 한다. 그러므로 정책을 개발하려는 사회복지사나 정책당국자는 삶의 현장 속으로 들어가 보통 사람들의 목소리를 깊이 새겨듣고, 공청회와 세미나도 개최하고, 법률을 검토하고 정책보고서나 학술연구결과들을 참고하여, 그 사회문제가 정말 정책으로 다루어야 할 문제인가를 꼼꼼하게 따져서 정책의제로 선택해야 할지를 결정해야 한다.

그런데 정책의제 선정과정에서 일부 영향력 있는 인사, 예를 들면 대통령, 장관, 국회의원, 시도지사, 정책부서의 고위공무원과 같은 사람들의 말 한마디만으로 특정 사회문제가 정책의제로 선택되기도 하고 배제되기도 하는 경우를 허다하게 볼 수 있다. 이 글을 쓰고 있는 지금 대중매체의 뉴스는 수능출제와 관련된 대통령의 발언 이후, 교육부에서 수능 킬러 문항 배제, 공교육 활성화, 사교육 카르텔 해체와 같은 교육정책을 황급히 발표하고 있다는 내용들로 채워져 있다. 수능문제가 너무 어려워 수능준비하기가 힘들다는 수험생의 호소를 바탕으로 대학입시 관련 교육정책이 만들어지는 것이 아니라 힘 있는 한 사람의 입에서 나온 말을 근거로 백년대계(百年大計)라는 교육정책이 도깨비 방망이처럼 뚝딱 만들어지고 있는 것이다.

이런 사례는 앞의 예에만 국한된 것이 아니다. 사회복지기관협회 차원에서 몇 년에 걸쳐 기관 운영과 관련된 문제를 호소해도 들은 척도 안하던 중앙부처 고위 정책당국자가 국회의원 말 한마디에 사무관에게 그 자리에서 바로 정책 검토하라고 업무지시를 내리는 경우를 필자의 눈으로 직접 본 적도 있다. 이런 일이 벌어진 것에 대해 높은 자리의 힘 있는 사람들은 모두다 '국민을 위해서'라고 대변인을 통해 말하겠지만, 국민인 보통 사람들의 삶의 형편이나 그들의 목소리와는 사뭇 다른 경우들이 많이 있다.

높은 사람의 한마디가 특정 사회관심사를 사회문제로 규정하고 정책의제로 선택하는 데 강한 영향력을 발휘하기 때문에, 정책을 신속하게 마련하여 개입함으로써 보통 사람들의 삶의 애환을 재빨리 해결할 수 있다는 장점이 분명히 있다. 그러나 그의 한마디로 인해 정책의제를 선정하는 과정에서 정책의 우선순위를 혼란시킬 위험성이 있다는 점을 인식한다면, 높은 사람들은 말에 신중을 기하고 또 조심하는 것이 옳다.

필자가 이렇게 말을 한다고 해서 높은 사람들이 생각을 고쳐먹는 경우를 많이 보지 못했기 때문에, 필자는 정책당국자와 사회복지사에게 진심으로 부탁하고 싶다. 제발 높은 사람 말 한마디에 오락가락하지 말고, 이 땅에 함께 살고 있는 보통 사람들이 무엇 때문에 힘들어하는지 두 눈 부릅뜨고 살피고, 귀를 쫑긋 세우고 그들의 힘듦에 관한 얘기를 귀담아 듣고, 연출되지 않은 날 것 그대로의 삶의 현장 속으로 두발 벗고 뛰어 들어 온몸으로 그들의 삶의 형편을 알아차리기 위해 애써 달라고 부탁하고 싶다. 그리고 높은 사람의 말에 휘둘리지 말고, 그들의 말이 보통 사람이 우선적으로 해결되기를 바라는 실제 삶의 문제와 거리가 있다면, 자리를 걸고서라도 바른 말[直言]을 하는 용기를 가졌으면 한다.

이렇게 보통 사람 축에 드는 정책당국자와 사회복지사에게 부탁을 하고 나니, 공자(孔子)가 『논어』 공야장편 20장에서 한 말이 떠올라 혼란스럽다. 공자는 위(衛)나라 대부(大夫) 벼슬을 하고 있는 영무자(甯武子)라는 사람에 대해 "나라에 도(道)가 있으면 지혜로웠고, 나라에 도가 없을 때에는 어리석은 척했다."라고 평하면서 그를 칭찬하고 있다. 높은 사람의 말이 바른 길[正道]에서 벗어난 경우에 어리석어서 모르는 척 그의 말을 들어주어야 자리를 보전할 수 있을 것이니, 성인의 말을 따르는 것이 옳을지도 모른다. 그런데 그가 힘깨나 쓰는 높은 자리에 앉을 수 있게 해 준 것도 보통 사람이요, 그 자리에서 내려오게 할 수 있는 것도 보통 사람이니, 그가 아니라 바로 보통 사람이 주인이다. 그러므로 필자는 나라에 도가 없으면 물러나거나 어리석은 척하라는 성인의 말씀에도 불구하고, 진정한 주인을 섬기는 사람이 되자고 다시 한번 정책당국자와 사회복지사에게 간곡하게 부탁하고 싶다.

31

현장 사람을 자주 만나고,
전문가의 머리를 빌려라

정책의제를 선택하기 위해서 보통 사람들의 다양한 목소리를 먼저 들어야 하는 것은 가장 기본적으로 따라야 할 원칙이다. 그렇지만 많은 사람의 의견을 듣고 그것들을 정리하고 간추려 내는 작업이 사실 만만 치 않으므로, 보다 효율적이고 효과적인 정책의제에 관한 정보를 얻을 수 있는 다양한 경로를 마련할 필요가 있다.

어느 경로가 우월하다고 말하는 것 자체가 우매한 짓이지만, 필자는 사회복지실천현장의 사람들을 자주 만나라고 권하고 싶다. 왜냐하면 보통 사람들의 사회복지제도에 대한 요구사항들이 집중되는 곳이 바로 지역사회 내의 사회복지기관이나 시설이기 때문이다. 그곳에 근무하는 사회복지사를 비롯한 종사자들은 서비스 과정에서 내담자나 주민들을 직접 접촉하여 사람들이 사회복지제도에 원하는 것이 무엇인지를 알고 있기 때문에, 정책의제의 가장 중요한 정보원이 될 수 있다. 그러므로 정책의제를 발굴하고 새로운 사회복지정책을 개발하려는 정책당국자 나 사회복지사는 사회복지 현장 종사자를 자주 만나는 것이 좋다. 그리 고 기존 정책의 수정 보완 사항에 관한 정보를 얻기 위해서도 그러는 것이 좋으며, 정책목표와 정책대안에 대한 아이디어를 얻는 데도 현장 종사자와의 만남은 많은 도움이 될 것이다.

그런데 중앙 또는 지방정부의 재정지원을 받거나 사회보험제도로부터 보험급여를 받고 있는 기관이나 시설의 종사자들은 공식적 자리나 채널을 통해서 얘기할 때 다소간의 제약을 받는 것이 사실이다. 따라서 사회복지실천현장 사람을 만나되 공식적 채널을 통한 의견수렴과 함께 자유롭고 형식에 얽매이지 않는 의견수렴방식을 통하여 솔직하고 진솔한 정보를 얻는 것이 보다 바람직할 것으로 보인다.

정책의제가 결정되고 특정 문제를 해결하여 사람들이 살기 좋은 세상을 만들고자 하는 정책목표가 설정되면 정책대안을 모색하고 대안들을 비교분석하는 과정이 뒤따라야 한다. 어떤 사회문제를 해결할 수 있는 방법은 하나가 아니고 매우 다양한데, 소수의 몇 사람이 아이디어를 모은다고 해서 정책대안을 모두 찾아 낼 수는 없다. 그리고 정책대안을 모색하기 위해서는 과거 정책이나 현존 정책 또는 선진사례 등을 꼼꼼하게 분석해야 하고, 정책대안들이 만들어지고 나면, 그 대안들의 실현가능성, 정책결과, 비용-효율성, 부정적 정책결과에 대한 사전 대비책 등을 주도면밀하게 비교분석해야 한다. 이를 위해서는 사회복지학, 경제학, 사회학, 통계학, 재정학 등 다양한 학문적 관점에서 정책대안의 탐색과 대안간 비교분석이 이루어지는 것이 바람직하다. 이와 반대로 몇몇 사람이 관여하여 정책대안을 탐색하고 비교분석하고 최종 정책결정을 하게 되면, 오류를 범할 위험성이 높고 정책결과는 실패일 가능성이 높아진다.

고(故) 김영삼 대통령의 어록 중에 "머리는 빌릴 수 있어도 몸은 빌릴 수 없다."라는 말이 있다. 대통령께서 평소 건강관리의 중요성을 일깨우려고 한 말이다. 필자는 정책개발자들에게 전문가의 머리를 빌려 쓰라고 강력하게 권고하고 싶다. 정책팀이 아무리 똑똑하더라도, 전직 정책담당 공직자, 학계의 교수와 국책연구원의 연구원, 국회의원이나 정책조사팀, 중앙 및 지방정부 정책(재정)담당자, 사회복지기관과 시설의 대표자와 일선 사회복지사, 언론인, 비정부기구 대표자 등 가능한 한 다양한 분야의 전문가의 머리를 빌리라고 권하고 싶다. 백지장도 맞들면 낫듯이 전문가 여럿이서 연구용역, 워크숍, 회의 등을 통해 머리를 싸매고 정책대안을 찾고 다듬고 손질하여 가장 적절한 대안을 최종 정책으로 결정하는 것이 더 바람직하다.

32

노란불이 들어오기 전에
선제적으로 정책을 만들자

필자는 2000년대 초반에 사회복지공동모금회에서 기획사업으로 실시한 노인학대 예방사업에 참여한 적이 있다. 당시 노인학대 문제는 자식의 패륜적 행위로만 인식되어 왔을 뿐 아니라 사회적 관심 또한 그리 높지 않았으므로, 노인학대 예방을 위한 시범사업을 실시한다는 것이 다소 빠른 감이 없지 않았다. 하지만 시범사업에 참여한 기관의 사회복지사들이 동네 곳곳을 발로 뛰면서 탐방한 결과, 숨겨진 노인학대 사례들이 속속 발견되기 시작하였다. 시범사업의 성과를 통해 우리 사회의 노인학대에 대한 인식이 개선되고 짧은 기간 안에 해결이 필요한 사회문제로 인정되어, 2004년 「노인복지법」 개정을 통하여 노인복지정책의 공식적 틀 안에서 노인학대 문제가 다루어지게 되었다.

필자는 비슷한 시기에 사회복지공동모금회의 지원을 받아 한국노인종합복지관협회에서 기획사업으로 실시한 1·3세대통합프로그램을 개발하는 과정에도 참여하였다. 당시에 노인들의 오랜 경험과 연륜을 사회공헌활동에 활용하는 것이 좋을 것이란 인식이 조금씩 생겨나기 시작했지만, 노인의 지혜를 활용하는 구체적 방법은 전혀 알려지지 않은 상황이었다. 시범사업에 참여한 6개 기관의 사회복지사와 함께 밤을 세워 가며 사업모델을 만들었고, 참여노인들이 열심히 배우고 준비하고 열정적으로 뛰어 준 결과로 좋은 성과를 거둘 수 있었다. 3년간의 시범사업의 성과를 반영하여 보건복지부에서는 2004년부터 노인일자리사업을 전국적으로 실시하였으며, 이때 1·3세대통합프로그램은 주요 일자리 중의 하나로 자리 잡아서 지금까지 이어지고 있다. 뿐만 아니라, 각종 사회복지기관에서는 세대 간 단절현상을 극복하고 세대공동체를 형성하는 핵심 사업으로 많이들 활용하고 있다.

또한 필자는 2007년도에 독거노인의 돌봄과 고독사 예방을 위한 사회안전망 구축에 목적을 둔 보건복지부의 노인돌봄기본서비스를 개발하는 과정에 깊숙이 참여하였고, 2014년부터 6년간은 은둔형 노인의 발굴과 노인 자살 및 고독사 예방에 목적을 둔 일명 독거노인친구만들기 시범사업을 개발하고 사업지원단장으로 활동한 적이 있다. 지금은 이들 서비스가 노인맞춤돌봄서스로 통합되어 55만 명의 노인에게 서비스를 제공하는 노인돌봄정책의 대표적 정책으로 자리매김하고 있다. 뿐만 아니라, 2006년에는 보건복지부의 노인복지시설 인권보호 및 안전관리지침을 마련하는 데 주도적 역할을 했으며, 2008년에는 국가인권위원회의 노인인권매뉴얼과 노인복지시설 인권교육교재를 개발하는데 주도적으로 참여하였는데, 현재 노인복지정책에서 노인 인권 증진과 종사자 인권교육을 위한 기반으로 활용되고 있다.

글을 쓰다 보니 자기 자랑을 심하게 한듯하여 쑥스럽기 그지없다. 그럴 의도는 절대 아니었으며, 필자가 하고 싶은 얘기는 따로 있다. 어떤 사회문제가 대다수의 국민이 해결을 바라는 지점에 이르러 정책을 만들게 되면, 안 만든 것보다는 나을 테지만 사후처방의 속성이 매우 강하게 배어들고 사전예방적 조치는 매우 미흡하게 담기게 된다. 문제가 심각해졌을 때 정책을 만드는 것보다는 사회문제의 조짐이 조금씩 나타나기 시작할 때 선제적으로 대응하는 정책방안을 모색하는 것이 장기적으로 봤을 때는 그 정책효과가 더 크고, 정책비용 또한 적게 들어간다는 것을 필자는 경험을 통해 깨달을 수 있었다. 신호등에 비유해서 말해보면, 빨간불이 들어왔을 때는 이미 너무 늦었고, 녹색불일 때 대책을 마련하는 것은 너무 이른 감이 있다. 녹색불에서 노란불로 넘어가려는 시점, 그도 아니면 노란불이 들어왔을 때 선제적으로 사회복지정책을 구상하고 시범사업을 통해 정책효과를 확인한 다음에 전국적으로 확대 실시하는 것이 가장 바람직해 보인다.

33

정치권력을 이용하되,
정치에 오염되어서는 안 된다

정책형성과정에서 사회문제 해결을 위해 최종 결정된 정책 대안이 '가장 합리적 대안'이어야 할 것 같지만, 실제로는 현실 상황에서 '가장 적절한 대안'이 될 수밖에 없다. 그 이유는 정치구조와 사회자원의 희소성이라는 제약요인이 존재하기 때문이다. 다시 말해 아무리 좋은 정책을 만들더라도 이것이 세상에서 집행되기 위해서는 법적 기반을 갖추어야 하고, 정책집행에 소요되는 예산이 확보되지 않으면 안 되기 때문에, 현 상태에서 가장 적절하다고 판단되는 정책대안이 최종 정책으로 결정되는 것이다.

그렇다면 정책의 기반이 되는 법률을 만드는 사람은 누구이고, 흔한 말로 돈줄을 쥐고 있는 사람은 누구인가? 바로 선출된 권력으로 불리는 국회의원, 지방의회 의원이 그들이다. 이들에 더해 중앙 및 지방정부는 행정입법 권한을 지니고 있으므로 필요에 따라 법률을 만들거나 시행령과 시행규칙 또는 조례 등으로 법률의 상세 내용을 보완할 수 있는 권력을 지니고 있다. 기획재정부의 예산실 고위공직자와 중앙부처 및 지방정부의 재정담당관들도 돈줄을 쥐고 있는 사람들이다. 그러므로 이

들 선출된 권력과 행정권한을 쥐고 있는 사람들과 협의와 조율과정을 거쳐야만, 오랜 기간 공들여 만든 정책대안이 최종 정책으로 선택될 수 있고 실제 집행도 가능해진다.

이처럼 선출된 정치권력과 행정권한을 지닌 사람들이 정책결정에 커다란 영향을 미친다. 중앙부처에서 아무리 좋은 정책대안을 마련하더라도 근거가 되는 법률이 없으면 법률 제정이나 개정을 거쳐야 한다. 지방정부에서 아무리 좋은 지역복지계획을 수립하더라도 조례가 뒷받침되지 않으면 공염불에 불과하다. 그러므로 입법권한을 지닌 정치권력과 긴밀한 사전협의과정이 없으면 정책은 정책이 될 수 없게 된다. 또한 정책을 집행하기 위해서는 분명 돈이 들어가게 되어 있는데, 이 돈을 편성 받지 못하면 정책은 캐비넷 속에서 잠들게 된다. 그러므로 재정편성권한을 지닌 정치권력과 행정권력과 농도 깊은 논의를 진행해서 재정투입에 대한 동의를 이끌어 내야만 한다.

그런데 권력의 주변에는 늘 이익을 탐하는 다양한 집단과 사람이 몰려드는 것이 세상 돌아가는 이치이다. 선출된 정치권력은 표심을 잡아야만 그 권력을 유지할 수 있으므로, 청렴하고 정의로운 집단들도 만나지만 검은 속내를 가진 사람들도 만나지 않을 수 없을 것이다. 국민을 대표하는 사람들이니 분명 합리적 사고를 기반으로 냉철하게 판단하겠지만, 어쩌다가는 사사로운 마음 때문에 잘못된 판단을 할 수도 있다. 사심이 깔린 정치권력의 결정은 정책의 축소, 왜곡, 심지어는 폐지를 불러올 수도 있다. 선출된 권력들이 제발 그러지 않기를 바라지만, 선거철에 보이는 그들의 행태를 보면 큰 기대를 하지 않는 것이 좋을듯하다. 선거 때마다 멋진 공약(公約)을 내세워 표를 얻고는 나 몰라라 하는 일들이 자주 있고, 자신의 공약 이행률을 높이기 위해 기존 정책을 바꾸라고 강요하기도 하고, 자신의 공약을 중심으로만 복지정책과 계획을 세우라고 요구하는 일들도 빈번하게 일어나는 것이 현실 정치의 모습이다.

좀 더 성숙해져야 할 정치체계로 인해 이 땅의 사람들 모두에게 좋은 영향을 미치는 정책이 왜곡되거나 사장되는 일은 없어야 한다. 그러기 위해서는 정책담당자나 사회복지사는 정책의제 선택, 정책대안 형성, 정책결정, 정책집행과 정책평가로 이어지는 모든 정책형성단계에서 그 정책과 관련성이 조금이라도 있는 권력자 집단 모두와 사전협의과정을 치밀하게 진행해 나가야만 한다. 그렇게 정치권력을 잘 이용해야만 정책이 정치에 오염되는 일을 최대한 막아 낼 수 있고, 보통 사람들의 삶도 제대로 지켜 낼 수 있다.

34

정책으로 인해
손해를 보는 집단의 동의를 구하라

이 세상에서 펼쳐지는 정책은 모두 공공선(公共善)을 공동의 목표로 한다. 다시 말해, 정책을 통해 이 땅에 살고 있는 모든 사람의 삶에 긍정적 변화가 일어날 수 있도록 하려 한다. 그런데 세상에서 벌어지는 모든 현상에는 밝은 면이 있으면 반드시 그 뒤에 어두운 면이 있기 마련이다. 다만 그 어둠의 깊이와 넓이가 어느 정도인지만 다를 뿐이다.

사회복지정책도 국민의 복지증진에 기여한다는 가치지향적 목표(value-oriented goal)를 추구한다. 그렇지만 가치라고 하는 것이 늘 옳은 것은 아니며 상대적으로 바람직하다는 것을 의미하기 때문에, 특정 가치를 선호하는 사회복지정책을 만들 때 그 반대쪽에 있는 가치는 상대적으로 낮고 소홀한 취급을 받게 된다. 따라서 낮고 소홀히 여겨지는 가치를 따르고 있는 사람들은 오히려 정책으로 인해 복지수준이 낮아지는 위험이나 불이익을 떠안게 된다.

한 예로 독거노인 및 중증장애인 응급안전서비스가 시행되면서 소방서의 응급출동서비스가 많아져 소방대원의 업무가 가중되는 일이 발생했다. 그리고 실제 응급상황 때문에 출동하는 경우보다 시스템 고장이나 장비 오작동으로 인해 불필요한 응급출동을 하는 사례가 더 많아 소방대원을 더욱 허탈하게 만들기도 한다. 또 다른 예로 노인장기요양보험제도에서 법에 정한 시설 및 인력기준만 충족하면 장기요양기관의 설치를 허용하다 보니, 제한된 지역의 서비스 수요량을 놓고 여러 기관이 과다경쟁을 하게 되고, 간혹 불법행위를 통해 수급자를 빼앗아가는 일이 생겨 합법적 수급자 모집방법을 고수해 온 기관이 피해를 입는 일도 생긴다. 어떤 서비스는 서비스 수급자 기준을 다소 엄격하게 적용하다 보니, 꼭 받아야 할 서비스인데도 자격요건을 갖추지 못해 서비스를 받지 못하는 내담자들이 생기기도 한다.

예로 든 사례들 말고도 정책 추진과정에서 손해를 보는 일들은 더 많이 일어나고 있을 것이고, 예상보다 많은 사람이 정책으로 인해 부정적 영향을 받고 있을 것으로 사료된다. 정책의 부정적 영향을 아예 제로 수준으로 만들 수는 없지만, 정책의 부정적 영향을 받는 사람들의 범위와 영향력의 강도는 최소한도로 줄이는 것이 좋을 것이다.

이러한 정책의 어두운 면을 최소화하기 위해서는 정책의제를 선택한 이후 정책대안을 모색하는 과정에서 관련 당사자 또는 이해관계집단과의 접촉면을 최대한 넓혀야만 한다. 정책의 긍정적 영향을 받아 이익을 얻는 집단과의 의견수렴, 세부 내용에 대한 협의와 조정 과정보다는 정책으로 인해 손해를 입게 되는 집단에 대한 의견수렴, 협의와 조정, 한 걸음 더 나아가서 사후보상에 대한 내용에 대해 흉금을 툭 터놓고 깊이 있게 논의해야 한다.

정책 공청회장에서 흔히 보는 모습 중에 하나는 정책에 찬성하는 사람들은 공청회장에 잘 나타나지도 않지만, 참석해도 박수만 치고 의견은 잘 제시하지 않는다. 반면, 정책에 반대하는 사람들은 집단으로 참석하고, 정책발표와 단상토론이 끝나고 나면 발언권을 얻기 위하여 여기저기서 높이 손을 들고, 마이크를 받으면 높은 톤으로 불만의 목소리를 쏟아 낸다. 공청회 사회자는 이러한 질문에 대한 답변을 주로 정책담당 부서의 사무관이나 과장급 공무원에게 요청하는데, 그들은 "의견을 존중하여 신중하게 깊이 검토해 보겠습니다."라고 일반적으로 답변을 한다. 입법권과 재정편성권이 없는 정책담당이 그렇게 답변하는 것은 충분히 이해되지만, 피해를 당할 잠재적 위험에 처한 집단을 만족시킬 수는 없는 답변이다.

문제는 그다음이다. 정책에 대한 반대 목소리가 커지면 의견수렴 과정을 단축하는 일들이 자주 발생한다는 것이 더 큰 문제이다. 심지어는 피해를 호소하는 반대 목소리를 무시하고 밀어붙이기 전략을 구사하는 경우도 없지 않아 있다. 한번 밀리면 더 이상 정책을 추진할 수 없으니, 다수의 행복을 위해 소수의 피해를 감수하고서라도 정책을 밀어붙이는 심정이 오죽할지 한편으로 이해는 된다. 하지만 서로 다 좋자고 하는 일에 소수자집단에게 희생을 요구하는 것은 잘못이다. 정책담당자는 반대의 목소리가 들리는 곳마다 끊임없이 찾아가서 협의하고 조정하고, 포기할 것은 포기하고 양보를 얻어 낼 것은 얻어 내서, 정책 추진의 부정적 효과를 최소한도로 만들기 위해 끊임없이 노력해야 하는 것이 원칙이다. 이 원칙을 잊고 소수자집단에게 피해를 감수하고 다수를 위해 헌신하자고 설득하거나 밀어붙이는 것은 잘못된 행동이다. 반대할수록 설득하고 또 설득하여 정책 반대 집단의 동의를 구하고 이끌어 내야 한다.

35

법률과 정책의 빈틈을 찾아
먼저 메꾸자

우리는 여러 매체를 통해 '복지의 사각지대'가 발생했다는 소식을 자주 접하곤 한다. 가장 대표적인 사례로 만성질환을 앓던 큰 딸과 어머니의 실직으로 인해 생활고에 시달리다 집주인에게 공과금과 월세 명목으로 70만 원을 남기고 세상을 떠난 송파 세 모녀 사례를 들 수 있다. 그들은 라면, 어묵 등의 저렴한 식재료들로 끼니를 이어가면서도, 월세와 공과금 등은 밀리지 않고 납부한 아주 정직하고 깨끗하게 살았던 사람들이었는데, 복지의 사각지대로 인하여 삶의 궁지에서 탈출하지 못하고 세상을 등진 것이다.

세 모녀는 스스로 세상을 등지는 선택을 하기 3년 전에 사회복지제도에 도움의 손길을 내밀었지만, 엄격한 법률의 제한 규정 때문에 도움을 받지 못했다. 이 사건이 발생한 2014년에 국회는 「국민기초생활보장법」 「긴급복지지원법」 「사회보장급여의 이용 제공 및 수급권자 발굴에 관한 법률」 등을 개정하였지만, 지금도 사회복지의 사각지대 문제는 끊임없이 발견되고 있다. 법의 빈틈이 조금 메꿔졌는지 모르지만, 사회가 갈수록 분절화되어 가고, 행정전산화가 아무리 잘 되어 있어도 시스템 간의 유기적 연결이 부족하여 사전에 발굴하기가 어렵다. 그리고 대부분의 복지급여와 서비스가 신청주의를 채택하고 있으므로 사회복지에 대해 알지 못하는 사람은 신청조차 하기 힘든 구조적 문제가 아직도 존재하고 있다. 그래서 송파 세 모녀 사건 이후 강산도 변한다는 10년의 세월이 흘렀지만, 지금도 복지 사각지대로 인해 일어나는 슬프고 마음 아픈 소식들이 다시 들려오는 일이 잦다.

이 사례를 보면, 정책의 기반이 되는 법률의 빈틈이 존재하기 때문에 아무리 정책을 만들어도 사람들의 삶을 제대로 살필 수 없는 문제가 발생하게 된다. 따라서 정책을 만드는 전문가, 행정가 그리고 사회복지사는 정책을 만들기 전에 그와 관련된 법률과 시행령, 시행규칙 더 나아가 해당 자치단체의 조례에 이르기까지 광범위하고 심도 깊은 법률 검토를 먼저 실시해야 할 것이다. 검토결과 법률상의 빈틈이 존재하는 것이 발견된다면, 정책 개발보다 법률 개정의 절차를 먼저 밟아야 하는 것이 순서이다.

법률의 빈틈이 없거나 있어도 메꿔졌다면, 새로운 정책을 개발하기보다는 기존 정책에 보완하거나 수정해야 할 빈틈이 있는지를 먼저 살펴보아야 한다. 사실 새로운 정책을 만들어서 사람들에게 서비스로 전달되기까지는 많은 에너지와 자원을 소모해야 하므로, 기존 정책을 보완할 방법을 먼저 찾아보는 것이 더욱 효과적이고 효율적일 것이다. 기존 정책의 세부 기준이 갖는 한계점은 없는지, 배분 대상이 지나치게 협소하거나 선정기준이 지나치게 엄격하지 않은지, 정책에서 공급하는 급여나 서비스는 수급자의 삶의 형편을 펴 주는 데 부족한 점은 없는지, 서비스 전달체계에 오작동하는 부분은 없는지 전문인력은 충분히 투입되는지, 투입되는 재정이 적정 규모이고 투입 대비 성과가 적절한지 등을 정밀하게 분석하고 평가한 결과를 바탕으로 정책의 빈틈을 메꿔 가야만 한다.

'술과 친구는 오래될수록 좋다.'는 말처럼 오래 이어져 온 정책들을 수정 보완하는 것이 좋을 수 있다. 그러나 '새 술은 새 부대에 담아야 한다.'는 말처럼 기존 정책을 수정 보완하는 것의 효과를 기대하기 어렵거나, 전혀 새로운 문제가 발생한 경우에는 새로운 정책을 만들어가야 한다. 둘 다 옳은 말이긴 하고 새로운 사회문제에 대응할 정책이 없다면 새로 정책을 만들어야겠지만, 새 것을 만들기 전에 오래된 정책들의 빈틈을 찾아 메꾸는 작업이 선행되는 것이 더욱 효과적이고 효율적인 것은 사실이다. 새로 만들기 전에 있는 것들의 빈틈을 메꾸는 작업을 먼저 진행해 볼 일이다.

36

농림어업인도 우리나라 사람이다

통계청의 국가통계포털(https://kosis.kr/)의 인구자료를 검색해 보면, 농림어업 가구(農林漁業 家口)는 전체 가구의 5.4% 수준인 116만 6천 여 가구이며, 농림어업 인구는 전체 인구의 4.8% 수준인 246만 5천여 명으로 전체 가구와 인구에서 차지하는 비중이 매우 적다. 2022년에 농촌진흥청에서 실시한 '농어업인 등에 대한 복지실태조사'에 포함된 생활영역별 만족도조사결과, 농어업인 등의 문화여가여건 만족도는 100점 만점에 44점, 교육영역은 47점, 경제영역은 48점, 복지서비스 영역은 50점, 기초생활기반 영역은 51점, 보건영역은 53점 등으로 나타났으며, 종합적인 만족도는 55점이었다. 이러한 농어업인 등의 삶의 만족도는 대학의 학점 기준으로 바꿔 말하면 D학점에도 못 미치는 수준이라고 하면, 너무 가혹한 것일까?

여하튼 조사결과를 종합하여, 농림어업인이 살고 있는 지역은 기초적인 생활기반 시설조차 제대로 갖춰져 있지 않고, 병의원에 가서 치료받기도 쉽지 않고, 복지서비스도 제한되어 있으며, 돈벌이가 되는 좋은 일자리가 부족하고, 교육을 받고 싶어도 교육환경이 좋지 못하고, 문화

생활을 즐겨 보려 해도 그 여건이 열악하여, 사는 데 편리함보다는 불편함이 더 많이 따르는 곳이라고 해도 지나치게 과장된 표현은 아닐 것이다.

이런 농림어업인의 삶의 형편을 볼 때, 이들을 위한 사회복지를 대폭 확충해 나가야 한다는 점에 누구나 동의할 것이다. 그런데 지금까지 우리의 사회복지제도가 매우 빠르게 발전해 왔는데, 농림어업인의 삶의 형편이 이런 상태에 머물러서는 안 되지 않나 하는 의구심이 든다.

농림어업인의 복지만족도가 낮게 나타난 이유를 생각해 보면, 가장 먼저 농림어업에 종사하는 인구가 적기 때문이라 할 수 있다. 특정 사회복지 급여나 서비스에 투입되는 자원은 그것을 필요로 하는 인구수에 비례하는 것이 일반적이다. 복지수요가 적은 농림어업인에게 복지공급 자체를 줄였기 때문에, 전반적인 복지급여와 서비스의 양이 부족해지게 된 것이다. 같은 농림어촌 지역이라도 인구고령화가 가속화됨에 따라 노인복지 공급은 늘어날지 모르지만, 아기 울음소리가 끊긴 마을의 영유아나 아동을 위한 복지정책이 줄어들 수밖에 없다.

두 번째 이유는 농림어업인들이 주로 거주하는 군단위 기초자치단체의 재정여력이 열악하기 때문이다. 예전에 필자는 노인복지시설 평가를 가서 군지역 양로원 원장으로부터 추석 때 군수가 인사차 와서는 "내년에는 다른 지역으로 이주를 해 주시면 어떨까 생각합니다. 양로시설을 지원하고 나면, 다리 놓고 길 닦을 돈이 없어요."라고 말했다는 얘기를 직접 들은 적이 있다. 필자 고향마을의 65세 이상 노인인구 비율은 38%를 넘지만 노인복지관 하나 없으며, 노인복지관이 없는 기초자치단체가 38곳인데 모두가 군 단위 지역이다. 군 단위 기초자치단체는 노인복지 수요는 있어도 노인복지관 설치운영에 중앙정부가 한 푼도 보태

주지 않으니 돈이 없어 발만 동동 구를 수밖에 없는 처지이다.

다음 이유를 말하면 필자가 많은 욕을 먹을지도 모르지만 필자의 경험을 바탕으로 얘기해 보려 한다. 우리의 사회복지정책 대부분은 도시지역을 중심으로 설계되고 있다는 점을 세 번째 이유로 들 수 있다. 필자는 대학에 오기 전에 국책연구원에서 노인 및 장애인복지 정책개발 연구를 7년 가까이 담당했었다. 그때 정책개발 연구를 할 때 머릿속에 농림어업인을 고려해야 한다는 생각은 있었지만, 막상 연구결과물에 담겨진 정책대안은 농림어업인을 고려하지 못한 것이 대부분이었다. 지금의 국책연구원들은 필자와 같은 오류를 범하지 않을 것이고, 광역자치단체마다 복지재단이나 연구원이 설립되어서 지역특성에 맞는 사회복지정책 연구가 활성화되고 있다. 또한 광역 및 기초자치단체가 매 4년마다 지역사회보장계획을 수립하여 추진하고 있으므로, 농림어업인들을 위한 맞춤형 사회복지정책이 더 많아질 것으로 기대하고 있다.

그런데 농림어업인들을 위한 정책의 명칭 앞에 '특별'이라는 단어가 많이 붙는 것을 보면, 아직도 농림어업인들을 위한 정책개발은 특별한 일이라는 생각이 드는 것은 어쩔 수 없다. 또한 지역사회보장계획을 수립 추진하도록 하고는 있지만, 중앙정부에서 추진하는 복지급여와 서비스의 재정분담을 하기도 버거운 상황에서 지역 맞춤형 복지급여와 서비스를 새롭게 만들어서 추진할 만한 여력이 없는 것 또한 현실이다.

이런 상황이 지속된다면 농림어업인들의 삶의 형편은 더욱 곤궁해질 것이다. 그들도 국민으로서의 의무를 다하고 조세와 사회보험료를 똑같이 내고 있는 우리나라 사람이고 복지를 누릴 권리를 지닌 국민이다. 그러니 더 이상 이들을 위한 맞춤형 사회복지정책을 만드는 일에 소홀해서는 안 될 것이다. 아니 백 배 천 배의 노력을 기울여 나가야 한다.

37

서비스 받는데
자꾸 돈 얘기 들먹거리지 말자

    왕조시대(王朝時代)는 그렇다 치더라도, 대한민국이라는 민주공화국이 설립된 이후에도 한동안 우리 사회는 선별적이고 잔여적인 복지제도를 이어가지 않으면 안 될 정도로 국력이 매우 약한 나라이었다. 그러다 경제발전과 함께 점차 보편적이고 제도적인 복지제도로 전환해 오고 있다. 세계 경제대국으로 손꼽힐 정도의 국력을 가진 지금이라면 좀 더 보편적이고 제도적 복지제도를 만들어도 큰 문제가 없어 보인다. 그런데 현재의 정부는 어찌된 일인지 사회적 약자 보호를 복지정책의 우선적 기조로 제시하고 있어, 다소 의아한 느낌을 지울 수가 없다. 물론 사회적 약자에 대한 복지체계가 완벽하게 갖추어지지 않았으니 그들을 보호하는 데 우선적 노력을 기울여야 하는 것은 당연하다. 그러나 전체 사회복지제도의 기조를 선별주의로 회귀시키는 것은 우리의 국력과 국격(國格)을 고려할 때 적절해 보이지 않는다.

    정부의 정책기조만 그렇다면 정치이념에 따르는 것이니 꼭 지탄받을 일만은 아니겠지만, 실제 정책을 집행할 때의 세부 기준을 담아 놓은 사회복지분야별 사업안내 책자에 실린 내용을 보면 선별주의적 사회복지의 틀이 깊게 스며들어 있는 것을 목격할 수 있다. 필자가 2007년에 독거노인의 사회관계망 확대에 목적을 둔 노인돌봄기본서비스를 개발하는 과정에 관여할 때의 일이다. 정책대상, 즉 정책의 배분 기준을 결정하는 과정에서 필자는 독거노인의 사회관계망이 와해되어 고독사나 자살문제가 발생하는 것을 방지하기 위해 안전확인서비스, 생활교육, 연계서비스를 제공하는 정책이니 만큼 서비스 대상자 선정기준에서 소득기준을 제외하자고 제안했었다. 그랬더니 후원금품을 받을 수 있는 서비스가 포함되어 있으니 소득기준을 포함시켜야 한다는 반대 주장이 나왔다. 이후 논의를 거듭하여, 대상자 선정기준에서 소득기준은 제외하되 연계서비스의 후원금품을 배분할 때는 사업수행기관에서 소득기준을 자체적으로 적용하는 것으로 최종 배분 대상 선정기준이 결정되었다. 그래서 노인돌봄기본서비스는 소득에 관계없이 사회관계망이 위축된 노인들은 누구나 서비스를 신청할 자격을 얻게 되었고, 실제 서비스 대상으로 선정될 수 있었다.

그런데 2020년 노인돌봄종합서비스 등과 통합하여 새롭게 출발한 노인맞춤돌봄서비스에서는 서비스 신청 자격기준에 '국민기초생활수급자. 차상위계층 또는 기초연금수급자로서'라는 소득기준을 적용함으로써, 최소 30%의 노인은 이 서비스를 신청할 자격 자체를 박탈당하게 되었다. 노인맞춤돌봄서비스에서 제공하는 서비스 중 금품과 관련된 서비스는 연계서비스밖에 없고 나머지는 전부 비화폐적 속성만 지닌 사회서비스이다. 안정적 노후생활을 보장하고 건강을 유지하도록 돕는데 목표를 둔 정책에서 일정 소득 이상의 노인에게 서비스 신청자격 자체를 부여하지 않는다는 것은 어폐가 있다. 소득이 많다고 외롭고 쓸쓸하지 않은 것은 아닌데 말이다.

필자가 주로 노인복지를 공부해서 노인맞춤돌봄서비스를 걸고넘어진 것 같아 미안한 마음이 없지 않지만, 다른 분야라고 해서 별반 다르지 않다. 국제통화기금(IMF)의 국내총생산(GDP)을 기준으로 대한민국이 세계 11~13위의 경제대국이라는 것을 자랑스러워한다면, 이제는 돈이나 물품을 지급하지 않는 사회서비스의 배분 대상 신청 또는 선정 기준에서 소득기준을 적용하려는 발상에서 벗어날 필요가 있다. 돈이 없다고 모든 삶에서 약자고 취약계층은 아니며, 돈 있다고 모든 삶의 문제를 혼자서 다 해결할 수 있는 것은 아니지 않은가? 정책당국자나 사회복지사들이 '사회적 약자나 취약계층=돈 없는 사람'이라는 이상한 방정식에서 벗어나기를 간곡히 부탁한다.

38

이제는 최저수준 말고
적정 수준을 말하자

필자가 대학에 다닐 때나 지금이나 사회복지에 대한 학술적 정의를 내릴 때, 가장 많이 사용되는 구절은 '최저한도 이상의 삶을 보장한다.'는 표현이다. 달리 말하면, 사회복지제도는 최소한 이 정도 수준 아래로 삶의 질이 떨어져서는 안 된다고 세상 사람들이 합의한 사회적 최저기준(social minimum) 이상으로 경제적 삶을 보장해 주는 데 목적이 있다는 말이다. 이 정의를 따라서 국가에서는 최저한도의 삶을 객관화하는 지표로 최저생계비(minimum cost of living)를 설정하고, 거기에 못 미치는 소득을 보전해 주려고 해 왔다. 우리나라도 오랜 기간 동안 최저생계비 기준을 활용해 왔고, 아직도 최저한도 이하의 삶을 살아가는 세계 인구가 많기 때문에, 보편적으로 통용될 수 있는 학술적 개념정의를 내릴 때는 부득이 최저한도 이상의 삶을 보장하는 것을 사회복지제도의 목표로 규정한다.

우리나라에서는 급속도로 경제발전이 이루어지면서 공공부조의 대상을 선정함에 있어서 최저생계비가 아닌 중위소득으로 소득기준을 변경하였다. 2023년 생계 급여 선정 기준을 보면 중위소득의 30% 미만으로서, 1인 가구는 월소득인정액이 623,368원 미만이어야만 국민기초생활보장제도의 생계급여를 받을 수 있는 자격을 얻을 수 있다. 그리고 '최저보장수준(기준 중위소득 30%)−소득인정액'에 의해 급여액이 산정되므로, 소득이 없다고 가정했을 때 최대 623,368원을 받을 수 있다. 이 책을 읽는 여러분이 혼자 산다고 가정했을 때, 이 돈으로 어떤 수준의 삶을 살 수 있을 것으로 보이는가? 중위소득을 버는 사람들의 1/3 수준의 삶 아니면 최저생계를 간신히 유지하는 삶, 그것도 아니면 어떤 수준의 삶일까? 객관적으로 말하기는 어렵지만 살기에 아주 빠듯한 수준의 삶을 보장해 준다고는 말할 수 있을 것이다. 1인당 국민소득이 780달러였던 1970년이라면 모를까 2022년에는 그 40배가 넘는 3만 4,994달러인데도, 이 정도 금액이라면 공공부조의 생계급여액이 너무 낮게 책정된 것은 아닐까? 국민연금을 20년 동안 납입해도 2023년 기준 월 평균 61만원 정도의 연금을 받아들게 되는데, 이 금액으로 안정된 노후생활을 영위할 수 있을 것 같은가?

이렇게 얘기하면 정책당국자나 정치권력은 지금 국가의 재정형편도 모르고 하는 소리고, 국민연금 재정 고갈 등의 위기가 코앞에 닥친 상황에서 너무 과도한 요구를 하는 것이라고 필자를 비난할지도 모를 일이다. 아주 나쁘게는 "그러면 네가 세금하고 사회보험료 더 낼래?"라고 비아냥 거릴 수도 있을 것이다. 여러 가지 요인을 종합적이고 체계적으로 따져 보지 않고, 생계급여액과 노령연금액이 생활에 필요한 비용으로는 너무 작다고만 말했으니, 비난을 받아도 어쩔 수 없는 일이다.

하지만 1인당 소득이 3만 달러를 넘어섰고, 세계 경제순위가 11위에서 13위를 오가고 있는 지금 시점에도, 사회적 최저기준의 삶을 보장하는 데 머물고 있다면, 정장 양복에 짚신 신은 모습과 다를 바 없다. '건강하고 문화적인 삶을 영위하는 데 필요한 가구의 적정생계비(decent living expenses)'를 지금 당장 보장하려면, 국가의 재정부담이 하늘을 찌를지도 모를 일이다. 하지만 적정생계비 수준이 어느 정도여야 하고, 그 이상을 보장하기 위해서 국가가 어느 정도의 재정을 투입해야 하는지에 대한 계산과 논의는 지금부터라도 활발하게 진행해야 한다. 그래야만 1인당 국민소득이 4만 달러를 넘어서고 세계경제대국 10위권 이내로 진입한 시점에서도, 중위소득 30%에 해당하는 금액을 생계급여로 지급하고, 노령연금도 한 달에 61만 원을 지급하겠다는 말을 더 이상 하지 않을 수 있을 것이기 때문이다.

39

정책의 모세혈관을 튼실하게 하자

　사회복지정책이 긍정적 정책결과를 얻기 위해서는 급여나 서비스가 사람들 모두에게 잘 전달되어야 한다. 정보지식사회의 전환과 아울러 현금 급여는 모두 온라인으로 전달되므로 중앙정책부서에서 사람들의 호주머니까지 큰 장애물 없이 전달된다. 그러나 건강, 돌봄, 여가 등을 목적으로 하는 비화폐적 서비스는 아무리 정보시스템이 잘 구축되어 있더라도, 오프라인을 기반으로 이루어지는 대면서비스가 주를 이룰 수밖에 없다.

　나라 사람 또는 그 동네 사람이 이들 서비스를 이용하기 위해서는 직접 서비스 제공기관까지 찾아가야 하는데, 군지역으로 가면 분명 법률에는 있는 사회복지시설인데 그 시설이 설치 운영되지 않는 곳이 많다. 필자는 최근 전라남도 해남군 땅끝마을에서 인천광역시 강화군 교동도까지 1,800km의 서해랑길을 따라 걷고 있는데, 길을 걸으며 어떤 사회복지시설이 어디에 있는지를 무의식중에 살피게 된다. 그런데 하루 종일 걸어도 사회복지시설 구경하기가 힘든 경우가 대부분이다. 최근에 걸은 전라남도 무안군에는 지방이양사무에 해당하여 자체 재정으로 설립 운영해야 하는 노인복지관은 설치되어 있지 않고, 장애인복지관은 무안읍에 그리고 사회복지관은 일로읍에 설치되어 있다. 일로읍의 장애인이 장애인복지관에 가려면 21km를 이동해야 하고, 무안읍 주민이 사회복지관을 이용하려 해도 마찬가지다. 자가용이 있으면 다행인데, 대중교통을 이용해서 접근하려면 복지서비스 이용보다 이동소요 시간이 더 많을 정도로 큰 불편을 겪어야 한다. 읍면소재지 지역에 사는 사람은 그나마 다행이지만, 그곳을 벗어난 자연부락에 사는 사람은 사회복지관과 장애인복지관이 마치 그림의 떡처럼 보이지 않을까 싶다.

분명 긍정적 정책결과를 기대하면서 만든 정책인데, 그 끄트머리까지 오는 모세혈관이 꽉 막힌 형국이니 지역에 따라서는 정책효과를 기대하기 어려운 실정이다. 중앙정부에서 만든 정책의 심장과 대동맥은 튼실한데, 왜 이렇게 정책의 모세혈관이 막히는 결과가 초래되었을까를 생각해보면, 결국 돈이 문제이다. 226개 기초자치단체 중에서도 82개 군 단위 기초자치단체의 열악한 재정문제가 가장 큰 요인일 것이 분명하다.

기획재정부 자료에 의하면 중앙정부의 지방이전 재정규모는 2018년 150조 원에서 2023년 238조 원으로 빠르게 증가하고 있지만, 2023년 현재 전체 조세의 국세와 지방세의 비율은 74:26이다. 즉, 지방에서 거둬들이는 세금의 3/4 정도가 중앙정부로 흘러 들어가고, 1/4밖에 안 되는 지방세는 또다시 광역자치단체와 기초자치단체가 나눠 가져야 한다. 그러므로 기초자치단체가 자체 재원으로 사회복지정책을 추진한다는 것은 현실적으로 힘들다. 따라서 지역주민들의 욕구가 강하고 지역문제가 심하더라도, 중앙정부의 재정지원이 없이는 지방정부가 할 수 있는 일이 없으므로, 중앙정부의 예산을 한 푼이라도 더 따내기 위해 예산

투쟁을 벌일 수밖에 없다.

　이러한 문제를 개선하기 위해서 국가에서는 지속적으로 지방이전 재정규모를 확대하고 있고, 조세 중에서 지방세의 비중을 점진적으로 끌어올리는 노력을 기울이고 있다. 하지만 점진적 개선노력만으로는 이미 아주 크게 벌어진 시지역과 군지역의 복지격차 문제와 군지역 사회복지 모세혈관이 막힌 현상을 해결하기가 쉽지 않다. 사회복지제도가 '형평'이 중요한 가치인만큼, 중앙정부에서 군단위 기초자치단체만을 대상으로 하여 대규모의 재정을 투입하는 단기 복지증진 프로젝트를 실시하여 도농 간 복지격차를 어느 정도 해소해야 한다. 그런 다음 지방정부의 재정능력 강화를 통한 점진적 지역복지 향상을 추구하는 것도 한 방법일 수 있다.

40

와서 받아가라고 하지 말고,
찾아가는 길을 찾자

필자는 몇 년 전 국가치매관리종합계획 수립을 위한 연구에 참여하여 가족지원분과의 연구를 진행한 적이 있다. 치매국가책임제의 시행으로 기초자치단체마다 치매안심센터가 설치되면서 치매환자와 가족의 서비스 접근성이 많이 향상되었지만, 센터에 찾아가야만 서비스를 받을 수 있는 경우가 대부분이었다. 이런 서비스 접근에 따르는 불편함 때문에 서비스 이용을 미리 포기해 버리는 문제를 개선하기 위해, 치매안심센터마다 셔틀버스를 운행하는 정책과제를 제시하였고, 비용부담을 줄이는 방안으로 수정되어 실행과제로 포함되어 지금 추진 중에 있다. 4차 계획이 끝날 무렵에는 치매환자와 가족이 치매안심센터를 찾아가는데 아무런 불편도 없이 자유롭게 이용하는 정책성과가 나타나기를 간절히 바래본다.

그런데 지금 와서 돌아보면, 차라리 치매안심센터의 의사, 간호사, 사회복지사가 치매환자의 가정을 더 많이 방문하여 서비스를 제공하는 방안을 강력하게 주장하는 것이 좋지 않았을까 하는 생각이 든다. 찾아가서 이용하는 것보다 집에 가만히 앉아 이용할 수 있다면 더 좋을 것이라는 생각 때문이다. 보건복지부에서도 같은 취지에서 2023년 1월부터 장기요양 재가급여 수급자 중 거동이 불편하여 재택의료가 필요한 노인을 위한 재택의료센터 시범사업을 실시하고 있다. 몇 가지 한계가 없지는 않지만, 참 좋은 정책을 만들려는 시도임에 분명하다. 부디 정규 정책사업으로 전환되었으면 하는 바람을 가져 본다. 사회복지분야에서도 내담자 혹은 수급자의 욕구와 문제는 복합적인 데 반해 서비스는 상호 단절되어 있어 여러 기관을 방문해야 하는 불편함을 최소화하기 위해 사회복지기관에서 사례관리서비스를 제공하고 있다. 이 역시도 칭찬 받을만한 서비스 패러다임의 전환이라 할 수 있다.

그럼에도 불구하고 보건의료서비스나 사회복지서비스를 이용하기 위해서는 찾아가야만 이용할 수 있는 서비스가 더 많은 것이 현실이다. 그리고 사회복지정책 전반에 걸쳐 이전보다 재가서비스가 확대되었고, 찾아가는 서비스도 강화된 것이 사실이지만, 아직 서비스 접근성, 서비스 형평성의 문제를 해결하기에는 부족한 부분이 많다. 특히 노인장기요양보험제도와 장애인활동지원사업의 시행으로 노인과 장애인의 서비스 접근도가 높아진 것은 사실이지만, 그 서비스 종류가 제한되어 있어 다른 서비스에 대한 욕구를 충족하기 위해서는 다른 여러 기관을 찾아가야만 하므로 여전히 서비스 접근도에 한계가 존재하고 있다. 사회복지관에서 사례관리서비스를 제공한다지만 단순형이나 연계형 사례관리모델이 주류를 이루고 있어서, 내담자나 수급자는 불가피하게 여러 기관을 이용해야만 자신의 복합적 문제해결에 필요한 서비스를 조금이라도 더 받을 수 있다.

대한재택의료학회의 한 의사가 언론매체와의 인터뷰에서 "재택의료는 수요가 워낙 커서 돈 벌 생각 없이 들어온 분들도 '벌이가 되는' 경우가 적지 않다. 그럼 어떻게든 이 시장을 현실화하고 빠르게 키워야 한다."고 말한 적이 있다. 인간봉사전문직이지만 민간의료기관이니 당연히 비즈니스모델을 생각하지 않을 수 없어서 그렇게 말한 것이다. 충분히 이해한다. 그런데 같은 인간봉사전문직이지만 사회복지기관이나 시설은 조세나 보험료의 지원을 받아 운영되는 기관이므로 경제시장의 논리가 아니라 사회시장의 논리에서 접근해야 바람직하므로, 집으로 찾아가는 서비스를 비즈니스모델로 접근하는 것은 피해야 할 것이다.

아무리 비즈니스모델을 따르지 않으려고 하더라도, '찾아와서 한 곳에 모여 있는 여러 사람에게 서비스'를 제공하는 경우보다 '여러 곳에 혼자 흩어져 있는 내담자와 수급자를 일일이 찾아가서 한 명씩 서비스'를 제공하는데 투입되는 인력이나 비용이 더 큰 것이 사실이다. 먼 거리에 뚝뚝 떨어져 사는 자연부락의 수급자나 내담자의 가정을 방문하는 경우는 인력과 비용이 더 많이 투입될 수밖에 없다. 그런데 중앙정부나 지방정부에서는 이런 형편을 모두 고려하여 기관에 충분한 인력과 재정을 지원하지 않는다. 그 결과 사회복지기관이나 시설은 찾아가는 서비스의 필요성을 충분히 인지하면서도, 인력부족과 비용의 한계 때문에 과감하게 찾아가는 서비스를 강화하지 못하는 것이 사실이다.

사회복지기관이나 시설에서 집합서비스를 제공하는 것이 당장 투입비용이 적게 들어가는 것처럼 보일지 모른다. 그러나 사실은 수급자나 내담자가 사회복지기관이나 시설에 올 필요가 없게 만드는 것이 장기적으로 더 적은 비용이 든다는 것은 잘 알려진 사실이다. 국가재정운용이 어려운 점은 이해하지만, 먼 미래를 생각한다면 지금 시점에서 사회복지기관과 시설의 동네와 집을 찾아가는 서비스를 확대하기 위하여 과감한 인력증원과 예산증액을 긍정적으로 검토해야 할 것이다.

41

공공은 민간을
진정한 파트너로 대우하라

　공공부조와 사회보험제도의 관리운영을 제외한 대부분의 사회복지 서비스는 중앙이나 지방정부의 위탁을 받은 민간 사회복지법인 산하의 기관과 시설에서 제공하고 있다. 이때 위탁(委託)이란 용어는 '어떤 일이나 사물의 처리를 남에게 부탁하여 맡긴다.'는 의미를 지니고 있다. 공공부문에서 사회복지기관이나 시설을 위탁할 때 '부탁하여 일을 맡기는 경우'는 거의 없고, 중앙 또는 지방정부의 인허가, 신고 또는 경쟁심사를 거치고, 위탁기간이 만료되면 재위탁 심사를 한다. 위탁 주체인 중앙 또는 지방정부가 인력 및 예산편성권을 갖고 있고,「사회복지사업법」제51조에 의거하여 사업에 관한 보고와 서류제출을 명령하고 지도·감독을 할 권한이 있고, 동법 43조의 2에 의거하여 매 3년마다 시설평가를 할 권한을 갖고 있다.

　이처럼 민간사회복지법인에 사회복지사업을 위탁하기는 하지만, 사회복지조직의 예산과 인력, 사업에 대한 통제권이 공공부문에게 있다. 공공부문이 위탁과 재위탁, 지도감독, 감사와 평가 등의 합리적이고 적법한 절차를 통해 민간부문을 관리하는 것은 당연한 것이고, 이에 대해

토를 달 사람은 아무도 없다. 공공부문이 민간 사회복지기관과 시설을 국민복지증진을 위한 진정한 협력자(partnership)로 인정하고 그에 걸맞게 예우한다면, 공공과 민간 모두 승자가 될 수 있다.

그런데 사회복지기관이나 시설의 장들은 '5년짜리 단기 계약직'이라고 농담처럼 때론 푸념삼아 말하곤 한다. 스스로 열심히 일하지 않으면 다시 수탁을 받지 못하여 실업자가 될 수 있으니, 그렇게 되지 않도록 열심히 하겠다는 각오를 다지는 말이지만, 가끔은 비합리적이고 부당한 이유로 수탁을 받지 못할 수도 있다는 우려의 표현이기도 하다. 국정감사기간이 되면 국회의원과 시도의원들이 몇 백 페이지가 넘는 자료를 하루 이틀 안에 만들어 내라고 요구하는 경우가 허다하여, 사회복지사는 내담자에 대한 서비스는 일단 제쳐두고 그 자료를 만드느라 밤을 꼬박 새기도 한다. 당연히 받아야 하는 평가이지만 매 3년마다 사회복지시설평가를 받고 돌아서서 정신 차릴만하면 다시 재위탁 준비를 해야 하는 상황이 반복되다 보니, 서비스보다는 자료 만드느라고 사회복지사들이 점점 지쳐가기도 한다. 가끔은 행정지도감독을 나온 공무원의 부당하고 고압적 태도로 인하여 눈물 흘리고 일을 그만두는 사회복지사도 없지 않다. 또한 선거를 통해 이전과 다른 정당 소속의 국회의원이나 지방단체장이 선출되면, 사회복지기관이나 시설을 합리적 행정절차를 가장한 교묘한 방법을 써서 괴롭히기도 하고, 정당하지 않은 이유를 들어 위탁법인을 바꾸어 버리기도 한다.

이와 같은 사례가 흔히 발생하는 것은 아니지만, 그렇다고 아주 없는 일도 아니다. 필자가 없는 말을 꾸며서 하는 것은 아니고, 20년의 세월 동안 전국 수백 곳의 사회복지기관에 1년 단위 슈퍼바이저로 사업지도를 하면서 직접 듣고 눈으로 본 사례를 얘기한 것이다. 시간이 지날수록 이와 같은 사례가 줄어드는 것이 다행이지만, 이런 부당한 일은 아예 사회복지분야에서 일어나서는 안 되는 일들이다. 그러므로 중앙 또는 지방정부의 장과 관계 공무원 그리고 국회의원 및 지방의원들은 사회복지사업을 맡아서 대신 해 주고 있는 민간사회복지기관이나 시설에 대해 오히려 감사한 마음을 갖고, 그들을 진정한 협력자로 대우해 주기 위한 노력을 좀 더 기울여 주기를 바란다. 민간 사회복지기관이나 시설 역시 진정한 협력자로 처우 받으려면, 불법부당한 일이나 괜히 책잡힐만한 일이 단 한 번이라도 발생하지 않도록 각고의 노력을 기울여야 한다.

42

해 줄 게 마땅찮으면,
세상에 참여할 기회를 확대하자

우리나라 인구구조 변화추이를 저출산 고령화라고 간략히 말하기도 한다. 이에 대응하기 위해 정부는 노인복지제도를 매우 빠르게 확대해 왔고, 그 결과로 다른 나라들에 비해 부족함이 없다고 해도 지나친 긍정평가는 아닐 것이다. 노인복지제도의 빠른 발전을 뒷받침하기 위해 노인복지재정을 가파르게 증액하고 있음에도 불구하고, 노인의 상대빈곤률은 세계 1위에서 좀처럼 벗어날 줄 모르고, 생계를 위해 늦은 나이에도 노동을 할 수밖에 없다 보니 경제협력기구 회원국 중에서 가장 늦게 은퇴하는 나라가 되었다.

노인 빈곤문제를 해결하기 위하여 기초연금과 국민연금제도의 노령연금 급여액을 계속 높여 갈 재정여력은 안 되고, 노인 빈곤문제의 해결에만 집중할 수 있는 상황은 더더욱 아니다. 이 땅의 오늘을 있게 해 준 과거의 노력에 대한 보상의 성격을 지닌 노인복지분야에 대한 투자에 집중하게 되면, 이 땅의 미래를 만들어 갈 유소년을 위한 아동복지에 대한 투자가 줄어들게 되는 딜레마 상황에 처해 있는 것도 사실이다. 필자는 노인복지론 수업시간에 여담으로 "노인복지전공자인 내가 대통령이 되면, 대한민국의 노인문제가 지금보다 덜해질까?"라고 학생들에게 묻지만, 학생들은 난처한 표정만 짓는다. 이에 필자가 먼저 "아니다. 지금의 노인문제가 더 심각해질 수도 있고, 지금은 아무도 관심을 기울이지 않는 노인 동성애와 같은 새로운 노인문제가 등장할 수도 있다."고 하면, 학생들은 고개를 끄덕인다.

이런 노인문제를 해결하기 위해 국가는 앞으로도 열심히 노력할 것이 분명하다. 그런데 국가가 노인이 필요로 하고 힘들어 하는 모든 것을 다 해 줄 수는 없으므로, 노인 스스로가 할 수 있는 것은 스스로 하게 도와주는 정책도 필요하다. 정년퇴직 후에도 노동시장에서 노인 스스로 일자리를 찾아서 소득을 올릴 수 있다면, 국가의 사회보장 비용부담은 줄어들 것이다. 이에 고용노동부는 장년층을 위한 다양한 고용지원정책을 추진하고 있고, 보건복지부는 노인 일자리 및 사회참여 지원 사업을 추진하고 있다.

그런데 올해 들어 정부에서는 공익형 노인일자리를 줄이고 사회서비스형과 민간형 중심으로 일자리를 늘려, 일자리의 양보다 질을 높이겠다는 정책방침을 제시하였다. 틀린 말은 아니지만, 누군가는 쓰레기 줍고 잡초 뽑는 일을 해야 하는데, 한 달에 30만 원도 되지 않는 돈을 받고 그 일을 하겠다고 나서는 청년이나 중년이 몇 명이나 될까? 이윤 창출이 목표인 민간기업체의 사장들이 노동생산성이 낮은 노인을 위한 일자리를 만들려고 할까? 다른 예시로 필자가 오래전에 노인 자원봉사활성화 방안을 연구할 때 노인자원봉사자에게 최소한의 교통비와 활동재료비를 지급하자고 제안한 사례를 들어 보겠다. 필자의 제안을 받아든 정책당국자는 내게 "자원봉사업무는 행정안전부가 주관부처라 협의 없이 우리가 먼저 시작할 수는 없는 일입니다. 그런데 봉사하는데 꼭 돈까지 줘야 합니까?"라고 반문해 왔다. 그 물음에 어떻게 답해야 좋을지 몰라 침묵으로 반응하는 우매한 짓을 하고 말았다.

소위 사회적 약자에 대한 사회적 편견과 차별이 팽배한 사회에서 노인과 장애인 등은 사회참여를 시도하다가 장벽에 부딪혀 주저앉는 일이 많다. 따라서 사회적 약자들이 사회적 보호를 받는 노동시장의 테두리 안에서 사회참여 기회를 가질 수 있도록 지원하는 정책이 반드시 필요하다. 그렇지 않으면, 사회적 약자의 삶이 갈수록 퍽퍽해지고, 결국에는 그들을 보호하기 위해 국가는 공공부조와 기초연금 비용 지출을 늘려 가야만 할 것이다. 따라서 사회적 약자의 사회참여를 지원하는 정책을 통하여 그들이 작은 소득이지만 돈을 벌 수 있는 기회와 사회구성원으로서 사회발전에 작은 공헌이라도 할 수 있는 기회를 폭넓게 제공할 수 있도록 지원하는 것이 바람직하다. 이를 통해 장기적으로는 국가의 사회보장 비용부담도 줄여 나가는 것이 좋지 않겠는가? 두 마리 토끼를 동시에 잡을 수 있는 길이 열려 있는데, 굳이 한 마리 토끼만 잡겠다고 선언할 일은 아닌듯하다.

43

사회복지사 권익증진 정책을
하루빨리 추진하라

사회복지사인 필자는 대학 신입생을 대상으로 한 첫 수업시간에 "사회복지 일을 하면서 잘 먹고 잘 살 생각은 하지 마라. 그냥 이 세상에 와서 남을 돕고 살 수 있는 보람만으로도 행복할 수 있다는 것에 감사하며 살아라."라고 까마득한 후배들에게 말하곤 한다. 그 말을 들은 학생들의 까만 눈동자가 심하게 요동치고 있는 경우를 자주 본다. 그럴 때마다 "하나님! 내년에도 같은 말을 해서 사회복지의 새싹들 기죽이는 죄는 짓지 않게 해 주세요."라고 속으로 기도를 올린다.

한번은 잘 아는 신문기자가 "저녁 모임 후에 대리기사를 불렀는데, 노인복지관에 근무하는 교수님 제자가 왔었어요."고 말할 때, 명치가 저려 오는 느낌을 받았다. 충청지역의 아동보호전문기관의 사회복지사로 근무하는 제자가 아동학대 행위자인 아버지가 휘두른 칼에 상처를 입은 일이 있었을 때는 가해자를 흠씬 두들겨 패 주고 싶은 죽음의 본능이 의식 수준으로 치밀고 올라오는 느낌을 가졌었다. 오랜만에 연구실을 찾은 제자가 "아내랑 맞벌이를 안했으면, 제가 기초수급자가 되었을 겁니다. 흐흐."라는 말을 했을 때는 쥐구멍이라도 있으면 숨어들고 싶은 심정이었다. 사회복지사는 자신보다 남의 행복을 위해 살아가고, 더 좋은 세상을 만들기 위해 애쓰고 헌신하는 착하디 착한 사람이다. 그런데 왜 이런 대접을 받아야 할까를 생각하면, 스승인 필자가 제 역할을 못했기 때문이라고 자책하는 일이 잦아진다.

이런 낮은 처우를 개선하기 위해서 보건복지부에서는「사회복지사 등의 처우 및 지위 향상을 위한 법률」제3조에 의거하여 매년 사회복지 시설 종사자 인건비가이드라인을 제시하고 있다. 2023년 가이드라인을 제시하면서 발표한 처우 개선의 기본방향은 '공무원 보수 인상률을 반영하고 최저임금 급여(월 2,010,580원)를 반영'하는 것이라고 명시하고 있다. 적정임금은커녕 최저임금 수준을 기준으로 삼은 이유가 도대체 타당한 일인가라는 생각에 사로잡혀 한동안 아무 일도 못했던 기억이 있다. 2023년 현재 경력 없는 대졸 여성 사회복지사가 받는 1호봉 기본급은 최저임금보다 6만 원 많고 군대 갔다 온 대졸 남성 사회복지사가 받는 2호봉은 최저임금보다 10만 원 정도 높게 가이드라인을 정해 놓았다. 이렇게 낮게 기본급을 책정한 것이 다소 미안했는지, 정부 발표자료 끝부분의 기타 사항에 "본 기준은 권고 기준이므로, 질 높은 복지서비스 제공을 위해 각 지방자치단체는 이를 참고하여 기준 이상이 되도록 종사자 처우개선을 우선과제로 추진 요망"이라고 덧붙여 놓았다. 당해년도 기준이 아니라 전년도 인건비가이드라인도 맞춰 주지 못하는 일이 발생하지 않으면 다행이고, 기준보다 높은 급여를 제공하는 지방자치단체의 장은 깨어있는 지도자임에 분명할 것이다.

사회복지사의 권익을 얘기하면서 월급 얘기만 하냐는 핀잔을 하는 이들도 있을지 모르겠지만, 당장 내가 먹고 살기 힘든데 그 상황에서 남을 돕는 일을 열심히 하라고 하면 일하고자 하는 의욕도 힘도 빠질 것이 분명하다. 오래전 영문학 공부를 하던 필자로부터 사회복지로 진로를 바꾸려 한다는 얘기를 들은 친형님이 "너 살기도 빠듯한데, 무슨 사회복지를 한다고 그러냐!"라고 편잔을 줬던 기억이 난다. 그로부터 40년 정도의 세월이 흘렀고, 예전에 비해 사회복지사의 처우가 많이 개선된 것은 사실이나, 지금의 보수로는 살아가기 빠듯하다는 사실만큼은 예나 지금이나 매한가지다. 언제까지 지속될지 모르지만, 이런 상황이 지속된다면 사회복지전문직에 몸담고자 하는 꿈을 키우는 아이들과 청소년들이 계속 줄어드는 것을 막기에는 역부족임에 분명하다. 이러한 상황에서 초등학교 때부터 의대 진학을 목표로 사설학원의 특별반에서 공부하는 아이들이 늘어나고 있다는 기사를 접하면, 마음속에 복잡 미묘한 감정이 똬리를 틀고 자리를 잡는다.

질 높은 사회복지서비스 제공을 위해서는 사회복지사 등의 처우개선을 우선과제로 삼아야 한다는 것을 정부당국자들도 알고 있다. 그런데 왜 자꾸 처우개선이 미뤄지고 미뤄지는 것일까? 언제까지 이해하고 수용해야 하는 것일까? 사회복지사 역시 노동자이고, 노동자로서의 모든 권리를 향유할 자격이 있다. 내담자의 행복을 위해 그리고 좋은 세상을 만들기 위해 헌신하고 양보만하고 살아갈 수는 없지 않은가? 독자 여러분이 내 아이 교육비가 해결되지 않는데, 동네 아이들 인지향상 프로그램을 진행하라고 요구를 받는다면 어떤 마음이 들 것 같은가?

사회복지사의 처우개선과 좋은 노동환경에서 일할 수 있는 권리를 보장하려는 국가의 노력을 '낮잠 자다가 늦은 토끼보다 더 늦게 목표지점에 도착한 거북이'의 모습에 비유하면, 너무 지나친 비판이라고 필자를 욕할지 모를 일이다. 그런 욕이라면 얼마든 들어 줄 용의가 있다. 내가 가르친 제자들이 조금 더 나은 처우를 좀 더 빨리 받을 수 있고, 그들이 누릴 권익이 좀 더 넓게 보장될 수만 있다면 말이다.

선출된 정치권력이 앞장서서 사회복지시의 처우개선을 힘차게 추진해야 한다. 사회복지 업무를 담당하는 정책당국자는 나라 사람과 내담자의 복지증진을 위한 사회복지정책도 힘써 개발해야 하나, 그들을 돕고 사는 사회복지사의 처우와 권익 향상을 위한 정책도 빨리 폭넓게 마련해야 한다. 왜냐하면 사회복지사도 헌법과 법률이 보장하는 인간다운 삶을 영위할 권리를 누릴 자격이 있는 노동자이자 동시대를 함께 살아가는 국민이기 때문이다.

(전남 무안 톱머리항 2023. 3. 12.)

《지혜 IV.》

*
* *
*

사회복지 프로그램

*
* *
*

좋은 사회복지 프로그램을 만들고,

프로그램 제안서를

잘 쓰는 방법은 무엇인가

✳   ✳   ✳

정책이 쌀이고
실천이 밥이라면,
프로그램은 쌀로 밥을 짓는 솥[鼎]이다.

어떤 솥에 짓는가에 따라
밥맛이 달라지듯이,

사회복지사의
프로그램 개발 역량에 따라,
세상 사람들이 받아드는
서비스의 질은
하늘과 땅 만큼의 차이가 나기도 한다.

44

복지는 정책이 아니라
밥이고 위로이다

사회복지사에게는 전문직의 지식, 가치 그리고 기술이 매우 중요하고, 사람을 돕고 세상을 바꾸기 위한 실천과 정책의 방법론이 중요하다. 하지만 사회복지와 관련된 일을 하지 않는 사람들에게 있어서는 그것들이 별로 중요하지 않다. 사회복지 수급자나 내담자 그리고 일반 국민에게 있어서, 사회복지는 정책이 아니라 밥이고, 책 속의 글이 아니라 한마디 위로의 말일 뿐이다. 그러므로 사회복지사는 사회복지정책을 사람이 살면서 겪는 어려움을 해결할 수 있는 실질적 도움으로 전환하여 내담자와 수급자에게 전달해야만 한다. 그러기 위해서 사회복지사는 가장 먼저 '정책−프로그램−서비스와 실천'이라는 삼자 간의 관계를 명확히 이해해야 한다.

사회복지정책이 '무엇이 되어야 하는가?'라는 당위성이나 가치를 의미한다면, 정책을 서비스로 전환시키는 매개체인 프로그램은 '어떻게 하면 그것을 실현할 수 있는가?'라는 방법을 의미하며, 서비스나 급여, 실천은 '수급자와 내담자에게 무엇을 제공할 것인가?'라는 실질적 원조행위를 말한다. 간략히 말해 정책이 목적이라면, 프로그램은 수단이고,

서비스는 실천행동인 것이다. 이런 위치를 갖는 프로그램은 '앞으로 해야 할 일을 명시해 놓은 시간표나 예정계획으로서, 정책이나 조직의 목적달성을 위해서 자원과 기술을 투입하여 수행하는 계획적이고 조직적인 활동체계'이다.

이처럼 정책을 서비스와 실천행동으로 전환하는 매개체가 바로 프로그램이다. 즉, 프로그램은 사람들의 문제를 해결하고 욕구를 충족시키고 권리를 보장하려는 정책목표를 급여나 서비스로 전환시키는 수단이다. 또한 프로그램은 사람이나 세상의 문제에 대한 이론적 지식을 사람을 돕고 세상을 바꾸는 실천적 행동으로 전환시키는 도구이다. 간단히 비유해서 정책이 쌀이고 서비스와 실천이 밥이라면, 프로그램은 밥솥이라고 할 수 있다.

이러한 프로그램의 중요성을 고려하여 사회복지학에서는 직접적 방법론인 사회복지실천과 간접적 방법론인 사회복지정책과 아울러 지원적 방법론에 해당하는 사회복지 프로그램 관련 과목을 개설하여 가르친다. 사회복지 프로그램의 개발과 실행에 대한 교육과 훈련을 아무리 강조해도 지나치지 않지만, 사회복지 대학교육에서 가르치는 교과목은 '사회복지 프로그램 개발과 평가'라는 단 한 과목뿐이다. 이 또한 강의 첫 시간의 오리엔테이션과 두 번의 시험시간을 제외하면, 실제 교육을 받을 수 있는 시간은 35시간 남짓하며, 가르치는 내용도 이론적 지식이 대부분을 차지한다. 사회복지분야론 시간마다 프로그램 개발의 중요성에 대해 강조하기는 하지만, 예비사회복지사는 과제물로 사회복지프로그램 제안서(proposal)를 한두 번 작성해 보는 것 말고는 프로그램 개발과 실행에 관한 실질적 훈련을 할 수 있는 기회를 갖지 못한다.

이렇게 사회복지 프로그램 개발에 관한 교육을 충분히 받지 못한 상태에서 바로 실천현장에 투입되어 서비스를 할 수밖에 없는 상황이므로, 사회복지사들은 많은 어려움을 겪게 된다. 현장 사회복지사가 "제대로 안 배웠으니 나는 못한다. 배 째라!" 하고 버틴다면 내담자와 수급자의 삶이 팍팍해질 터이니, 보수교육이나 자발적 학습을 통해 프로그램 개발 역량을 키우는 노력을 끊임없이 기울여야 한다. 그래야만 내담자나 수급자를 더 잘 도와줄 수 있을 것이고, 단순하게 주어진 일만 해내는 것이 아니라 제대로 된 전문적 실천행동과 서비스 행위를 할 수 있게 된다.

프로그램 개발 능력은
전문역량의 핵심 지표다

　사람들이 먹고 살기 힘들고 사회문제가 심할수록 사회복지에 대한 수요가 높아진다. 그런데 사람들이 살만해지고 사회가 발전하여도 사회복지에 대한 수요는 줄어들기보다는 늘어나는 것이 일반적인 경향이다. 따라서 우리 사회에서 사회복지에 대한 수요는 지속적으로 늘어날 가능성이 높고, 수요에 맞춰 사회복지 공급량도 늘어날 것으로 예측된다. 그렇게 되면 사회복지 수요와 공급이 일치할 것인가 하면, 그렇지 않다.

　이러한 사회복지의 공급과 수요의 불균형상태가 지속되면, 사람들은 서비스의 질을 따지지 않고 사회복지기관이나 시설에서 제공하는 서비스를 울며 겨자 먹기 식으로 이용할까? 그렇지 않다. 사회가 발전하고 사람들의 삶의 질에 대한 관심이 높아지면서, '싼 게 비지떡일 가능성이 높으니 기왕 서비스를 이용할 것이면 제 값 치르고 제대로 된 서비스를 이용하겠다.'는 의식이 더욱 강해질 것이다. 그러므로 사람들은 사회복지기관과 시설에 전문적이면서도 질 높은 사회복지서비스를 제공해 줄 것을 요구할 것이다.

사회복지기관과 시설은 사회복지서비스 수요자 또는 소비자의 요구에 부응하기 위해서 양질의 서비스를 개발해야만 하는 과제를 떠안게 된다. 그런데 새로우면서도 질 높은 서비스를 개발하기 위해서는 전문인력과 재정이 뒷받침이 되어야 하지만, 정부에서 사회복지기관이 여유 있게 일을 할 수 있도록 충분한 인력과 재정을 지원할 가능성은 앞으로도 거의 없을 것이 분명하다. 따라서 사회복지사의 업무부담은 가중되고 기존 사업 그것도 동종의 다른 기관이나 시설과 거의 같은 서비스를 제공하는 데 투입할 재정조차 빠듯할 것이므로, 새로운 전문서비스를 개발하기가 쉽지 않다.

　그렇다고 손 놓고 있을 수는 없는 상황이므로, 어떤 형태로든 재정을 확보하여 새로운 양질의 전문서비스를 개발해 내야 한다. 그래야만 사회복지기관과 시설의 지속가능성과 유사 기관에 비해 상대적으로 높은 경쟁력을 확보할 수 있게 된다. 사회복지기관이나 시설이 가진 내부 재정에서 새로운 프로그램 개발에 투입할 여력이 없다면, 외부 자원을 끌어오는 방법밖에 없다. 외부자원을 끌어오는 가장 바람직한 방안은 공공 및 민간 재정지원기관에서 실시하는 사회복지 프로그램 공모사업에 선정되는 것이다. 그러므로 사회복지기관이나 시설의 프로그램 개발 능력이 결국은 기관의 경쟁력이 될 수밖에 없다.

　사회복지기관의 프로그램 개발 능력을 범위를 좁혀서 달리 말하면, 기관이나 시설에서 일하는 사회복지사의 프로그램 개발 역량과 같은 말이 된다. 그러므로 사회복지 프로그램 개발 능력을 제대로 갖춘 사회복지사는 기관이나 시설에서 매우 소중한 인재가 될 수밖에 없다. 독자 여러분이 기관장이라고 하면, 밥값(급여액)도 못하는 사회복지사, 제 밥값은 하는 사회복지사, 밖에 나가서 제 밥값을 벌어 오는 사회복지사 중에서 누구에게 인사고과 점수를 높게 부여하고 누구를 더 예뻐라 할 것 같은가? 답이 너무 뻔해서, 답을 말할 필요조차도 느끼지 못한다.

독자 여러분께서 "프로그램 개발 못한다고 밥값도 못하는 사람 치부하는 것은 심하지 않느냐?"고 이의제기를 한다면, 너무 지나친 비유일 수 있으니 사과할 의향이 있다. 하지만 진정으로 독자들에게 전하고 싶은 필자의 의도는 '사회복지사가 높은 수준의 프로그램 개발 능력을 갖출수록, 기관, 내담자나 수급자 그리고 사회복지사 자신에 이르기까지 모든 사람이 더 많은 혜택을 누릴 수 있다.'는 것이다.

높은 수준의 프로그램 개발 역량을 갖춘 인재를 보유한 사회복지기관은 외부재정을 활용하여 새로운 전문프로그램을 실시할 기회를 마련하니 서비스 경쟁력이 높아지고 외부 평판도 상승하는 효과를 거둘 수 있다. 내담자나 수급자 역시 지금까지 욕구나 문제해결을 위해 꼭 필요했지만 이용할 수 없었던 서비스를 이용할 수 있는 기회를 얻게 되므로, 삶의 질 향상을 꾀할 수 있는 길을 찾을 수 있게 된다. 프로그램을 직접 개발한 사회복지사는 자신의 능력으로 내담자에게 꼭 필요한 전문서비스를 제공할 수 있게 되었다는 것에 대해 자부심과 보람을 느낄 것이며, 프로그램 실행과정에서 학계나 현장 전문가의 지속적인 슈퍼비전을 통해 더 많은 것을 배우고 성장할 수 있는 기회를 갖게 될 것이며, 반드시는 아니지만 보다 높은 지위로 올라갈 수 있는 기회를 좀 더 빠른 시간 내에 얻을 수 있게 될 것이다.

이와 같이 사회복지사의 프로그램 개발 능력은 일석삼조의 효과를 지니고 있다. 자신의 능력으로 남을 이롭게 하는 것이 인간봉사전문직 종사자가 해야 할 본연의 일이라면, 다른 일보다는 프로그램 개발 역량을 발휘하여 모두를 이롭게 하는 성과를 거두는 일이 더욱 값질듯하다.

"지금 하고 있는 일도 버거운데 새로운 전문프로그램 개발까지 해야 되면, 저 죽으란 소리나 같습니다."라고 항변할지 모르겠다. 하지만 실제 죽는 일이 벌어지지는 않을 것이니 염려하지 않아도 된다. 자기 능력을 발휘하여 자신을 더욱 성숙한 사람으로 발전시키면서 동시에 남들까지 이롭게 할 수 있다면, '좀 힘들어도 그 일을 감당하는 진정한 사회복지사가 되었으면 좋겠다.'는 냉정하기 그지없는 필자의 바람을 독자 여러분에게 슬며시 전해 보고자 한다.

46

다소 전문성이 낮더라도,
안하는 것보다는 낫다

독자 여러분들은 대학에서 처음 사회복지 수업을 받을 때부터 지금까지 '사회복지사는 전문가이어야 한다.'는 말을 귀에 딱지가 앉을 정도로 들어왔을 것이다. 필자 역시 앞의 글들에서 똑같은 얘기를 반복적으로 되뇌었다. 그런데 필자는 가끔 지나친 전문가의식(professionalism)이 사회복지사의 발목을 잡는 경우도 있다는 생각을 한다. 인간봉사전문직인데 전문적 역량을 갖추지 못하여 전문적 서비스를 제공하지 못하면, 마치 죄라도 지은 듯한 심정을 느끼게 되는 것은 필자만의 생각은 아닐 것이다. 정도의 차이만 있을 뿐 독자 여러분들도 비슷한 생각과 심정을 가진 적이 있을 터이다.

필자가 노인복지기관이나 시설을 방문할 때면, 가끔씩 원래 방문목적과 관련이 없는 질문을 받기도 한다. 그 질문들 중에는 "교수님! 우리 시설에서 해 볼 만한 좋은 프로그램 없을까요?" 아니면 "우리 시설에는 제대로 된 프로그램을 할 만한 사람도 돈도 없는데, 어떻게 해야 시설 내부 프로그램을 활성화시킬 수 있을까요?"와 같이 전문 프로그램 개발과 실행방안에 대한 것들이 포함되어 있다. 노인복지시설에만 해당되는 얘기는 아닐 것이고, 모든 사회복지시설의 원장이나 중간관리자들의 공통된 고민거리일 것 같다.

이런 질문을 받아 들면 참으로 난감해진다. 명쾌한 답변을 해 줄 수 없기 때문이다. 실제로 사회복지 이용시설은 형편이 다소 나은 편이지만, 사회복지 생활시설의 경우에는 전문적 프로그램 실행에 필요한 자원이 매우 부족한 것이 사실이다. 필자는 가족부양기능이 더 약화되기 전에 노인장기요양보험제도를 도입한 자체는 참으로 잘한 일이지만, 제도 도입 이후 노인요양시설에서 노래 소리가 안 들리고, 그림 그리고 화초 기르는 노인이 없어지고 있는 점에 대해서는 매우 안타깝게 생각하고 있다. 시설장들이 내게 질문해 오는 이유도 바로 이런 점을 걱정하고 있기 때문이라는 생각이 든다.

난처한 질문이기는 하지만, 교수라고 물어보는데 답을 안 할 수 없어 이렇게 답변한다. "원장님! 전문성 높은 프로그램이면 참 좋지요. 그런데 상황이나 여건이 허락되지 않으면, 전문성은 좀 낮더라도 노인들에게 해가 되지 않는다면 뭐라도 해보는 것이 좋을 듯합니다."라고 원론적인 답변을 한다. 그리고는 원론만 얘기하는 것이 다소 미안해서, "원예치료를 할 수 있는 사회복지사가 있으면 좋겠지만, 그렇지 않으면 '봉숭아 꽃 물들이기'라도 해 보는 것이 좋을 듯합니다."라고 한 가지 예시를 첨언한다.

전문성 높은 프로그램을 개발하는 데 필요한 자원, 즉 인적 자원, 물적 자원 그리고 기술자원이 부족한 사회복지시설한테, 자꾸만 전문성 전문성하면 즉, 전문가주의만 내세우면 주눅 들고 움츠러들기만 하고 결국에는 아무 것도 안하는 상황에 이르게 될 수도 있다. 필자는 이런 상황이 되기 전에 사회복지기관이나 시설에서 현실 상황과 자원이 허락하는 범위 내에서 무엇이든지 현실적으로 할 수 있는 프로그램을 최선을 다해서 해 보자고 권하고 싶다. 설령 프로그램의 전문성이 다소 낮아도 괜찮고, 한발 더 나아가 전문성이 아예 요구되지 않는 상식적 수준의 프로그램이라도 사람들에게 해를 끼치지만 않는다면 뭐라도 해 보자고 권하고 싶다. 잘 하려고만 하지 말고, 지금 할 수 있는 것들을 우선적으로 하자는 얘기이다. 그런 노력들이 쌓이면 사회복지시설은 프로그램 실행에 대해 조금씩 자신감과 자존감을 회복하게 될 것이고, 그것을 발판삼아 점진적으로 나아가다 보면 이전보다 조금 더 나은 프로그램들을 만들어 갈 수 있는 길을 찾을 수 있게 될 것이다.

47

프로그램 심사위원의 눈길은
주로 이곳에 머문다

좋은 사회복지 프로그램이 되기 위해서는 지역사회 및 클라이언트 친화성, 욕구와 문제와의 적합성, 포괄성, 참신성과 시의성, 구체성, 일관성, 접근성과 지속성, 효율성과 균형성, 준비성과 역량 등 갖추어야 할 조건이 매우 많다. 이런 모든 조건을 갖춘 프로그램을 만들기는 사실 쉽지가 않지만, 사회복지 프로그램 공모사업의 심사과정에서 심사위원의 눈길이 주로 머무는 부분도 이와 크게 다르지 않다. 필자의 경험을 바탕으로 심사위원이 프로그램 제안서를 살필 때 주목해서 보는 부분을 제시해 보면 다음과 같다.

사회복지 프로그램 공모사업의 심사위원이 가장 먼저 주목하는 부분은 프로그램이 "정말 지역주민과 클라이언트들이 필요로 하는 것인가? 아니면 사회복지사가 머리로 생각해서 만든 것인가?"라는 지역사회 및 클라이언트 친화성이다. 당연히 지역주민이나 클라이언트 집단이 꼭 필요로 하는 프로그램일수록 긍정적 평가를 받을 것이다. 이를 입증하기 위해서는 사업필요성 부분을 기술할 때 지역사회와 프로그램에 참여시킬 예정인 잠재적 클라이언트 집단이 경험하는 문제나 미충족 욕구를 경험적 자료를 기반으로 객관적이고 구체적으로 충분히 기술하여야 한다.

프로그램의 지역주민 및 클라이언트 친화성과 함께 동시에 주목하는 부분은 바로 프로그램에서 활용하는 개입방법들이 내담자의 욕구나 문제를 해결하는 데 얼마나 적합한가라는 점이다. 이를 입증하기 위해서는 근거기반 실천방법(evidence-based approach)을 활용해야 한다. 이를 위해서는 프로그램에서 다루려는 문제나 욕구를 해결하기 위해서 개입한 방법들이 효과가 있음을 과학적으로 검증하여 전문 학술지에 게재된 논문자료를 찾아서 각주(脚注)로 제시하는 것이 좋다. 이처럼 문제나 욕구와 개입방법의 적합도가 높다는 점을 증빙하는 것이 매우 중요하지만, 또 하나 함께 고려해야 할 잣대가 바로 포괄성이다. 쉬운 말로 '도랑치고 가제 잡을 수 있으면 더 좋다.'는 말이다. 프로그램을 통해 지역주민이나 클라이언트의 표적 문제나 욕구를 해결하는 것이 중요하지만, 프로그램을 통해 부수적으로 다른 문제나 욕구까지도 해결할 수 있으면 더 좋다는 의미이다.

심사위원들이 주목하는 또 다른 부분은 '프로그램이 참신하고 시의성이 있는가?'라는 점이다. 사회복지기관들에서 이미 보편적으로 실시하고 있는 프로그램을 이것저것 뭉뚱그려서 엮어 놓은 프로그램은 좋은 평가를 받을 수 없다. 그리고 프로그램 기획 시점에 사회적으로 이슈(issues)가 되고 있는 문제 또는 사회복지전문직에서 많은 관심을 기울이고 있는 문제와 연관된 주제일수록 시의성 잣대 평가에서 긍정 평가를 받을 수 있다.

또 다른 잣대는 구체성이다. 심사위원들은 프로그램 제안서의 곳곳을 하나하나 살피면서, 프로그램이 구체적으로 설계되어 있는가를 따진다. 사업필요성은 말할 것도 없고, 프로그램의 목표는 SMART(구체적이고, 측정가능하고, 성취가능하며, 결과지향적이고, 시간제한적인 목표)한가, 매 회기별 세부 프로그램의 목표와 내용 그리고 실행방법이 구체적으로 기술되어 있는가, 사업수행인력 간의 역할배분은 명확하게 제시되어 있는가, 프로그램을 실행하기 위해 지역사회 유관 기관과의 네트워크 구축 및 자원 활용 방안이 구체적으로 마련되어 있는가, 사업추진일정이 구체적으로 계획되어 있는가, 프로그램 평가를 위한 자료원과 평가방법, 평가척도가 구체적으로 제시되어 있는가, 예산 산출근거가 명확하고 구체적으로 제시되어 있는가, 기대효과와 향후 추진계획을 명확하고 구체적으로 제시하고 있는가를 심사위원들은 살핀다. 이처럼 제안서 곳곳을 구체적으로 쓰다 보면 당연히 제안서가 두꺼워질 수밖에 없는데, 그러면 가독성(可讀性)이 떨어지는 문제가 생긴다. 심사자가 좀 더 편하게 주요 내용을 찾아 읽을 수 있도록, 핵심 내용에 밑줄을 긋거나 굵은 글씨로 돋보이게 쓰는 것이 조금 더 도움이 된다.

프로그램 제안서 작성에서 신경을 많이 써야 하는 부분은 바로 프로그램의 일관성이다. 다시 말해 프로그램 제안서의 처음부터 끝까지 한 코로 꿰어져야 한다. 제안서에 기술된 사업필요성-목적과 목표-대상자 모집과 선정-세부 프로그램 내용-예산안이 중간에 오락가락하지 않고, 모든 내용이 매끄럽게 연결되어야 한다. 사실 심사위원들은 수많은 기관에서 제출한 제안서 중에서 소수 기관의 제안서만 선정해야 하므로, 제안서에서 잘된 부분을 찾아서 점수를 더 줄까를 고민하기보다는 잘못된 부분을 찾아서 어떻게 점수를 깎을까를 먼저 생각한다고 보면 된다. 이때 가장 많이 활용하는 잣대가 바로 일관성이다. 일관성의 잣대를 심사위원이 많이 사용하는 이유는 제안서들 중에는 아예 중구

난방인 경우도 많고, 처음과 중간이 다르거나 중간과 끝이 다른 경우도 있고, 처음부터 끝 무렵까지는 일관되게 잘 오다가 마지막에서 삐끗하는 경우와 같이 전체 프로그램이 일관성을 갖추지 못한 사례가 의외로 많아서 점수를 깎기가 용이하기 때문이다.

좋은 프로그램이 되기 위해서는 지역주민이나 클라이언트 집단이 쉽게 찾아와서 이용할 수 있어야 하므로, 심사위원들은 프로그램 접근성을 유심히 살핀다. 서비스 접근성이 높을수록 좋은 점수를 얻겠지만, 접근성이 낮은 경우에 어떻게 대비할 것인가를 구체적으로 제시하면 좋은 점수를 얻을 수 있다. 또한 지역사회 문제나 클라이언트 집단이 겪고 있는 문제에 따라서는 장기간의 개입을 필요로 하는 경우가 많고, 프로그램 종결 이후에도 지속적으로 도움을 제공해야 되는 경우도 많다. 그러므로 프로그램 제안서에 제시된 세부 프로그램의 회기가 문제를 경감 또는 해결하기에 충분한가라는 점을 심사위원들은 들여다본다. 가급적이면 조금 많다 싶을 정도로 전체 회기 수를 구성하는 것이 긍정적 평가를 받을 가능성을 높여 준다.

프로그램을 실시하면서 돈을 많이 쓰고 효과를 얻는 것도 바람직하지 않지만, 너무 아껴서 필요한 것을 할 수 없게 되는 것도 좋지 않다. 그러므로 프로그램 예산은 적정 규모로 합리적으로 편성해야 한다. 간혹 기관에서 제안서를 제출할 때 산출근거가 되는 예산항목의 단가와 수량을 높여 잡거나, 불필요한 예산을 편성하는 등의 방법으로 나중에 깎일 것에 대비하여 예산을 부풀려 제시하는 경우들이 있는데 적절하지 못한 방법이다. 심사위원들은 사회복지기관이나 시설의 항목별 예산기준을 대부분 숙지하고 있을 뿐 아니라 필요하면 포털을 검색하여 시장가격을 확인하기도 하므로, 손쉽게 부풀려진 예산안을 찾아낼 수 있다. 그러므로 누가 봐도 적당하고 타당하고 생각되는 예산안을 마련하는 것이 좋다.

프로그램을 실시하면 어떤 긍정과 부정의 효과가 나타나는지를 반드시 검증하여야 한다. 거의 모든 제안서에는 기존에 개발된 척도를 활용한 양적 평가방법을 활용하여 프로그램 성과를 확인하겠다는 평가계획이 제시되어 있다. 그런데 양적 평가는 프로그램을 통해 변화가 일어난 정도만 알아낼 수 있을 뿐 변화가 일어난 이유나 변화의 경로를 파악할 수 없고, 프로그램 실행과정에서 어떤 오류와 한계가 있었는지도 알 수 없다. 그러므로 반드시 질적 평가를 함께 실시하여야 하는데, 과학적이고 체계적인 질적 평가를 실시한다는 것이 쉽지 않다고 포기하지 말고 다소 부족한 점이 있더라도 질적 평가를 실시하는 계획을 제시하는 것이 좋다.

이와 같은 기준을 고려하여 프로그램 제안서를 잘 작성했다고 하더라도 준비성과 역량이라는 잣대를 통과하지 못하면, 프로그램 공모사업에서 선정되기는 쉽지 않다. 심사위원들은 대부분 여러 차례 제안서 심사에 참여하여 수많은 제안서를 읽고 읽는 일을 반복해 왔기 때문에 제안서를 스윽 훑어 보기만 해도, 기관에서 유사사업을 한 경험이 얼마나 되는지, 해당 프로그램을 위해 얼마나 치밀하게 준비를 하고 있는지, 그렇지 않으면 제안서가 선정되면 그때 가서 구체적인 계획을 다시 수립하여 실행에 옮길 요량인지를 어느 정도 가늠할 수 있다. 앞서 제시한 제안서 내용의 구체성 기준에 더하여 기관에서 유사한 사업을 실행한 경험을 아주 자세히 제시하는 것이 좋으며, 기관에서 애를 써 보았지만 이런 부분을 더해야 하는데 기관의 제한된 예산으로는 도저히 실행하기가 쉽지 않아서 재정지원을 신청한다는 인상을 뚜렷이 남기는 것이 도움이 된다.

또 다른 핵심 잣대는 기관과 사회복지사의 전문성과 역량 수준이다. 제안서를 읽다 보면 프로그램의 핵심이 되는 부분을 주로 외부 전문가나 강사들을 활용하여 진행한다고 써 놓는 경우가 많은데, 이는 기관 내부 역량이 매우 제한되어 있음을 스스로 노출하는 것이나 다름 없다. 그러므로 신청기관이 해당 프로그램과 관련된 사업을 얼마나 해 보았는지를 구체적으로 기술하고, 공공 및 민간재정지원 기관의 공모사업에 선정된 실적들을 열거하고, 사회복지사 등의 사업 수행 인력이 해당 프로그램과 관련된 자격증이 있거나 특별 교육훈련을 받았거나 유사 프로그램을 실행한 경험이 있으면 자세히 제안서에 기록하는 것이 좋다. 그래야만 기관과 사회복지사의 프로그램 실행 역량에 대해 긍정적 평가를 받을 수 있다.

여기까지 글을 읽고 나면, '아! 힘들겠다. 그냥 포기하자.'라는 생각이 들 수도 있을 것이다. 그러나 처음이 어렵고, 실패도 하다 보면 성공으로 가는 길목을 찾아낼 수 있고, 성공하여 장기간의 전문가 슈퍼비전을 경험하면 분명 자신이 한 단계 성장하고 성숙해지는 경험을 할 수 있다. 기왕이면 어려워도 도전해서 한 걸음씩 위로 올라가는 성장의 계단을 밟아 가길 권한다.

48

다양한 원천에서
프로그램 아이디어를 얻어라

사회복지 프로그램은 도깨비 방망이가 아니다. '금 나와라 뚝딱 은 나와라 뚝딱'해서, 프로그램이 도깨비 혹 주머니에서 나오면 얼마나 좋을까? 그런데 그런 일은 절대로 없다. 프로그램 한번 만들어 볼까라는 생각을 갖고 하루 종일 책상에 앉아 있다고 해서, 프로그램에 관한 아이디어가 번쩍하고 떠오르지는 않는다. 프로그램에 관한 아이디어는 사회복지사가 평소에 사람과 세상의 문제 그리고 자신이 하는 일에 대해 깊은 관심을 기울이고 노력하고 공들인 만큼 샘솟아 오른다.

프로그램에 관한 아이디어는 다양한 원천(sources)에서 얻을 수 있다. 먼저 책을 들여다보고 통계치를 분석하는 데서 아이디어를 얻을 수 있다. 사회문제에 대한 연구보고서나 학술논문, 사회복지기관에서 실시한 욕구조사 결과, 통계청이나 지방자치단체 등에서 발표한 통계자료, 전문가 대상의 델파이(Delphi) 조사 보고서 등의 연구 자료나 통계자료에서 지역사회의 해결되지 않은 사회문제나 사람들이 해결되기를 바라고 있는 숙원사업 등을 찾아내서, 프로그램 개발로 이어갈 수 있다.

또 다른 프로그램 아이디어는 동네 사람을 만나고 그들의 얘기를 귀담아 듣는 데서 나온다. 사실 사회복지기관이나 시설이 프로그램을 개발하고자 할 때, 그 프로그램의 참여자 집단 또는 사업대상 지역은 그 기관이 위치한 기초자치단체 전체 혹은 그 안의 동네 몇 곳으로 한정되는 경우가 대부분이다. 그런데 앞에서 말한 연구보고서나 통계자료는 기관의 욕구조사 자료를 제외하면 대부분이 전국 단위 또는 광역자치단체 단위의 자료들이 대부분이다. 따라서 프로그램과 관련된 거친 아이디어를 얻는 데는 도움이 될지 모르지만 사회복지기관이 속한 지역사회 문제의 심각성 등을 직접적으로 알려 주지는 못하는 경우가 많다. 그러므로 사회복지기관에서는 기관이 위치한 동네의 문제와 동네사람들이 해결하기를 원하는 것들에 대한 자료를 발로 직접 뛰면서 찾아내야 한다. 동네 주민을 대표하는 사람들과 회의나 공청회 등을 개최하여 지역문제를 찾아낼 수도 있지만, 그보다는 우선 사회복지사들이 동네를 샅샅이 뒤지면서 다양한 부류의 동네사람을 만나고, 그들로부터 동네에서 살아가면서 겪는 불편과 어려움을 생생하게 듣는 것이 좋다. 그래야만 지역사회의 사정과 상황에 딱 들어맞는 프로그램을 개발할 수 있게 된다.

다음으로는 사회복지사가 맡은 일을 하면서 '내담자들이 이것을 더 바라는구나.' '이런 면이 좀 부족하다.' 또는 '요것을 좀 더 해 봤으면 좋았을 텐데.'라고 생각하고 느낀 바로 그 부분에서 프로그램 아이디어를 얻을 수 있다. 프로그램을 개발할 때 완전히 새로운 프로그램을 개발하는 경우는 그렇게 많지 않으며, 기존의 서비스나 사업들이 지닌 한계를 보완하기 위한 노력의 과정에서 프로그램이 만들어지는 경우가 더 많다. 그러므로 내담자와 상담을 하든 아니면 집단지도를 하든 아니면 동네를 돌며 재가서비스를 제공하든, 무슨 일을 하든지 간에 사회복지사는 자신이 하는 일에서 부족한 부분이 무엇인지 수시로 점검하고 그 부분을 어떻게 채워 나갈 것인지 기록해 두고 대안들을 찾는 노력을 기울여야 한다. 마치 대학수학능력시험 준비를 하는 수험생이 오답노트를 만들듯이, 사회복지사는 자기 일에 관한 오답노트를 만드는 것이 좋다. 그 노트에서 프로그램 개발에 대한 아이디어를 얻으면 유사 프로그램을 해본 선행경험도 있기 때문에, 정말 살아서 펄펄 뛰는 생명력 충만한 성공가능성 높은 프로그램을 개발할 수 있게 된다.

또 다른 프로그램 아이디어의 원천은 바로 내담자나 수급자이다. 사회복지기관에서 일을 하면서 내담자들이 더 해 달라고 요구하는 것들 아니면 불평불만 사항을 해결해 달라고 제기하는 민원내용에서도 프로그램 아이디어를 얻을 수 있다. 실제로 프로그램을 이용하거나 참여할 사람은 프로그램을 기획한 사람이 아니라 내담자와 수급자이므로, 그들로부터 요구사항을 모아서 프로그램을 기획하는 작업을 진행하는 것이 매우 좋다.

또 다른 프로그램 아이디어는 기관의 연간 사업평가회나 분기 또는 월별로 진행하는 사업점검회의 석상에서 제기된 문제점에서 얻을 수도 있다. 그 외에 TV나 유튜브 또는 다른 매체들의 드라마나 예능프로그램으로부터도 아이디어를 얻을 수 있다. 사실 프로그램에 관한 실마리를 얻을 수 있는 원천들은 일일이 나열하기 힘들 정도로 많다.

앞에서 열거한 프로그램 원천들 중에서 어느 것이 가장 좋은지는 보는 사람과 상황에 따라 다르다. 필자는 그중에서 사회복지사가 서비스 또는 다른 업무처리 과정에서 부족하거나 보완이 필요하다고 기록해 둔 것, 다른 말로 하면 사회복지사의 오답노트가 프로그램에 관한 아이디어를 얻는 데 가장 유용한 원천이라고 본다. 그다음으로는 내담자나 수급자의 요구사항, 지역주민으로부터 얻은 정보나 요구사항, 각종 연구보고서나 통계자료, 기관의 사업평가자료 그리고 기타 등의 순이라고 굳이 순위를 매길 수는 있을 것 같다.

그런데 사실 프로그램 제안서(proposal)를 작성하기 위해서는 이 프로그램 원천에서 얻은 모든 정보가 필요하다. 그러므로 한두 가지 원천에서 얻은 특정 정보만으로 프로그램 기획 작업을 시작하더라도, 실제 제안서 작성과정에서는 다양한 원천에서 나온 정보들을 종합적으로 고려해야만 제대로 된 프로그램 제안서 작성이 가능하다는 점을 기억해 두어야 한다.

49

아무도 가지 않은
어려운 길을 앞서 걸어라

　사람들은 인생을 살아가면서 늘 선택의 기로(岐路)에 놓이게 된다. 독자 여러분이 익히 알고 있는 미국의 시인 Robert Lee Frost는 〈아무도 가지 않은 길(The Road Not Taken)〉이라는 시에서 노란 숲 속의 아름다운 두 개의 길 중에서 사람들이 걸은 자취가 적은 길 하나를 선택하여 걷게 되었고, 남들이 걸은 흔적이 많은 길을 내일을 위해 남겨 두었다고 읊조리고 있다. 프로스트처럼 누구든 인생의 중요한 갈림길에서 하나의 길을 선택할 수밖에 없다. 이때 남들이 많이 걸어 평탄한 길을 선택하면, 손쉽게 인생을 살아갈 수 있다. 그러나 그 길을 걷는 사람의 인생은 남들과 별다를 것이 없는 평범한 인생이 될 가능성이 높다. 반면에 남들이 가지 않은 길에 접어들어 처음으로 길을 만들어 가며 걷는 인생길은 버거울 수 있다. 온갖 고난을 맞이할 수도, 길을 잃고 헤맬 수도 있고, 너무 거칠고 힘들어서 모든 것을 내려놓아 버릴 수도 있다. 그러나 그 길을 온전히 걷고 나면, 그 뒤에는 한 사람의 인생 발자국이 선명하게 아로새겨져 후대로 이어진다.

　이처럼 누구의 발자국도 닿지 않은 덩굴 숲을 헤쳐 나아가서, 아주 작은 길[小路] 하나를 만들어 내는 일은 쉽지 않다. 아니 어렵다. 하지만 첫 발자국이 길 위에 선명하게 남고, 다음 사람들이 그 길을 따라 걸을수록 탄탄대로(坦坦大路)로 바뀌어 가게 된다.

필자는 누구도 관심을 갖지 않았기에 참고할만한 국내문헌조차 없던 1994년 8월에 우리나라에서 최초로 치매가족의 부양부담에 관한 박사학위논문을 썼다. 그리고 앞서 사회복지정책 영역에서도 언급했듯이, 1.3 세대통합프로그램, 노인인권 보호 지침과 인권매뉴얼 개발, 노인돌봄기본서비스와 고독사 및 자살예방사업 등의 노인복지 프로그램과 정책을 처음으로 만드는 데 주도적 역할을 해 왔다. 이런 일들을 하면서 참고할 것들이 없으니 힘들 수밖에 없었고, 시행착오도 많았고, 그 결과물에 부족한 부분이 있었던 것도 사실이다. 하지만 같이 힘을 보탠 사회복지사와 정책담당자들의 도움이 있었기에 그나마 아주 작은 길 하나라도 만들 수 있었다. 두 번째로 이어받은 사회복지사들이 다듬고 보완하고 때로는 뜯어 고쳐서 지금은 앞서 열거한 논문, 프로그램과 정책들은 지금 노인복지 학계나 정책 그리고 실천현장에서 보편적으로 활용되고 있다.

사회복지사가 이미 개발되어 있는 프로그램을 그대로 답습하거나, 기존 프로그램을 약간 수정·보완하여 실행하는 수준에서 일을 한다면, 일을 편하게 할 수 있고 여유를 누리면서 살 수 있다. 그렇게 일하고 살다가 꽤 긴 시간이 흐른 후에 자신을 되돌아보면, 사회복지사 자기만의 것이라고 자부할만한 것을 찾을 수 있을까? 그냥 사회복지사로서 편히 일하고 편히 살았다는 말로 평생이 정리된다면, 필자 생각에는 후회까지는 아닐지라도 사회복지사로 살아온 날들이 뭔가 아쉽고 공허한 느낌이 들 것만 같다.

지금 당장이야 편하고 쉬운 길이 좋지만, 길게 보면 자기만의 족적(足跡)을 남기지 못하는 길이다. 기왕 사회복지사가 되어 남을 돕고 세상을 바꾸는 일을 할 것이면, 어느 누구도 시도한 적이 없는 주제를 가지고 프로그램을 만들고 실행하고 평가하는 프로그램 개발 과정을 온전히 거쳐보는 것은 어떨까? 그렇게 하는 것이 분명 쉽지 않다. 걸어가다 돌부리에 걸려 넘어지기도 하고, 깊은 늪에 빠져 허우적거릴 수도 있고, 다른 사람으로부터 비아냥을 당할 수도 있고, 힘껏 애썼는데 모든 노력이 물거품이 될 수도 있고 뼈아픈 실패로 귀결될 수도 있다. 하지만 누구라도 그 길을 걸어야 한다면, 독자 여러분이 먼저 그 길에 나서 보는 것은 어떨까? 만약 그리한다면 먼 훗날 하나님을 만나면 "참 잘했노라!" 칭찬받을 것이 분명하다.

50

프로그램 맛집을 탐방하자

요즈음 TV 프로그램, 유튜브 채널 그리고 개인의 인스타그램 계정에 가장 흔하게 등장하는 것은 맛집 소개이거나 먹방 프로그램이다. 시청자나 독자들은 그 맛집에 들려서 그 메뉴를 먹었음을 인증하는 사진들을 사회관계망 서비스(SNS)에 올려서 자랑하기도 한다. 코로나19로 식당 출입이 자유롭지 않았던 시절에도 맛집으로 소문난 식당들은 대기 줄이 길게 늘어서 있었고, 그 집 대기 손님을 대상으로 '이 음식을 먹기 위해 몇 시간을 기다릴 수 있느냐?'는 설문조사까지 하는 경우도 있었다. 이 글을 읽고 있는 독자 여러분도 맛집 탐방을 해 보았을 것이다. 물론 필자도 해 보았다. 간혹 맛없는 집인 경우도 있지만, 대부분 맛집이었다. 돈 내고 맛없는 음식 먹는 것보다는 돈과 시간을 더 들이더라도 맛난 음식 먹고 기분도 좋아지고 기운도 차릴 수 있으니, 다들 맛집 맛집 하는 것임에 분명하다.

음식점 중에 맛집이 있듯이, 사회복지기관이나 시설 중에서도 질 높은 프로그램을 개발하여 실행에 옮기는 '프로그램 맛집'이 분명히 있다. 필자가 20년이란 기간 동안 보건복지부, 사회복지공동모금회 그리고 삼성복지재단 등에서 1년 단위 프로그램 슈퍼바이저로 활동했을 때, 같은 기관의 다른 프로그램을 여러 차례에 걸쳐 슈퍼비전한 경험이 있다. 프로그램 슈퍼비전 모임에서 특정 기관의 사회복지사를 자주 만났다는 얘기는 그 기관의 프로그램 기획 및 실행 능력이 남달라서 치열한 경쟁을 뚫고 공공과 민간재정지원기관의 공모사업에 자주 선정되었다는 얘기이기도 하다. 즉, 그 기관이 바로 프로그램 맛집이라는 말이다.

그런데 프로그램 맛집이라고 해서, 사회복지분야에서 전례(前例)를 찾아볼 수 없는 아주 획기적이고 신선한 프로그램을 개발해서 공모사업에 선정되고 재정지원을 받는 것은 아니다. 다시 말해 프로그램 개발역량이 뛰어난 기관이라고 해서 '무(無)에서 유(有)를 창조'한 것은 아니며, 기존에 알려진 프로그램의 한계점은 보완하고 강점은 최대화하고 기존 프로그램에 없는 독창적 요소를 일부 가미해서 만든 프로그램이 대부분이라는 얘기이다.

아무 것도 없는 상태에서 집단지성을 활용한다고 하더라도, 신선하고 독창적인 프로그램 아이디어를 얻기는 쉽지 않다. 그러므로 다양한 프로그램 아이디어의 원천을 활용해야 하지만, 필자는 그중에서 다른 사회복지조직을 자주 방문하여 어떤 프로그램을 실행하고 있는지 직접 눈으로 보고, 다른 조직의 홈페이지나 사업보고서 등의 발간자료를 샅샅이 뒤져보고, 공공 및 민간 재정지원기관에서 발간하는 우수 프로그램 사례집을 유심히 살피고 꼼꼼하게 분석해 볼 것을 권한다. 이때 기왕이면 프로그램 맛집으로 소문난 사회복지조직의 프로그램을 살펴보는 것이 본받을 점이 많아서 좋다.

본받으라고 한다고 해서 프로그램 맛집의 동의도 없이 그 집 레시피와 똑같은 프로그램을 만들어서 실행하는 것은 표절이고 불법행위이다. 표절보다는 불법적 요소가 적지만 오마주(homage)하거나 리메이크 (remake)하는 것도 바람직하지 않으며, 창의적 모방(creative copy)을 해야만 한다. 즉, 프로그램 맛집에서 프로그램에 대한 아이디어를 얻고, 맛집 레시피에 사회복지사 자신만의 또는 기관이나 시설의 특성과 독창성을 충분히 가미하여, 작은 규모로 프로그램을 시험해 보고 그 과정에서 발견한 장점은 더욱 키우고 단점은 보완하는 작업을 거친 후에 최종적으로 프로그램 맛집보다 더 멋지고 훌륭한 프로그램으로 재탄생시키려는 노력을 경주해야 한다. 이런 노력들을 누적해 나가면, 사회복지사가 일하고 있는 사회복지조직도 프로그램 맛집으로 거듭 태어날 수 있게 된다.

51

눈길을 사로잡는
프로그램 제목을 붙여라

사회복지기관의 관점에서 보면, 사회복지 프로그램 공모사업은 새로운 전문프로그램을 만들 수 있는 기회이고, 기관의 전문성을 대외에 알릴 수 있는 기회이면서, 사회복지사의 역량을 강화하고 동시에 기관의 부족한 재정을 확보할 수 있는 방안이 된다. 사회복지기관이 프로그램 공모사업에 선정되기 위해서는 치열한 경쟁을 뚫어 내야만 한다. 그러기 위해서는 프로그램 필요성에서 시작해서 기대효과와 향후 계획을 제시하는 마지막 부분에 이르기까지 제안서의 전체적인 내용이 우수해야 하는 것은 당연한 이치이지만, 프로그램의 제목만으로도 심사위원들의 이목을 집중시키는 것 또한 중요하다.

필자가 여러 기관의 프로그램 제안서 심사위원으로 참여한 경험에 의하면, 기관마다 다르지만 한 명의 심사위원이 2주 정도의 시간 내에 읽고 심사해야 하는 제안서의 분량이 적으면 1,000쪽 많으면 3,000쪽에 이른다. 공정성을 최고의 기준으로 여기는 심사위원도 자신의 일을 해 가면서 제한된 시간 내에 심사를 완료해야 하는 사람인 관계로, 그 많은 분량의 제안서를 처음부터 끝까지 꼼꼼히 읽는다는 것은 쉽지 않다. 프로그램 제안서의 첫 줄에 쓰인 프로그램 제목이 눈에 띄는 부분이 있어야 더 자세히 읽고 싶은 마음이 드는 것이 심사위원들의 솔직한 심정이다. 그러므로 프로그램 제목은 공모사업의 당락(當落)에 중요한 영향을 미치는 요인이 된다.

사회복지기관에서 시선을 끌기 위해 한창 뜨고 있는 TV나 OTT, 유튜브 등에서 방영하는 프로그램의 제목을 원용하여 사회복지 프로그램의 제목을 짓는 경우가 있는데, 썩 좋은 방법은 아니라고 얘기해 주고 싶다. 프로그램 제안서를 제출하는 기관에서는 신선하고 흥미로운 제목이라고 생각하겠지만, 재정지원기관에 접수된 프로그램 중에 유사한 제목을 달고 있는 제안서들이 넘쳐나는 일이 흔히 발생하므로, 오히려 신선하지 않은 프로그램으로 치부되는 경우가 많다. 그리고 프로그램 제안서를 작성하는 청년 사회복지사의 시점에 맞게 젊은이들 사이에 유행하는 말이나 축약어를 제목으로 사용하는 경우도 있지만, 이 역시 썩 좋지 않다. 심사위원 중에는 청년 세대들에게서 유행하는 것에 민감하지 못한 사람이 더 많다는 점을 기억해 둘 필요가 있다. 따라서 유행이나 시류에 편승하거나 특정 세대에 편중된 프로그램 제목은 가급적 피하고, 꼭 쓰고 싶다면 기관 내부에서 프로그램의 별칭(別稱)으로 사용하는 것이 좋을 것이다.

프로그램 제목에는 눈길을 끌 수 있는가와 상관없이, 대상, 목적 그리고 방법이라는 세 가지가 반드시 들어가 있어야 한다. 그래야만 심사위원뿐 아니라 문외한이 보아도 프로그램의 전반적인 내용을 한눈에 알아 볼 수 있기 때문이다. 이런 조건을 갖추면서도, 신선하고 흥미로운 단어들이 제목에 포함되어 있어야 좋은 제목이라고 할 수 있다. 필자는 어떤 기관에서 제출한 프로그램 제안서의 세부 내용은 다소 미진했지만 그 대상이 사회복지분야에서 거의 접근하지 않았던 '한센병 환자'로 명시되어 있어서 최종 심사대상에 포함되는 경우를 직접 본 적이 있다. 다른 예로는 프로그램 대상은 평범하지만, 사회복지실천현장에서 거의 활용되지 않는 전문적인 실천모델을 적용하는 점 때문에 높은 평가점수를 받는 경우도 본 적도 있다. 또 프로그램이 추구하는 목표가 명확하고 구체적일수록, 심사위원이 높은 점수를 부여하는 경향이 있다. 아무리 프로그램 제안서를 쓰기 위해 많은 노력을 기울여도 공모사업에 탈락하면 그 의미가 반감되므로, 기왕이면 눈길을 사로잡을 수 있는 프로그램의 이름을 짓는 것이 좋지 않겠는가?

52

사업 필요성에
동네 얘기와 선행경험을 많이 써라

　프로그램 제안서의 사업 필요성 부분은 객관적 사실을 근거로 하여 프로그램을 실시해야 하는 당위성을 논리적으로 주장하여야 한다. 따라서 사업 필요성을 서술할 때는 지역사회와 내담자의 문제와 욕구가 어느 정도 심각한지를 제시하고, 사회문제 분석 보고서나 기관의 욕구조사 결과나 공식적 통계자료 또는 전문 학술자료 등에 나타난 객관적 사실에 근거를 두어야 한다.

　이와 아울러 프로그램이 실행될 예정 지역의 환경적 특성에 대해서도 객관적으로 기술해야 하며, 프로그램을 시행하기 위해서 해당 기관에서 유사한 사업을 실시한 경험과 그 결과를 상세하게 기술하여야 한다. 그리고 프로그램을 실시하기 위해 활용할 수 있는 지역사회 자원과 기관의 내부 자원이나 서비스 그리고 부족한 자원에 대해서도 충분히 기술해야 한다.

　위의 글에서 반복적으로 등장하는 용어는 지역사회라는 단어인데, 그 이유는 사회복지 프로그램의 경우 거의 대부분이 특정 기관이 위치한 기초자치단체의 지리적 경계선 이내에서 실시되기 때문이다. 간혹 특정 사회복지분야의 중앙협회 차원에서 전국 각지의 기관 여러 곳이 참여하는 전국 단위 사업을 추진하는 경우도 있지만, 그 경우에도 협회 소속 사업수행기관이 자리한 지리적 경계 이내에서 프로그램을 실행하는 경우가 대부분이다. 그러므로 프로그램 제안서에는 지역사회 내에 존재하는 사회문제, 내담자의 욕구와 문제 그리고 자원에 대해 상세하면서도 충분하게 기술해야 한다.

그러기 위해서는 지역사회의 실정을 정확하게 분석한 경험적 연구자료나 욕구조사 보고서, 공식 통계자료들을 많이 필요로 한다. 그런데 이런 지역사회에 관한 자료가 충분히 생산되지 않아서 자료 부족의 어려움을 경험하는 경우가 많다. 그러다 보니 지역사회 얘기가 아닌 손쉽게 구할 수 있는 전국 단위의 통계자료나 조사결과를 주로 이용하여 사업 필요성을 기술하는 경우가 많이 발생한다. 그러나 아무리 전국 단위의 데이터를 많이 들이밀어도 그것은 해당 지역사회의 사업 필요성을 정당화해 주지는 못한다. 따라서 전국 단위 데이터를 이용한 사업 필요성 기술은 최대한 분량을 줄이고, 지역사회에 관한 데이터를 근거로 해서 사업 필요성을 최대한 길면서도 상세하게 써야 한다.

'참고할 자료가 없는데 어찌 쓰란 말이냐?'고 필자에게 되묻는다면, 이렇게 답할 것이다. 가장 먼저 국가통계포털의 'e지방지표(통계표)에서 해당 지역사회에 관한 통계자료가 있는지를 검색하고, 그다음에 권역별 지방통계청에서 발간한 통계자료를 수집한다. 그다음으로는 사회복지사가 속한 기관에서 발행한 욕구조사보고서, 서비스만족도 조사보고서, 사업평가서 등의 자료를 찾고, 부족하면 이웃한 다른 기관에서 실시한 지역사회 연구자료를 수소문하여 구해야 한다. 그래도 지역사회나 내담자의 문제에 대한 객관적 자료를 얻을 수 없으면, 신문기사라든가

지역문제 관련 영상물 등의 질적 자료들을 활용해서라도 지역사회에서 사업을 실시해야 하는 필요성을 제시해야 한다. 그런 자료조차도 없다면, 사회복지사가 일을 하면서 클라이언트 집단의 문제라고 기록해둔 행정서류나 면담기록 심지어는 내담자의 문제나 욕구가 담겨있는 개인기록물을 증빙자료로 제시할 수도 있다. 이처럼 가능하면 지역사회나 프로그램 참여자들의 문제를 객관적 자료를 활용하여 상세히 제시하는 것이 좋지만, 그런 자료가 없다면 질적인 자료나 개인적인 자료라도 활용해서 사업 필요성을 충분히 입증해야만 한다.

지역사회나 프로그램 참여자 집단에게 사업 필요성이 있다는 것이 입증되더라도, 사회복지기관이 그 프로그램을 실행에 옮길 수 있는 전문역량이 있다는 점 또한 입증해야만 한다. 기관의 전문역량을 입증하기 위해서는 인력, 시설, 재정, 주요 사업 등의 기관의 기본정보를 제시한 후에, 프로그램 제안서에 제시된 내용과 유사한 프로그램을 이전에 실시한 경험이 있다는 점을 상세하게 밝히는 것이 좋다. 선행 프로그램 실시 경험을 제시할 때 성공 경험뿐만 아니라 부족한 점이 무엇이고 그것을 보완하기 위해서 어떤 추가적 노력을 기울여 왔는지 그리고 앞으로 어떻게 더 보완해서 발전시켜 나갈지에 대한 내용도 기술하는 것이 도움이 된다.

이와 같이 프로그램 제안서를 작성할 때는 사회복지사가 일하고 있는 기관이 위치한 지역사회에서 그 사업을 실시해야 될 필요성을 최대한 구체적이고 상세하게 기술해야 하며, 기관과 사회복지사가 제안서에 담아 놓은 프로그램을 실행할 수 있는 자원과 전문역량을 갖추고 있음을 동시에 입증할 수 있어야 한다.

53

성과목표별로 세부 사업계획을
탄탄하게 짜야 한다

사회복지 프로그램의 세 가지 구성요소는 목적, 자원과 기술 그리고 계획적 활동이다. 프로그램의 목적은 조직이나 정책의 목적과 이념을 충실히 반영하여야 한다. 프로그램의 목적이 조직이 추구하는 목적과 동떨어져 있다면 출발 자체가 잘못된 것이므로, 반드시 조직의 미션, 비전, 목적 그리고 이념 등과 반드시 일치시키는 작업을 해야 한다. 보다 추상적이고 포괄적으로 설정된 프로그램 목적은 이를 다시 성과목표(outcome), 산출목표(output) 등으로 세분화되어야 한다.

프로그램 목적을 '프로그램 시행 후에 클라이언트 집단이나 지역사회에 나타나는 변화'를 의미하는 성과목표(outcome)들로 세분화하여야만 세부 사업계획을 수립하기가 용이해진다. 그리고 성과목표는 다시 여러 개의 하위목표로 나뉘어지고, 세부 사업내용별 목표와 사업 회기별 목표들로 세분화되어야 한다. 따라서 프로그램 전체의 목적을 달성하기 위해서는 성과목표와의 합일성(合一性)이 높은 하위목표들을 추구하는 세부 사업내용들로 회기별 실행계획이 수립되어야 한다. 다시 말해, 프로그램 제안서 상의 세부 사업계획은 성과목표를 달성하는 데 적합한 하위목표를 추구하는 사업내용들로 채워져야 한다. 반면 세부 사업내용과 회기별 목표가 성과목표와 연결고리가 약한 사업내용들은 제외시키는 것이 바람직하다.

성과목표 달성에 효과적인 세부 사업계획을 수립하기 위해서는 우선 성과목표를 달성하는 데 효과성이 입증된 것으로 밝혀진 모든 개입방법이나 서비스 대안(alternatives)을 샅샅이 조사하여 검토할 필요가 있다. 지역사회의 문제나 클라이언트 집단의 욕구나 생활문제를 경감하거나 해결할 수 있는 방법은 하나가 아니며, 다양한 접근방법이 존재한다. 그러므로 유사 문제나 욕구를 해결하는 데 활용되었던 기존 서비스나 원조활동에 관한 자료를 최대한 많이 수집하여, 각각의 대안이나 접근방법들이 갖는 장단점을 치밀하게 분석하여 현실적으로 활용 가능하면서도 가장 적합한 대안들을 모아서 세부 사업들을 계획해야 할 것이다. 이처럼 세부 사업계획을 수립하기 전에 가능한 한 많은 세부 사업의 대안들에 대한 사전 검토가 있어야지만, 전체 사업계획을 탄탄하게 짤 수 있게 된다.

다양한 세부 사업의 대안들 중에서 성과목표 달성에 효과적인 사업내용을 선택하고 결정할 때는 세부 사업이 목적과 성과목표와 어느 정도 합치되는지를 말하는 합목적성, 어떤 문제나 욕구를 어느 정도 범위까지 해결할 수 있는지를 의미하는 포괄성, 현실적으로 실행가능한지를 말하는 실현가능성 그리고 기관이 지닌 자원이나 지역사회의 자원과 환경특성에 얼마나 잘 들어맞는지를 말하는 지역적합성 등의 기준을 활용할 수 있다. 프로그램의 성과목표를 성취하는 데는 효과적일지라도, 세부 사업계획에 포함되지 말아야 할 것들은 다음과 같다. 성과목표 성취를 위해 한 덩어리로 모아놓은 세부 프로그램끼리의 연결성이 부족하거나, 아주 짧은 단기 개입 프로그램들을 단순하게 일렬로 쭉 나열해 놓거나, 여러 가지 실천모델이나 대안요법들을 특별한 근거도 없이 마구 섞어 놓거나, 기관 내부 사회복지사보다는 외부 강사나 전문가에게 의존해야만 실행 가능한 세부 사업들은 최종 세부 사업 계획에 포함되어서는 안 된다.

최종 세부 사업계획에 포함된 프로그램들을 선택하게 된 논리적 근거를 확실하게 제시해야 하며, 프로그램들이 서로 매끄럽게 연결되도록 세부 프로그램들을 이리 저리 붙여 보고 떼어놓는 작업을 반복하여 전체 사업을 유기적으로 조직화하여야 한다. 그래야만 프로그램의 성공가능성이 높아진다.

54

세부 사업계획을
치밀한 실행 계획으로 전환시켜라

사회복지 프로그램 제안서가 서비스나 활동으로 옮겨지지 않는다면, 그것 또한 쓸모없는 종이조각에 불과하다. 그러므로 세부 사업계획은 구체적이면 구체적일수록 좋지만, 그렇다고 시시콜콜 모든 것을 기록할 필요까지는 없다. 프로그램 제안서에는 성과목표별 사업 영역에 따라 세부사업의 회기별 목표, 서비스나 활동내용, 수행 방법과 일정, 수행인력 그리고 필요한 자원 정도만 기록해 두어도 크게 무리가 없다.

하지만 제안서에 포함된 세부 사업들을 실행에 옮기기 위해서는 보다 구체화된 실행계획서를 추가적으로 작성할 필요가 있다. 이때 사업 실행계획서는 구체적이면 구체적일수록 좋은데, 프로그램을 기획한 사회복지사는 물론이거니와 문외한(門外漢)이 보더라도 실행계획에 쓰인 대로만 따라하면 손쉽게 실천에 옮길 수 있을 정도로 상세하고 구체적으로 계획을 작성해 두어야 한다.

프로그램 실행계획서를 작성함에 있어서 가장 먼저 고려해야 할 사항은 세부 사업영역이 추구하는 목표가 전체 프로그램의 성과목표와 합치되는가이며, 회기별 서비스나 활동 내용이 추구하는 목표가 세부 사업영역의 목표와 합치되는가이다. 즉, 프로그램 실행계획을 작성할 때 '성과목표-세부 사업 영역의 목표-회기별 서비스나 활동의 목표'가 상호 긴밀하게 연결되어 있는지를 가장 먼저 살펴야 한다는 것이다. 그런데 필자의 경험을 되짚어 보면, 대부분의 기관에서 성과목표까지는 잘 제시하지만, 세부 사업영역별 목표 그리고 그 사업의 회기별 목표를 명확히 제시하지 않는 경우가 많았던 것으로 기억된다. 그러므로 프로그램 제안서든 실행계획서든 간에 세부 사업영역의 목표와 그 사업의 회기별 목표를 분명하게 제시해야만, 전체 프로그램이 최종 목적이나 성과목표에서 벗어나는 오류를 방지할 수 있게 된다.

세부 사업영역의 목표가 정해지면 회기별 서비스나 활동 내용을 구상해야 하는데, 어느 정도 회기를 편성하는 것이 좋은지는 프로그램마다 다르므로 명확하게 말하기는 어렵다. 그러나 일반적으로 말하면, 다소 버거움을 느낄 정도로 총 회기 수를 편성하는 것이 좋으며, 한 회기의 시간대별 활동내용에 관해서도 상세한 계획을 수립해 두는 것이 좋다. 예를 들어, 노인의 우울감 감소를 목적으로 프로그램에서, 집단활동이라는 세부 사업의 회기를 구성하고자 할 때는 연간 20~25회기 정도로 기획하는 것이 바람직할 것이다. 이렇게 많은 회기를 편성하는 이유는 두 가지이다. 먼저 노인의 우울감이라는 것이 단기개입으로 경감하기 어렵다는 점을 우선적으로 고려한 것이다. 두 번째로는 노인들이 활동하기 어려운 한 여름과 겨울철을 제외하면 프로그램을 실시할 수 있는 주간은 대략 30주 정도이고 사업설명회, 대상자 모집 등과 같은 프로그램 기반 구축을 위한 일을 할 수 있는 기간을 제외하면, 그 정도 회기를 편성하는 것이 적절하다고 보았기 때문이다. 사회복지사가 본연의 업무를 하면서 공모사업으로 지원받은 프로그램까지 진행해야 하므로 업무 부담이 가중될 수 있지만, 프로그램 목적 성취를 진심으로 원한다면 적은 회기 수로 손쉽게 일을 하기보다는 다소 과한 느낌이 들 정도로 회기를 편성하는 것이 도움이 된다.

세부 사업의 실행계획을 작성하기 위해서는 기관이 투입할 수 있는 물적 자원, 인적 자원과 기술자원이 어느 정도인지를 정확히 평가하여야 한다. 세부 사업을 실시할 수 있는 물리적 공간이나 설비, 장비들이 있는지, 회기별로 어떤 인력을 어느 정도 투입할 수 있는지, 그리고 투입되는 인력은 세부 사업의 회기별 서비스나 활동들을 이끌고 갈 수 있는 기술적 역량을 지니고 있는지를 냉정하게 평가해야 한다. 다시 말해, 세부 사업의 회기를 몇 호실에서 얼마의 예산을 투입하고 어떤 장비와 물품을 준비해야 하는지를 결정해야 한다. 프로그램 주 담당자는 누가 맡을 것이고 보조인력은 누가 맡아서 어떤 일을 할 것이며, 봉사자를 어느 정도 투입해야 하는지에 대해서도 계획을 세워야 한다. 뿐만 아니라, 사업수행인력별로 6하 원칙에 따라 명확하게 역할분담을 해야 하며, 특정 역할을 맡은 사람이 역할수행에 필요한 전문적인 기술역량을 갖고 있는지도 정확히 평가해야만 한다. 만약 기관 내부의 가용자원에 대한 평가에서 특정한 자원이 부족한 것으로 나타나면, 외부 자원을 어떻게 끌어와서 활용할 것인지에 대한 계획도 마련해야 한다.

프로그램 추진일정은 주로 간트 차트(Gantt chart)를 활용하여 계획을 수립한다. 그런데 대부분 1년을 12칸으로 나누어 월별로 세부 사업 추진일정을 짜는 경우가 많은데, 이는 실행계획으로서는 매우 부족하고 부정확한 계획이다. 할 수 있다면 1년을 52주로 나누어서 특정 세부 사업의 특정 회기를 몇 월 달 몇 째 주에 실행할 것인지 정도의 계획을 수립하는 것이 좋다. 좀 더 바란다면, 특정 회기의 실행 예정 일자를 미리 정해 놓는 것이 더 좋으며, 실제 프로그램 실행과정에서는 상황에 따라 일자를 조정하면 된다. 그리고 추진일정을 계획할 때는 자신이 속한 조직의 일정만 고려해서는 안 되며, 지역사회 협력기관의 일정까지도 면밀히 고려하여야만 필요한 자원이나 업무협력을 이끌어 낼 수 있다는 사실을 잊어서는 안 된다.

이와 같이 치밀하고 구체적이고 상세하게 실행계획을 수립할수록 프로그램의 목적 달성이 용이해지므로, 실행계획의 구체성과 상세성은 아무리 강조해도 지나치지 않다. 프로그램 기획자로서 사회복지사는 자신이 특별한 상황 때문에 프로그램을 직접 실행하지 못하는 상황에서도 지역주민과 클라이언트 집단이 차질 없이 질 높은 서비스를 이용하고 계획된 활동에 참여할 수 있도록, 누구라도 손쉽게 따라할 수 있는 정도로 세부 사업의 회기별 상세 계획을 수립해 놓아야 할 것이다. 이런 상세 실행계획을 수립하려면 처음에 많은 시간과 에너지를 쏟아 부어야 한다. 그러나 실행계획이 상세하게 제시될수록 전체 프로그램에 투입되는 시간이나 에너지는 오히려 절약되는 이점이 있으므로, 큰 틀에서 보면 사회복지사의 업무 부담을 줄여 주는 효과도 있다.

55

앉아서 기다리지 말고,
동네를 돌아다니며 찾아내라

　사회복지 프로그램 성공의 가장 중요한 조건은 대상자 모집과 참여이다. 일반적으로 프로그램 대상자를 추출하여 선정함에 있어서는 일반집단, 위험집단, 표적집단, 클라이언트 집단으로 범위를 좁혀 나가거나, 주된 참여자와 주변 참여자로 나누어 모집하기도 한다. 어떤 대상자 추출방법을 사용하더라도 대상자 선정이 프로그램의 성패를 좌우한다.

　그런데 제안서에 대충 대상자 모집방법을 규정해 놓고, 나중에 지원 대상 기관으로 선정되면 그때 가서 모집하면 될 것이라고 생각하는 것은 금물(禁物)이다. 그런 생각을 갖고 제안서를 써서 제출하면, 거의 백 퍼센트 탈락할 것이기 때문에 그런 기대는 무참하게 짓밟히게 될 것이 분명하다. 만약 심사위원들이 꼼꼼히 살피지 못해 요행으로 지원 대상 기관으로 선정되더라도 그 사업은 우여곡절을 겪거나 실패할 가능성이 매우 농후하다.

　필자의 경험에 의하면, 프로그램이 계획보다 실행이 지연되거나 최종적으로 프로그램에 실패하는 기관의 공통된 문제점은 프로그램 대상자 또는 참여자 모집계획이 구체적이고 상세하지 못하다는 점이다. 반대로 프로그램이 계획대로 원활하게 진행되어 성공에 이르는 기관은 프로그램 제안서를 제출할 때 이미 어느 정도 잠재적 참여자 집단이 모집되어 있는 공통점이 있었다. 이처럼 프로그램 참여자와 대상자 모집은 프로그램의 성패는 물론 프로그램의 질적 수준을 결정하는 매우 중요한 요소이다.

물론 제안서를 작성하는 단계부터 잠재적 참여자 집단이 모집되어 있다면 그것보다 더 좋은 것은 없지만, 결코 쉬운 일은 아니다. 그러므로 제안서를 작성할 때 최소한 프로그램 대상자나 참여자를 어떤 기준에서 선정하고, 어떤 절차를 거쳐서 모집하고 선발할 것인지 그리고 모집이 원활하게 이루어지지 않았을 때 어떻게 대응할 것인지에 대한 구체적 사항들을 계획해두어야 한다. 예를 들면, 특정 문제를 가진 사람으로 참여자를 제한한다고 했을 때, 기관에서 자체적으로 실시하는 선별검사의 기준을 넘는 사람으로 모집할지 아니면 전문 의료기관 등에서 진단을 받은 사람으로 모집할지를 결정해야 한다. 만약 면접을 통해 참여자를 선정할 것이면, 면접문항과 면접진행방식 그리고 최종 선발점수 기준 등도 상세하게 계획해 두어야 한다.

그리고 계획한 인원만큼 참여자가 모집되지 않았을 때, 계획인원이 다 찰 때까지 서비스를 제공하지 않을 것인지 아니면 모집된 사람을 대상으로 순차적으로 서비스를 제공할 것인지, 늦게 참여한 사람을 서비스 중간에 끼워 넣을 것인지 등등에 대한 상세한 계획도 마련되어 있어야 한다.

이렇게 대상자나 참여자 모집과 선정에 대한 기준과 절차에 대한 사전 계획이 세워져 있더라도, 실제 대상자를 모집하는 과정에서 문제가 발생할 수 있다. 그런데 많은 기관에서 대상자 모집을 위한 방법으로 현수막을 걸고, 홈페이지나 SNS에 모집공고를 올리고, 지역사회 유관기관에 공문으로 대상자 모집 협조요청을 하는 것과 같은 천편일률적인 홍보 및 모집전략들 세워두는 경우가 많다. 프로그램 목적이 여가선용이라면 이런 방법으로도 모집이 될지 모르겠지만, 그렇지 않은 프로그램에서는 이런 방법으로 참여자를 모집하는 효과는 거의 없다고 보는 것이 맞다. 이처럼 '우리 기관에서 이런 것을 하려하니, 관심 있는 분들은 참여하세요, 관심이 없으면 안와도 되구요!'라는 식의 사업 홍보 및 대상자 모집전략만을 사용한다면, 이것은 사회복지사나 기관이 아무 생각이 없고 프로그램에 대한 열의도 없음을 만천하에 드러내는 것이나 진배없다고 하면 너무 과도한 비판일까?

특히 우울감, 고독감, 자살 생각이나 기도, 물질중독, 비행 등의 문제를 겪고 있는 사람을 모집하는 경우에는 위의 방법들은 아무 소용도 없다. 그러므로 프로그램 참여 동기가 매우 낮은 비자발적 클라이언트를 모집하기 위해서는 기관 내부 이용자들을 통한 대면 홍보활동에 더하여 지역사회를 샅샅이 뒤져서 찾아내는 사례 발굴 노력이 더해져야 한다. 독거노인의 고독사와 자살예방을 목적으로 한 기획사업에서 사업 지원단장 역할을 했던 필자는 사업수행기관의 담당 사회복지사에게 필요하다면 운동화를 한 켤레씩 사 주는 것을 허용한 적이 있다. 그 이유는 우울감 수준이 높고 자살을 깊이 생각하고 있고 어느 누구도 만나기를 싫어하는 독거노인이 제 발로 프로그램에 참여하겠다고 찾아올 것은 아니니, 사회복지사가 사 준 운동화가 떨어져 못 신게 될 때까지 동네 구석구석을 돌아다니며 사례 발굴(case finding) 작업을 열심히 하도록 격려하기 위함이었다.

사회복지사가 아무리 좋은 프로그램을 기획했다 손치더라도 대상자나 참여자가 모집되지 않으면 프로그램을 실행에 옮기지 못하므로, 대상자들이 찾아와 신청하기를 기다리는 방식의 홍보와 모집전략에만 의존해서는 안 된다. 대상자들이 찾아오지 않으면, 사회복지사가 사람들이 사는 곳, 모여 있는 곳으로 찾아가서 얼굴을 맞대고 프로그램의 긍정적 효과도 설명하고, 한번 권유해서 참여에 동의하지 않으면 또 찾아가고 또 찾아가서라도 참여를 이끌어 내는 노력을 기울여야 할 것이다. 특히 비자발적 클라이언트나 저항적 클라이언트들을 대상으로 한 프로그램에서는 더더욱 그런 노력을 경주해야 할 것이다.

56

프로그램 성공 신화에
빠져 들어서는 안 된다

　사회복지사들은 프로그램 개발을 잘해 보고 싶어서, 전문서적과 학술논문을 찾아보고, 민간 재정지원기관에서 발간하는 사회복지 프로그램 공모사업 우수사례집도 분석해 보고, 다른 기관에서 실시한 프로그램 결과보고서들을 참조하기도 한다. 보고 읽는 자료가 어떤 것이든 그 속에 담긴 최종 결론은 하나같이 '이 프로그램은 결과적으로 성공적이었다.'는 것이다. 사회복지사는 '정말 성공했을까? 어떻게 성공했지?'라는 의문과 궁금증이 들다가도, 프로그램이 성공적 결과를 거두었다는 것을 하도 많이 보다 보니, 그냥 글귀 그대로 받아들여 믿게 된다. 그로 인해 사회복지사들은 '프로그램은 하기만 하면 성공한다.'는 잘못된 신화(myth)와 전제(premises)에 빠져들게 된다.

　체계적 가족치료(systemic family therapy) 모델을 개발한 이탈리아의 Milan Group에서 "가족전제(family premises)가 잘못되면 가족문제가 발생한다."고 말한 것처럼, 프로그램 성공신화 때문에 사회복지분야에는 적지 않은 문제가 야기되고 있다. 사회복지사 중에는 어떤 프로그램이든 개발하여 실행에 옮기면 분명히 지역주민이나 내담자에게 긍정적 변화를 일으킬 수 있다고 믿는 사람이 더 많다. 그런데 정말 그럴까? 아니다. 프로그램은 성공할 가능성도 있지만, 실패할 가능성도 상당히 높다. 그런데도 프로그램 개발을 할 때 사회복지사들은 실패를 일으킬 수 있는 장애요인들은 따져 보지 않고, 오직 성공 가능성과 기대효과만을 충실하게 따져 보는 심각한 오류를 범하는 경우가 많다.

사회복지사들이 이런 오류를 쉽게 범하는 사례를 필자의 경험을 바탕으로 얘기해 보고자 한다. 어느 민간복지재단의 사회복지 프로그램 공모사업의 최종 면접 심사에서 필자는 한 여성 사회복지사에게 첫 번째 질문으로 "혹시 이 프로그램이 실패한다면, 무엇 때문일 것 같으세요?"라고 물었다. 얼굴에 당황한 기색이 역력한 사회복지사는 제대로 답변을 하지 못하였다. 필자가 보기에 여성 사회복지사가 작성한 프로그램 제안서는 매우 참신하고 구체적이고 치밀하게 계획되어 있어서, 속으로는 최종 재정지원기관으로 선정해도 되겠다는 생각을 갖고 있었다. 다만 기관에 전문 영상, 음향 및 편집장비도 갖추어지지 않은 상태에서, 대학생 봉사자가 노인이 스마트폰으로 영화를 촬영하고 제작하는 전체 과정에 걸쳐 교육하고 지원활동을 하는 것은 현실적으로 불가능해 보였다. 여성 사회복지사가 제안한 프로그램은 최종 지원 대상으로 선정되었고, 첫 슈퍼비전 모임에서 필자에게 "프로그램의 장점과 기대효과만 준비해 갔는데, 처음부터 실패 가능성을 물어 보셔서 너무 당황하여 답변을 제대로 못해서, 탈락할 줄 알았다."는 말과 함께 그 날 밤 집에 가서 많이 울었다고 하소연을 해 왔었다. 하지만 그 질문 때문에 사회복지사는 실패를 유발할 위험요인을 스스로 찾아냈고, 대학생 봉사자 대신 공영방송의 교육센터와 직접 연계하여 교육도 받고 제작 지원도 받을 수 있게 되어서 성공적으로 노인들이 스마트폰으로 영화를 제작하는 결과를 얻게 되었다.

이 사례에서 보듯이 프로그램의 모든 요소가 잘 기획되었다고 하더라도 한 가지 장애요인에 대한 대비가 이루어지지 않으면, 프로그램이라는 공든 탑이 한 번에 와르르 무너져 내릴 수 있다. 비자발적 내담자들을 대상으로 한 프로그램에서 참여자들이 신청해 오기를 기다리고만 있다거나, 평상시에는 기관 이용자들에 대해 무관심하고 냉랭하게 대하다가 자신이 개발한 프로그램을 실행하기 위해서는 살갑게 구는 행동을 하는 경우도 있다. 이런 경우는 당연히 참여자 부족으로 인해 프로그램은 실패할 수밖에 없다.

프로그램을 실행하다 보면 다른 사람의 도움이 필요하지만, 평상시 동료 사회복지사와 좋은 관계를 맺지 않았던 사람은 기관 내부 인력의 도움을 받기가 어렵다. 기관 내부의 재정지원이나 행정적 지원이 부족한 경우나 기관 내부 슈퍼비전 시스템의 미비로 인해 프로그램을 실시하면서 발생하는 문제에 신속하게 대응하지 못하는 경우에도 프로그램은 실패로 귀결된다. 자원봉사자가 필요해도 사전 모집계획이 마련되어 있지 않거나 청소년 자원봉사자를 중간고사 기간에 활용하겠다는 계획을 수립하거나, 사회복지기관이 가장 바쁜 5월과 10월에 다른 기관에 협조를 요청하는 것과 같이 자기 입장만 고려하는 경우에도 프로그램은 실패할 가능성이 높아진다. 프로그램 계획서에 쓰인 대로 일들을 하는 데 매몰되어 프로그램의 목적과 목표를 잃어버리는 목적전치현상이 발생해도, 일에만 관심을 쏟고 참여자들과의 관계형성에 소홀해도 프로그램은 실패한다. 심지어는 비가 오고 눈이 오는 날씨나 교통체증 등과 같은 사소한 외부 환경적 요인도 프로그램 실패를 유발하는 위험요인이 될 수 있다.

프로그램의 실패를 유발할 수 있는 장애요인을 일일이 거론하면 이 책 한 권을 채울 수도 있다는 말은 다소 과장된 표현일까? 그렇게까지 많지는 않겠지만, 사회복지사들은 그렇게 많다고 생각하고, 프로그램 기획단계부터 실패 유발 장애요인을 아주 꼼꼼히 살피고 그에 대한 사전 대비책을 마련해 두는 자세를 갖는 것이 바람직하다.

프로그램 실행단계에서도 진행상황을 지속적으로 점검하여 부족한 부분을 수시로 수정 보완해 나가면서, 장애요인이 발생했을 때 신속하게 대응해 나가는 노력을 기울여야 한다. 결국 프로그램이 성공하려면 성공으로 이끄는 요인을 찾아서 키워 나가야겠지만, 그보다는 실패를 일으키는 장애요인을 찾아내서 사전에 대응방안을 모색하는 노력을 기울이는 것이 더 바람직하다고 필자는 얘기해 주고 싶다.

57

프로그램을 잘하고 싶으면,
사람을 키워라

    요즈음 사람들 입에 자주 오르내리는 ChatGPT라는 대화형 인공지능
(AI) 서비스가 있다. 사람처럼 자연스러운 대화가 가능한 챗봇(ChatBot)에
채팅을 하듯이 질문을 입력하면, 손쉽게 답을 얻을 수 있는 서비스이다.
아직은 완벽하지 못하지만, 필자는 글을 쓰기 싫을 때 가끔 챗봇에게 대
신 좀 써 달라고 부탁하고 싶은 유혹을 느끼기도 한다. 실제로 ChatGPT
를 이용해 글을 쓰면, 필자가 직접 쓴 글보다 더 좋은 글이 나올까? 아직
확신이 없고, 그렇게 글을 썼다가 정년퇴직 전에 표절교수라고 낙인찍히
는 능멸을 당하고 싶지는 않다. 퇴직까지는 내 머리 속 지식과 내 손가락
만으로 글을 쓰고, 퇴직 후에 공식적으로 발표하지 않아도 되는 사사로운
글을 쓰고자 할 때 시험 삼아 ChatGPT를 이용해 글을 한번 써 볼 셈이다.
    첨단 정보기술을 이용한 서비스는 사회복지실천현장의 서비스에도
다소간 활용되고 있고, 앞으로 활용도가 더 높아지고 넓어질 것으로 예
측된다. 하지만 휴먼서비스(human service)를 정보기술이 어느 정도 대
체할 수 있을지 정확히 예측할 수 없지만, 시간이 흘러도 기술보다는 사
람의 손길이 더 중요한 서비스 도구가 될 것만은 분명하다. 왜냐하면 사

람과의 정서적 교감에 있어서 정보기술을 이용한 서비스는 다소간의 한계가 있을 것이다. 먼 미래에는 사회복지 프로그램을 개발함에 있어서도 정보기술의 도움을 받을 수는 있겠지만, 지금 또는 가까운 미래에는 결국 사회복지사의 머리와 노고(勞苦)가 있어야만 좋은 프로그램을 만들 수 있고 또 실행할 수 있다.

필자가 여러 곳의 사회복지 재정지원기관에서 슈퍼바이저로 일을 하면서, 같은 사회복지사를 서로 다른 기관의 공모사업에서 여러 번 만나 슈퍼비전을 제공한 적이 꽤 많이 있다. 그 이야기는 프로그램 개발 능력이 뛰어난 사회복지사를 한 명이라도 보유하고 있는 사회복지기관일수록 다양한 외부 프로그램 공모사업에 선정될 확률이 그만큼 높아진다는 것을 의미한다. 물론 외부 프로그램 공모사업에 선정되지 못한다고 해서 사회복지사의 역량이 낮다거나 기관이 제대로 사업을 못하거나 서비스를 잘못한다는 의미는 아니다. 다만 외부 프로그램 공모사업에 선정되는 기회를 많이 가질수록, 기관의 서비스 품질을 높여 나갈 수 있는 기회를 더 많이 갖게 되는 것만큼은 분명하다.

사회복지 프로그램을 개발하고 실행하는 데 필요한 자원 중에 사회복지사를 포함한 인적 자원이 지닌 기술자원의 수준은 매우 중요하다. 따라서 사회복지사가 프로그램 개발뿐 아니라 다른 사회복지실천에서도 전문적 역량을 발휘할 수 있도록 그의 기술자원을 확장하고 역량을 키워나가야 한다. 이에 필자는 사회복지기관이 프로그램 개발과 관련된 외부 교육에 참여할 수 있는 기회를 부여함과 아울러 기관 내부 교육 프로그램을 지속적으로 운영하거나 자발적 학습동아리를 만들어 활동하도록 기관이 공식적으로 지원함으로써, 사회복지사들이 프로그램 개발 역량을 포함한 기술자원을 강화할 수 있는 기회를 많이 만들어 주었으면 하는 바람을 가져 본다.

　필자는 특정 기관에서 외부 프로그램 공모사업에 선정되면 프로그램 기획가인 사회복지사에게 프로그램 실행에 수반되는 업무를 몽땅 떠안겨서 다시는 프로그램 개발을 하고 싶은 마음이 안 생기게 좌절시키는 경우를 몇 번 본 적이 있다. 그래서는 안 된다. 그럴 경우 과중한 업무부담을 지는 사회복지사가 가장 힘들겠지만, 사실은 사회복지기관도 손해고 그 기관을 이용하는 사람들도 간접적 피해를 입게 된다. 따라서 사회복지기관에서는 프로그램 기획자인 사회복지사를 지지하는 분위기를 조성하고, 객관적인 평가와 환류 그리고 슈퍼비전을 제공하고, 필요에 따라서는 조직 성원 모두가 업무와 역할을 분담하여 프로그램 실행에 힘을 보태야 한다. 그럴 때만이 프로그램은 성공적 결과를 담보할 수 있게 되고 사회복지조직 전체의 서비스 질과 성과도 함께 향상될 수 있을 것이다.

　필자의 프로그램 개발과 관련된 외부 강연 원고 중 하나는 "내가 편안함을 추구하면, 내 도움을 받는 자의 가슴에 멍이 든다. 도전하지 않으면, 아무것도 얻을 수 없다. 실패를 두려워하는 자는 영원히 아무것도 이룰 수 없다. 나날이 프로그램 개발 역량을 키우고, 끊임없이 도전하여 클라이언트 얼굴에 미소를 선물할 수 있어야 한다."는 글귀로 마무리된다. 강의를 듣는 사회복지사에게 프로그램 개발 역량을 키워갈 것을 간곡하게 당부하는 글이다. 그러나 사회복지조직이 사회복지사 개인의 노력에만 맡겨 놓고 그에 따른 결과만을 향유하기보다는, 조직 차원에서 사회복지사의 프로그램 개발을 포함한 기술자원을 강화하기 위한 노력을 꾸준히 기울여야 할 것이다. 그럴 때만이 조직 자체의 성장 발전, 조직성원의 일하는 즐거움 그리고 조직 이용자의 행복이라는 참 좋은 결실을 동시에 얻을 수 있을 것이다.

58

자원을 제공해 주는
기관과 사람들의 시간표에 맞추자

현실에 존재하는 모든 사회복지조직은 인적 자원, 물적 자원 그리고 기술자원을 풍족하게 갖추고 있지 않으며, 오히려 특정 자원이 부족하거나 결핍되어 있는 것이 사실이다. 그러므로 사회복지기관이나 시설에서 프로그램을 성공적으로 실행에 옮기기 위해서는 내적 자원에 더하여 외적 자원을 활용할 수밖에 없다. 사회복지기관이나 시설에서 활용할 수 있는 외적 자원으로는 동네 주민, 편의점 점장, 청소년과 노인 자원봉사자, 심지어는 고사리손 유치원생일 수도 있고, 다른 기관의 관장이나 사회복지사 또는 대학교수일 수도 있고, 지역사회의 공공기관이나 민간 기업체일 수도 있다. 이루 헤아릴 수 없이 다양하다. 그러므로 사회복지프로그램을 기획함에 있어서는 내적 자원에 대한 정확한 평가를 바탕으로, 어떤 외적 자원을 어느 정도 활용해야 할지에 대한 사전 계획을 세워 두어야 한다.

사회복지 프로그램 제안서를 작성할 때 자원봉사자, 의사, 간호사, 치료사, 교수 등의 인적 자원 활용방안은 사업수행인력의 역할분담 부분에 주로 기술되고, 지역사회의 다른 사회복지기관과 시설, 교육기관, 보건의료기관 등은 네트워크(network)에 관한 부분에 주로 기술한다. 외부 인적 자원 활용이나 기관과의 협력에 관한 사항을 기록할 때 많은 사람과 기관을 기입하는 것이 좋을 것이라고 알고 있는 경우가 있는데, 그건 잘못 알고 있는 것이다. 외부 자원을 많이 활용한다는 점은 그만큼 프로그램 실행에 필요한 기관 내부 자원이 부족하다는 것을 반증해 주는 것이다. 그렇다고 외부 자원을 너무 활용하지 않는 것도 적절치 않다. 외부 자원활용에 관한 사항을 프로그램 제안서에 기입할 때 가장 좋은 방법은 '사전에 도움을 주기로 협의가 이루어져 있는 인적 자원과 외부 기관'만 기록하는 것이 좋다. 실제로 프로그램 제안서 심사위원들은 간접적이고 우회적인 질문을 통하여 네트워킹의 사실 여부를 확인하여, 사전 협의가 되지 않은 기관을 협력기관이라고 이름을 올려놓은 경우를 발견하면 평가점수를 감점하기도 한다.

사회복지기관에서 프로그램 실행을 위해 외부 자원으로부터 도움을 받으려 할 때, 도움을 제공하는 사람이나 기관의 사정이나 일정은 생각하지 않고 자기 기관의 일정에만 맞춰서 도움을 요청하는 경우들이 있다. 이처럼 자기 기관의 일정에 맞춰 외부 자원을 쓰려고만 하면, 외부인이나 기관은 그 도움의 요청을 거절하는 경우가 많다. 필자가 학과장을 할 때 중간고사를 2주 정도 앞둔 시점인데 대학생 봉사자를 좀 보내달라는 부탁을 받은 적이 있다. 전화로 "봉사할 학생이 있는지 알아보기는 하겠지만, 중간고사를 앞두고 있어서 선뜻 나서는 학생들이 있으려나 모르겠네요."라고 답하고는 아예 학생들에게 봉사자 모집 사실 자체를 알리지 않았다. 또 필자에게 사흘 전에 전화를 해서 자문을 해 달라는 경우들도 있었다. 이때도 필자는 "잠깐만요, 일정 좀 확인할게요. 아, 어떡하죠. 미리 잡혀 있는 일정이 있네요."라고 공손히 거절했지만,

실제로는 사전 약속 같은 것은 아예 있지도 않았다. 자신의 필요와 편의만을 고려해서 도움을 요청하는 사람을 도와주려는 착하디착한 사람은 세상에 많지 않다는 것을 기억해 둘 필요가 있다.

학생 봉사자를 활용하려면 학교의 학사일정을 미리 알아보고, 의사의 도움을 받으려면 휴진일이나 환자 방문이 가장 적은 시간대를 알아 두고, 교수들의 도움을 받으려면 강의시간을 미리 알아 두는 것이 좋다. 그리고 내가 도움을 받을 것만 생각할 것이 아니라, 내가 그 기관에 어떤 도움을 줄 수 있는지에 대해서도 미리 생각해 보고 적극적으로 도와줌으로써, 서로 도움을 주고받는(give and take) 진정한 네트워킹이 이루어질 수 있음을 꼭 기억해 두어야 한다.

59

프로그램 예산안의
항목별 비중을 꼭 따져보자

　사회복지 프로그램 제안서에는 세부 사업내용으로 제시한 사업을 실행하는 데 필요한 소요 비용을 예산계획으로 수립하여 제시해야 한다. 프로그램 예산계획을 수립할 때는 주로 항목별 예산방식을 활용하며, 인건비, 사업비 그리고 관리운영비라는 예산항목으로 크게 나누어 편성하는 것이 일반적이다. 인건비는 보조인력 등에게 지급되는 급여나 수당이 포함되며, 사업비에는 강사비, 회의비, 프로그램 용품비 등이 포함되고, 관리운영비에는 사무용품비, 공공요금, 사업담당자 교통비 또는 차량운행 경비 등이 포함된다. 각 예산항목(목)은 다시 세부 항목(세목)으로 구분하여 편성해야 하는데, 불필요한 장비구입비, 지출근거가 명확하지 않은 진행비 등을 편성하는 것은 바람직하지 않으며, 캠프, 나들이, 워크숍 등의 예산비중이 과도하게 높으면 좋은 평가를 받지 못한다. 그리고 예산세목을 너무 지나치게 세분화하면, 추후에 예산변경이나 집행에 비효율적인 요소가 발생할 수도 있다는 점도 같이 기억해 둘 필요가 있다.

　프로그램 총 예산액은 재정지원기관에 신청하는 금액과 기관 자체

부담금으로 구분하여 제시하는데, 최근에는 기관 자부담 의무조항을 두지 않는 경우가 많다. 그러나 자부담이 의무사항인 경우에는 기관의 사업수행 의지를 적극적으로 표명하는 수준에서 자부담액을 결정하여 기입하고, 그 조달방법까지 제시하는 것이 바람직하다. 혹시라도 공모사업에 선정되기 위해 지나치게 많은 자부담액을 기입하게 되면, 프로그램의 비용-효율성 평가에서 불리할 수도 있으므로, 적정 수준에서 자부담액을 결정하는 것이 좋다.

예산항목과 세목이 정해지면, 세목별 예산액의 산출근거를 명확하게 제시해야 한다. 예산 산출근거가 제시되지 않은 것은 주먹구구식 예산 운용을 할 것이라는 오해를 초래하므로, 심사과정에서 불리한 점이 많다. 예산항목별 단가를 재정지원기관에서 사전에 정해서 공지한 경우에는 그 단가를 따르면 된다. 그렇지 않으면 사회복지시설 회계기준을 참조하여 단가를 결정하면 되고, 특별히 단가가 정해져 있지 않으면 시장가격을 기준으로 예산을 산출하면 된다. 실제 심사위원들은 단가가 적정하지 않다는 생각이 들면 포털사이트에서 해당 품목의 시장가격을 직접 검색해서 확인하기도 하므로, 단가를 시장가격에 비해 높게 책정하는 것은 불리하게 작용할 수 있다.

사업비나 관리운영비 예산의 산출근거에 제시된 인원이나 횟수, 구매량 등은 제안서 앞부분의 세부 사업내용에서 제시한 것과 반드시 일치해야 하며, 그 수치가 다르거나 세부 사업내용에 없는 예산세목이 포함되면 평가에서 불이익을 당할 수 있다. 그리고 최종적으로 예산이 삭감될 것을 고려하여 미리 예산을 부풀려서 신청하게 되면, 투입비용의 적절성 부분에서 낮은 평가를 받을 수 있어 오히려 불리할 수 있다.

이런 예산편성에서 유의해야 할 사항들을 모두 고려하여 예산안을 편성했더라도, 사회복지사에게 반드시 예산항목별 비중을 재검토해 볼 것을 권한다. 필자의 경우에는 제안서 심사를 할 때, 식비와 간식비 총액, 캠프, 나들이, 워크숍 등의 외부 활동에 투입되는 총비용 그리고 현수막 제작, 홍보물품 제작, 인쇄비 등의 합산액을 직접 계산해 본다. 지역사회나 참여자에게 직접 투자되는 비율이 높으면서 불요불급한 항목들의 예산비중이 적을수록, 좋은 프로그램 예산안이다. 그러므로 사회복지사는 프로그램 예산안의 세부항목별 합산금액이 총예산에서 차지하는 비중을 따져 보고, 비합리적 예산 요소를 제거하거나 수정보완하여, 모두가 상식 수준에서 동의할 수 있는 합리적 예산편성을 해야만 한다.

60

양적 평가와 질적 평가
둘 다 필요하다

프로그램 개발과정은 프로그램을 기획(planning)하는 것만을 의미하지 않으며, 기획한 프로그램을 실행에 옮기고 그 결과를 평가하여 다시 환류(feedback)하는 과정을 거쳐야만 완성된다. 따라서 프로그램 실행의 마무리단계에 이르면, 프로그램을 통해 애초에 성취하고자 한 것을 얼마나 이루었고, 그런 결과는 어떤 요인들이 작용하여 만들어졌는지를 알아보아야 한다. 프로그램 개발의 마지막 단계에서 실시되는 프로그램 평가란 '특정 개입이나 프로그램의 목적 성취 정도와 투입한 비용이 효율적으로 집행되었는지, 프로그램은 계획대로 진행되었는지 등을 기준으로 프로그램 성공 여부를 판단하는 과정'이다.

프로그램 평가는 총괄평가(總括評價)와 형성평가(形成評價)로 구성되고, 총괄평가는 다시 효과성 평가와 효율성 평가로 나뉜다. 효과성 평가는 다시 목적의 달성과 실패 정도를 평가하는 목적달성평가와 프로그램이 참여자집단과 지역사회에 미친 영향을 평가하는 영향평가로 다시 나뉜다. 효율성 평가는 투입 대비 산출량, 비용 대비 편익을 기준으로 평가를 한다. 형성평가는 프로그램의 수정, 변경, 유지, 축소, 폐지 여부 등을 결정하기 위해 활용되며, 프로그램의 효과나 부작용 등의 발생경로를 확인하고, 프로그램의 실행과정과 최종 결과에 영향을 미친 운영절차와 자원, 서비스 전달과정 등을 확인할 목적으로 시행하는 평가이다.

이 책의 다른 글들과 달리 학술적 사설을 길게 늘어놓는 이유는 크게 둘로 나뉘는 프로그램 평가방법이 서로 다른 목적으로 사용된다는 것을 분명하게 알리기 위함이다. 필자의 사회복지현장 슈퍼비전 경험에 의하면, 대부분의 기관에서 산출과 성과를 객관적 측정할 수 있는 측정도구나 출석부 등을 통하여 양적 평가를 하고 있었다. 프로그램 영향(impact)을 평가하는 것은 상당 기간이 지나야만 가능하기 때문에 프로그램 종료 시에 실시하는 데는 현실적으로 어려움이 있다. 그러므로 프로그램 참여자 집단을 대상으로 사전-사후 평가를 통하여 프로그램이 원래 목적으로 한 성과를 거두었음을 제시하는 것만 하더라도 나쁘지 않다, 아니 괜찮다. 그리고 비용 대비 편익이나 효과를 정확히 산출하기는 어렵지만, 1인당 또는 프로그램당 서비스 단가를 계산하여 나름의 효율성 평가를 실시하기도 한다. 효과성과 효율성을 양적으로 평가하는 것은 자신이 한 일을 객관적으로 평가하여 스스로 효과가 있는지를 입증해 보고, 재정지원을 해 준 공공 혹은 민간기관이나 외부인에게 프로그램의 결과와 성과를 알리는 것은 매우 바람직하다.

필자의 경험에 의하면, 양적 평가에서 목적을 달성하지 못한 다시 말해 프로그램의 효과가 없는 것으로 나오는 사례는 거의 보지 못했다. 열심히 노력하여 좋은 결과를 얻어 냈으니 칭찬할 일이다. 그런데 사회복지사에게 "그런 결과가 왜 나왔다고 생각하세요?" "프로그램 참여자가 어떤 계기로 변화되었다고 생각하세요?"라고 물으면, 성과나 변화가 일어난 이유나 근거를 명확히 제시하지 못한다. 대부분의 사회복지사들이 그냥 '프로그램을 통해 변화가 일어났으면 된 것 아니냐? 그런데 '왜?'라고 왜 질문하느냐?'는 표정으로 필자를 다소 퉁명스런 눈길로 바라본다. 프로그램을 통해 변화와 성과가 일어났는데, 그 변화가 왜 일어났는지를 모른다면, 그것은 전문가다움에 다소 미흡한 부분이 있음을 보여 주는 것이다.

질적 평가방법은 주로 형성평가, 즉 과정평가를 위해 사용된다. 프로그램이 계획한대로 진행되었는지, 어떤 장애요인이 있었고 어떻게 대처해서 극복했는지 등과 같이 프로그램의 전반적인 과정에 대해 평가할 때 주로 질적 방법을 활용한다. 이러한 과정평가를 하는 또 다른 주요한 목적은 바로 프로그램 참여자 집단에게서 '왜 그런 변화가가 일어났어요?'라는 질문에 대한 답을 찾는 데 있다. 왜의 답을 찾으려면, 프로그램 회기마다 내담자의 말, 행동, 태도 등을 주의 깊게 관찰하고, 회기별 행정기록을 꼼꼼히 들여다보고, 이전 회기에 비해 달라진 점을 확인하고, 변화의 기미가 보일 때 그것을 직간접적 방법으로 확인한 후 내담자와의 최종 확인 작업을 거쳐야 한다. 그래야 변화가 나타난 근거나 이유, 경로를 찾아낼 수 있다.

필자는 한참 공부할 때 양적 평가방법에 대해서는 어느 정도 배웠으나 질적 평가에 대해서는 배우지 못해 그 방법을 잘 알지 못한다. 하지만 질적 평가를 활용한 학술논문을 읽은 경험에 의하면, 그 방법이 매우 어렵게 느껴진 것이 사실이다. 공부를 업으로 하는 필자가 어렵게 느껴진다면, 현장에서 서비스 제공하기에도 힘에 부치는 사회복지사가 과학적이고 체계적인 질적 평가를 해 주기를 기대하는 것은 다소 지나친 기대라고 필자는 생각을 한다. 그래서 필자는 프로그램 담당자에게 질적 평가와 관련된 슈퍼비전을 하면서, 과학적이고 체계적인 평가에는 다소 미치지 못하지만 이런 방법을 제안한다. 프로그램 참여자 중에서 사회복지사가 주관적으로 보기에, 프로그램 참여도와 성과(변화)가 가장 높은 사람, 중간인 사람 그리고 낮은 사람을 선정하여, 그들을 대상으로 프로그램 전후의 변화와 그런 변화가 일어난 계기에 대해 심층면담을 해 보라고 권한다. 학술적으로는 부족한 점이 있을지 모르지만, 프로그램 성과가 일어난 경로와 계기를 아예 모르고 넘어가는 것보다 이렇게 해서라도 알아보는 것이 더 좋다고 생각했기 때문이다.

사회복지사가 양적 평가와 질적 평가에 대해 해박한 지식과 기술을 갖추고 과학적으로 분석한다면 더할 나위 없이 좋겠지만, 다소 부족함이 있더라도 양적 평가와 질적 평가 모두를 실시해야 한다는 것은 당연한 이치다.

61

프로그램은 유효기간이 길다

사회복지실천현장에서는 프로그램이라는 용어를 주로 쓰지만, 프로젝트(project)라는 말 또한 자주 사용한다. 모두 특정한 목적을 달성하기 위한 계획적인 활동체계라는 점에서는 닮아있지만, 둘은 분명 다르다. 프로그램은 사회변화와 내담자의 변화라는 다소 포괄적 목적달성을 위해 비교적 장기간에 거쳐 체계적으로 추진하는 계획적인 활동체계이다. 반면, 프로젝트는 특정한 한 가지 목적달성이나 과제수행을 위해 한시적으로 이루어지는 일시적인 활동체계라는 점에서 차이가 있다. 즉, 프로그램이 장기적 활동계획이라고 한다면, 프로젝트는 일시적이고 임시적인 특별 활동계획이고 프로그램의 일부로 실시되거나 부수적 기능을 수행하기 위해 주로 활용된다.

이처럼 프로젝트의 유효기간은 짧은 반면 프로그램의 유효기간은 길다. 사회복지 프로그램마다 추구하는 목적과 목표가 다르기 때문에, 유효기간이 얼마나 되는지 한마디로 규정하기 어렵다. 하지만 내담자의 욕구나 문제 또는 지역사회의 문제가 완화되거나 해결되는 지점이 유효기간이라고 말할 수 있다. 내담자와 지역사회의 문제가 완전하게 해결되기 쉽지 않으므로, 프로그램의 유효기간은 무한정으로 길어질 수도 있다.

사회복지 프로그램 공모사업에서는 주로 재정지원 기간을 1년으로 한정하지만, 3년 또는 그 이상의 기간까지 연속 지원을 하기도 한다. 그러므로 프로그램 제안서를 제출할 때, 당해 연도에 실시할 세부 사업계획뿐 아니라 올해 거두고자 하는 기대효과와 향후 사업 추진계획을 말미에 쓰도록 요구한다. 제안서의 앞부분에 목적과 목표를 기술하므로 프로그램을 통해 얻고자 하는 성과(outcome)가 명시되어 있는데도, 굳이 말미에 기대효과를 서술하라고 하는 이유는 의도를 했든 하지 않았든 프로그램을 통해 내담자의 삶이나 지역사회에 어떤 영향(impact)을 미치기를 바라는지를 알아보기 위함이다. 이런 프로그램의 영향은 짧은 기간에 확인되기 어려우므로, 다소 포괄적이고 추상적인 표현들로 기술될 수밖에 없지만 그럼에도 기대효과를 구체적으로 기술하려고 애쓰는 것이 좋다.

프로그램의 향후 계획을 쓰라고 요구하는 이유는 재정지원을 지속해야 할지에 대한 판단과 지원을 종료한 이후에 사회복지기관이나 시설이 해당 프로그램을 계속 추진할 의향이 얼마나 있는지를 파악하기 위함이다. 사회복지기관이나 시설이 확고한 사업추진 의지가 없거나 좀 더 장기적 계획이 수립되어 있지 않은 경우에는 이 부분을 상당히 포괄적이고 추상적인 글들로 채워 놓는 경향이 있다. 그에 비해 향후 추진계획은 아주 구체적으로 제시되어 있는 경우도 있는데, 제안서 앞부분에 제시된 세부 사업내용이 다소 수준에 미달하는 경우들도 있다. 이런 경우는 사회복지기관에서 3년 정도 연속 지원을 받고자 하는 숨겨진 의도를 갖고, 1차년도 사업을 기관에서 이미 실시하고 있거나 이미 보편화된 사업내용들로 구성하고, 2차년도부터 새롭고 수준 있는 사업을 추진 하겠다고 제안서에 써 놓는 사례들인 경우가 많다. 향후 추진계획이 뜬 구름 잡는 얘기로 채워져 있든, 장기지원을 받고자 하는 숨겨진 의도를 갖고 당해 연도 사업의 수준을 낮추든, 프로그램 공모사업에서 탈락할 가능성이 더 높아지는 것은 동일하다.

사회복지기관과 시설에서는 프로그램을 통해 내담자의 삶이나 지역 사회의 모습을 어떻게 바꿔갈 것인지에 대해서 장기적 관점에서 깊이 고민하고, 재정지원이 종료되었을 때 기관 내부 사업으로 어떻게 정착 시켜 나갈 것인지에 대한 확실한 계획을 수립한 상태에서, 프로그램 공 모사업에 도전해야 한다. 그래야만 좋은 결과를 얻을 수 있다는 점을 기 억해 둘 필요가 있다.

62

심사나 점검, 슈퍼비전을 받는 데도
작은 꿀팁은 있다

프로그램의 질적 수준이 높으면 별다른 걱정을 하지 않아도 프로그램 공모사업에 선정될 수 있다. 그러므로 프로그램 공모사업에서 좋은 평가를 받을 수 있는 첫 번째 전략은 제안서를 잘 쓰는 것이다. 좋은 사회복지 프로그램이 갖추어야 할 조건은 앞의 47번 글에 써놓았다. 부디 그 글이 독자 여러분이 프로그램을 만드는 데 조금이라도 도움이 되기를 바란다.

필자는 다양한 사회복지 프로그램 공모사업에 심사위원으로 참여하면서, 최대한 공정하게 평가를 하려고 노력해 왔고, 또 그렇게 했다고 자부한다. 필자뿐 아니라 모든 심사위원들이 그렇게 하고 있다. 그러니 굳이 붙이지 않아도 되는 다음의 사족(蛇足)들을 읽고 나서, 괜한 오해는 하지 말아 주었으면 한다.

사회복지 프로그램 공모사업의 1차 서류심사를 통과하여 2차 면접조사에 임할 때, 알아 두면 좋을 이야기를 하나만 하겠다. 면접조사에서는 프로그램 기획자이자 실무담당자인 사회복지사가 대부분의 질문에 답변을 하므로, 실무자 혼자 참석하는 경우가 많다. 그런데 가끔 심사위원이 사업의 전반적 수준을 높이고 실현가능성을 제고하기 위해, 제안된 프로그램의 변경 추진 가능성을 묻는 경우가 있다. 이때 실무자가 변경할 수 있다 없다를 쉽게 결정하지 못하는 상황이 일어나기도 하고, 실무자가 변경하겠다고 해도 의사결정권이 제약되어 있으므로 심사위원들이 온전히 그 답변을 신뢰하지 못하기도 한다. 그러므로 면접심사에 실무자 혼자 보내기보다는 중간관리자가 함께 참석하는 것이 좋을 것이다. 간혹 기관장이 면접심사에 참여하여 사업수행 의지를 적극적으로 보여 주려는 경우가 있지만, 기관장은 심사보다는 기관의 사업과 운영에 좀 더 에너지를 할애하는 것이 좋을 듯하다.

사회복지기관이나 시설을 방문하여 현장심사를 실시하는 경우와 관련해서도 한 가지만 얘기하고자 한다. 현장심사는 먼저 심사위원과 기관장이 차담(茶談)을 나눈 후에 심사를 진행하는 것이 일반적 절차이다. 그런데 심사위원들은 단순하게 기관장과 인사를 나누고 차를 마시는 것이 아니라, 기관장이 해당 프로그램에 대해 얼마나 알고 있고, 사업추진 의지가 어느 정도 되는지를 우회적 질문을 통하여 은밀하게 평가한다. 그러므로 차와 다과를 정갈하고 예쁘게 차리는 데 신경을 쓰기 보다는 기관장에게 프로그램 제안서 내용을 정확하게 인지시키는 작업이 더 필요하다. 그리고 현장심사를 나오는 심사위원들은 기관의 홈페이지는 물론 지역사회의 상황도 어느 정도 파악해서 나오고, 기관에 대한 사회적 평판도 미리 듣고 오는 경우가 많다. 그러므로 재정지원을 받는 기관으로 선정되기 위해 과장되거나 사실에 입각하지 않은 사항을 답변으로 제시하는 것은 금물(禁物)이다.

앞의 56번 글에서 이미 말했듯이 심사위원은 프로그램의 단점과 제한점을 찾는 반면 실무자는 프로그램의 장점과 기대효과에 집중하는 경향이 있다. 이런 관점의 불일치는 사실 심사받는 사람에게 더 불리하게 작용할 수 있으므로, 면접심사나 현장심사에 임하는 실무자는 프로그램의 단점, 실패를 유발하는 장애요인 등을 미리 파악하여 사전대비책을 머릿속에 구상해 두는 것이 좋다.

프로그램 공모사업에 선정된 기관이 프로그램을 제대로 실행에 옮기고 있는지를 파악하기 위해 재정지원기관은 중간점검을 실시한다. 이때에도 심사위원들이 보고 싶어 하는 자료들을 쉽게 찾아볼 수 있도록, 행정자료를 몇 가지 범주로 나눠서 준비해 두는 것이 좋다. 그런데 중간점검은 단순하게 사업진행 정도를 파악하는 데만 목적이 있는 것이 아니라, 기관이 사업 추진에 어려움을 겪는 사항을 해결할 수 있는 방안을 찾는 자리이기도 하다. 그러므로 프로그램 담당자는 현장점검을 자신이 겪는 어려움에 대해 슈퍼바이저에게 묻고 답을 얻는 기회로 활용하는 것이 좋다. 그런데 사회복지사들이 "이런 일이 있는데 어떻게 하면 좋을까요?"라는 말로 슈퍼비전을 요청하는 경우가 대부분이다. 물론 그렇게 묻는 심정은 충분히 이해하지만, 질문하는 방법을 조금 달리하는 것이 좋다. "이런 일로 어려움을 겪게 되어서, 이런 저런 방법으로 대처를 해 보았지만, 그 어려움을 제대로 해결할 수 없었습니다. 혹시 다른 좋은 방법은 없을까요?"라는 식으로 질문하는 것이 좋다. 앞의 질문은 자신은 아무 고민도 해 보지 않고 쉽게 답을 얻으려는 태도이고, 뒤의 질문은 문제해결책을 고민하고 시도해도 답을 찾기 어려우니 도와주면 좋겠다는 정중한 요청을 하는 자세이다. 슈퍼바이저가 둘 중에 어떤 질문에 더 성실하게 답을 할지는 말을 하지 않아도 될 듯한데, 이는 다른 형태의 자문이나 점검, 슈퍼비전 등에도 동일하게 적용된다.

그런데 심사나 점검 그리고 슈퍼비전에서 위의 것들보다 훨씬 중요한 꿀 팁(tip) 아닌 꿀 팁이 있다, 그런 바로 사회복지사의 태도와 언행이다. 지나치게 아무렇게나 걸쳐 입은 옷, 너무 화려하게 치장한 외양, 복도에서 마주칠 때는 본 척도 않더니 심사받으러 와서는 너무나도 공손한 태도, 쩍벌 자세로 앉아서 물어보는 사람 얼굴도 쳐다보지 않고 답변하는 태도 등등이 옳지 않음은 삼척동자도 알 터이니 더 말하면 정말 꼰대소리를 들을까 봐 줄여야겠다. 쓸데없는 걱정인 줄 알지만 하나만 덧붙이자면, 프로그램 공모사업 설명자료에 자세히 쓰여 있는 내용을 읽어보지도 않고 공모기관에 전화해서 물어보는 행동은 제발하지 말았으면 좋겠다. '내가 하기 싫은 것은 남에게 하지 말라.'고 공자(孔子)가 말했다고 굳이 얘기하지 않아도 될 듯하다. 나 편하자고 남을 귀찮게 하는 것은 도리가 아니다.

63

보고서에 잘된 것만 쓰지 말고,
실천 오류도 담아내자

　사람은 완벽하지도 완벽해질 수도 없는 존재이다. 그러므로 잘못도 할 수 있고 실수도 할 수 있다. 이런 인간의 속성을 두고 맹자는 '사람은 실수를 한 연후에 고친다.'하여, 잘못과 실수를 통해 배운다고 말하고 있다. 공자 역시도 '허물이 있으면 고치기를 꺼려하지 말아야 한다.'고 하여 잘못을 했을 때 그것을 기꺼이 고치고 배우려는 자세를 갖는 것이 중요하다고 말한다. 이렇게 사람이 자신의 잘못을 깨닫고 고치게 되면 다른 사람으로부터 오히려 존중받게 된다는 사실을 공자의 제자인 자공은 '군자가 자신의 잘못을 고치면 사람들 모두가 우러러 본다.'고 말했다. 공자왈 맹자왈 하니, 고리타분하게 느껴질 수도 있다. 그렇지만 옳은 말이니 눈과 귀에 담아 두는 것도 나쁘지 않다.

　사회복지사 자신이 잘못한 것이 있다면 스스로 알아서 고치고, 다시 같은 잘못을 반복하지 않으면 될 일이다. 그런데 앞서 길을 걸은 사람이 돌부리에 걸려 여러 차례 넘어졌음에도, 뒤따라 걷는 사람에게 "참으로 걷기 좋은 길이다."라고 말해 주면, 뒷사람은 영락없이 같은 돌부리에 걸려 넘어지기 십상이다. 사회복지전문직의 선배라면 자신이 잘한 것은 물론이거니와 잘못하거나 실수한 것들도 거리낌 없이 말해 줘서, 뒤따라 걷는 후배들이 자신과 똑같은 잘못과 실수를 범하지 않고 전문직 종사자로서의 길을 올곧게 잘 걸을 수 있도록 인도해야 한다.

필자는 여러 사회복지기관과 시설에서 보내온 소식지나 홍보자료, 기관 운영보고서와 사업보고서 또는 프로그램 실행 결과보고서 등의 수많은 자료를 받는다. 보내는 쪽에서는 신경 써서 읽어 주기를 바라겠지만, 솔직히 얘기하면 필자는 잘 읽어 보지 않는 편이다. 왜냐하면 아무 장애물도 만나지 않고, 어떤 실수나 오류도 범하지 않고, 완벽하게 사업이나 프로그램을 해내기는 쉽지 않음에도 불구하고, 자신들이 잘한 것들만 빼곡하게 기록해 놓은 경우가 대부분이기 때문이다. 물론 정말 아무 오류나 잘못도 없이 잘 해낸 것일 수도 있는데, 필자가 아집에 갇혀 그런 행동을 하고 있는지도 모를 일이다. 설령 필자의 아집이라고 치더라도, 제발 앞으로는 그렇게 잘한 것들만 써 놓은 보고서를 발간하여 여기저기 보내서, 오류를 확대 재상산하는 일은 제발 좀 그만해 달라고 간곡히 부탁하고 싶다.

왜 그렇게까지 말하느냐고 묻는다면, 그 자료들을 읽은 사회복지사들이 자신도 잘할 수 있을 것이라고 생각하고 무턱대고 덤벼들었다가 기대와 달리 실패하고 난 후에, 스스로를 자책하고 좌절할까 봐 걱정이 되기 때문이라고 답할 것이다. 사회복지기관이나 사회복지사가 프로그램을 실행에 옮기는 과정에서 잘한 것만 쓰고 잘못이나 오류를 감추게 되면, 따라오는 후배들은 여지없이 곤경에 처하게 될 것이다. 잘한 것은 잘한 대로, 어려웠던 점은 어려운대로, 잘못한 것은 잘못한 그대로, 곤경과 잘못을 극복하고 고쳤으면 있는 그대로 써 주어야 한다. 어려움에 부딪히고 잘못을 하면서 넘어지고 무릎도 깨지면서 배우고, 또 고치는 노력을 경주하여 최종 목표에 도달한 것이야 말로 정말 의미 있는 것이다. 사회복지전문직의 선배들이 그것을 알려 주어야 후배들이 똑같은 돌부리에 걸려 넘어지지 않고, 똑같은 수렁에 빠져서 허우적거리지 않을 수 있다.

사회복지사는 전문직 발전에 기여해야 할 소명이 있다. 자신이 잘한 것을 알려 전문직 발전에 보탬이 될 수도 있다. 하지만 자신이 어떤 실수나 오류, 잘못을 범했고, 어떻게 대처하여 극복해 왔는지를 널리 알리는 행동을 통해서 전문직 발전에 기여할 수 있는 부분이 더 많다는 점을 기억해 두자.

(경북 영덕 청포말등대. 2018. 4. 18.)

《지혜 V.》

*
**
*

사회복지조직

*
**
*

조직을 잘 이끄는 방법은 무엇이고,

사회복지사는 조직 안에서

어떻게 행동해야 하는가

＊ ＊ ＊

기업은 돈을 벌고,
학교는 아이들을 가르친다.
사회복지조직은
사람을 받들고[奉] 섬기며[仕] 세상을 바꾸는 일을 한다.

국민들은
사회복지조직에게
사람을 돕고 세상을 바꾸는 일을 대신 해 달라고
위임하였다.

조직성원으로서 사회복지사는
조직의 사명 이행과 목적성취를 위해 헌신함과 아울러
그 안에서 자신의 삶을 꾸려 가고 개인적 성장을 추구한다.

받듦과 섬김의 사명을 충실히 감당하는
사회복지조직과 사회복지사 모두
국민으로부터 '참 잘했노라!' 칭찬받을 것이 분명하다.

64

실천과 관리의
두 마리 토끼를 모두 잡아라

조직(organization)이란 '특정한 목표 성취나 사명 이행을 위해 의도적으로 구성된 사회적 단위(social unit)'이다. 조직 중에서 봉사조직(service organization)으로 분류되는 사회복지조직은 조직이라는 점에서는 다른 조직들과 공통된 특성을 지니지만, 다른 점이 많다. 사회복지조직은 세상 속에서 살아가는 사람을 직접 만나서 조직 활동을 전개하며, 조직 이용자에게 최선의 이익이 돌아가도록 하여 그들의 삶을 윤택하게 만들고 그들이 사는 세상을 바로 잡는 데 사명과 목적이 있으며, 국민과 사회로부터 위임받은 일을 수행하며, 다른 조직에 비해 도덕적 정당성을 강하게 요구받는다는 점에서 가장 큰 차이점이 있다.

이런 특성을 지닌 사회복지조직도 결국 '사람을 돕고 세상을 바꾸는 계획적 활동에 참여하는 사람들의 집합'이므로, 그 안에서 일하는 사람들이 어떻게 일을 하는가에 따라 조직의 사명이나 목적 성취도는 달라진다. 사회복지조직에 여러 전문직 종사자가 협력하여 함께 일을 하지만, 가장 대표적인 종사자는 사회복지사이다. 어떤 조직에 속해 있던 사회복지사 본연의 임무는 사람을 직접 만나서 그들 삶의 애환을 덜어 주고 해결해 주며, 세상 속 사람들과 함께 그들이 사는 세상을 더 좋은 곳으로 바꿔 가는 일이라는 점은 다르지 않다.

사회복지사가 해야 할 일에 대해서는 앞의 글들에서 무수히 얘기를 해 왔으므로, 이 글을 읽는 독자 여러분들이 지겨울 수도 있고 너무 잔소리만 한다고 느낄 수도 있지만, 조금만 덧붙여 말하고자 한다. 이 글을 쓰는 중간에 특정 사회복지법인의 최고중간관리자 워크숍에서 '사회복지사의 조건'이란 제목으로 강연을 한 적이 있다. 강연이 끝나고 한 참여자가 "내가 사회복지사라는 사실을 잊어버리고, 부장으로서만 열심히 일해 온 것은 아닐까? 나 자신을 되돌아보는 시간이 되었다."는 소감을 말하는 것을 들었다. 그리고 며칠 전 필자의 첫 번째 제자가 멀리 뉴질랜드에서 오랜만에 이메일을 보내 온 일이 있었다. 그 메일에는 "저는 사회복지사라면 이용자들을 직접 만나서 도와주는 일을 해야 한다고 생각하고 있는데, 뉴질랜드에서는 사회복지사가 기획하고 서비스 관리하는 역할만 하고, 직접 나서서 서비스를 제공하지는 않아요."라는 말이 적혀 있었다.

이 두 가지 얘기는 필자로 하여금 '우리의 사회복지조직 속 사회복지사는 어떨까?'라는 생각을 다시 한번 하게 만든 계기가 되었다. 필자가 사회복지실천현장에 슈퍼비전을 제공하러 갈 때마다, 사회복지사가 직접 실천을 하는 경우가 적은 것이 늘 아쉬웠는데, 지금 다시 생각해 보아도 아쉬운 것은 마찬가지다. 프로그램을 기획하고, 그 프로그램이 작동하는 데 소요되는 다양한 자원을 동원하여 조정하고, 프로그램 진행 이후에 수반되는 행정업무를 처리하다 보면, 이용자나 내담자를 직접 만나서 서비스를 제공하거나 실천을 할 수 있는 시간이 부족하다는 것을 필자는 잘 알고 있고 그런 사정을 충분히 이해한다. 사회복지조직 중에서도 특히 사회복지 이용시설이 제공해야 하는 서비스의 종류와 양이 급격히 늘어났고, 이용자들의 서비스 질에 대한 요구와 권리 주장이 높아지고 강해지고 있는 상황에서 다양한 관리 운영(management) 업무에 대한 부담이 늘어난 것도 충분히 이해한다. 그런데 밥 먹으러 가고 화장실 갈 때를 제외하고, 업무시간에 조직 이용자나 내담자와 얼굴 맞대고 이야기 한번 나누지 않고, 컴퓨터와 눈과 손으로만 대화를 하다가 퇴근하는 경우를 보면, 마음속에서 '아! 저건 좀 곤란한데, 저러면 안 되는데.'라는 탄식이 나도 모르게 흘러나오는 것은 어쩔 수 없다. 그런 장면을 본 조직 이용자와 동네사람들이 '사회복지사도 누구처럼 탁상공론(卓上空論)한다.'고 말할까 걱정이 앞선다.

사회복지조직의 본연의 임무가 사람을 돕고 세상을 바꾸는 일을 하는 것인 만큼, 실천이 전제가 된 상태에서 관리운영에 에너지를 쏟아 부어야 한다. 법원 앞의 정의의 여신상이 들고 있는 저울이 어느 한쪽으로도 기울어지지 않은 것처럼, 사회복지사가 하는 실천과 관리운영이란 두 가지 일을 저울에 올려놓았을 때 한쪽으로 기울어져서는 안 된다. 사회복지사가 일의 균형을 완벽하게 이루기는 쉽지 않지만, 실천과 관리운영이란 두 가지 중 어느 하나도 소홀해서 안 된다는 것이 기본이다. 탑(塔)의 기단부가 흔들리면 탑신부와 상륜부가 와르르 무너져 내린다는 사실에서, 사회복지사는 실천과 관리의 균형이라는 기본을 되새겼으면 한다. 한 그물에 두 마리 토끼를 다 넣기가 어렵다는 것은 알지만, 그렇다고 한 마리만 잡으려고 달려드는 것도 그리고 한 마리를 잡았다고 만족하는 것도 바람직하지 않다. 어렵고 힘든 것은 알지만, 실천과 관리라는 두 마리 토끼를 잡아야 하는 것이 사회복지조직과 사회복지사의 책무이고 기본 중의 기본이니, 아무리 힘들고 지치더라도 둘 중 어느 하나도 소홀하지 않기를 바라 본다.

65

실천현장의
목소리와 지혜를 전파하라

　필자의 지론 중의 하나는 '사회복지의 절반은 책에 있고, 또 다른 절반은 사회복지실천현장에 있다.'는 것이므로, 사회복지실천현장과 멀어지는 순간 사회복지학 전공 교수로서의 생명력을 잃게 된다고 생각하고 있다. 그리고 사회복지사들로부터 현장도 모르는 대학교수라는 얘기를 듣지 않으려고 무던히 애를 써 왔고, 대학에서 학생들을 가르치는 일 못지않게 사회복지실천현장과 함께 하는 일에 많은 시간과 에너지를 쏟아 왔다. 어떤 사적 모임에서 자신이 죽었을 때 묘비명에 뭐라 써줬으면 좋겠는지를 주제로 이야기를 나누다가, 필자는 정말 아끼고 사랑하는 후배 교수에게 '사회복지 실천현장과 함께한 사람'이라고 묘비에 새겨달라고 부탁한 적도 있다.

　이런 생각을 가진 필자는 교수가 되면서부터 지금까지 사회복지기관과 시설의 자문위원, 운영위원뿐 아니라 사회복지 프로그램 공모사업의 슈퍼바이저로 활동하면서, 사회복지실천현장에 아주 조금이라도 보탬이 되고 싶었다. 기껏해야 1년에 회의 몇 번하는 자문위원이나 운영위원 말고, 필자가 1년 단위로 프로그램 슈퍼비전을 제공한 기관의 수를 정확히 기억을 못하지만, 어림잡아 봤을 때 최소 200곳은 넘을 듯하고 300곳에는 조금 못 미칠 듯하다. 물론 필자가 슈퍼비전을 해 주었다고 해서, 해당 사회복지기관의 프로그램이나 운영이 눈에 띄게 좋아졌다고 말할 수는 없으며, 오히려 민폐를 끼친 경우도 없지 않아 있을 듯하다. 혹시 필자의 슈퍼비전이 잘못되어 기관 운영과 사업추진에 어려움을 겪은 기관이나 마음에 상처를 입은 사회복지사가 있다면, 이 지면을 빌려서 정중히 사과하오니 부디 부족한 저를 용서해 주시기를 바란다.

그런데 사실은 필자가 기관이나 사회복지사에게 도움을 제공한 것이 아니라 오히려 필자가 더 많은 도움을 받았다. 나이가 어려서 철이 없던 애송이 교수시절에는 필자가 기관에 많은 도움을 준다는 교만한 마음이 있었음을 부인할 수 없다. 하지만 시간이 흐르고 연륜이 조금씩 쌓이면서, 필자가 사회복지실천현장에서 너무 많이 배우고 있음에 감사하는 마음이 갈수록 커져 갔다. 어떤 학술도서와 논문을 통해서 본 적도 들은 적도 없었던 신선하면서도 전문적인 실천 모델과 사례들을 직접 눈으로 볼 수 있었고, 사례발표 후 이어지는 동료 슈퍼비전(peer supervision) 시간에 그 분야만 파고 또 판 대학교수들보다 더 전문적인 슈퍼비전을 주고받는 멋진 모습도 보았다. 은둔형의 비자발적 클라이언트가 세상 밖으로 한 발짝이라도 떼어놓게 하려고 온갖 방법을 동원하여 애쓰는 계약직 사회복지사도 보았다. 필자도 생각하지 못하고 어렵게만 느꼈을 일들을 현장에서 발로 뛰는 사회복지사들은 어떤 어려움에도 꺾이지 않고 그것을 가능태로 만들어 내고 있었다.

이런 실천현장의 모습을 보면, 예전처럼 사회복지실천현장이 대학의 지식을 얻어 와서 실천방법을 찾아내는 것이 아니라, 거꾸로 현장에서 대학으로 실천지혜가 홍수처럼 넘쳐흘러서, 지식과 지혜가 한데 어우러져 사회복지전문직의 지식과 기술을 더욱 심화시킬 때가 되었다는 것을 알 수 있다. 그러므로 가르치고 공부하고 글 쓰는 학자들에게는 사회복지 실천현장으로 더 많은 발걸음을 옮겨놓으라고 권면하고 싶다. 사회복지실천현장의 사회복지사들은 사회복지 학회나 연구회에서 자신이 직접 실행한 실천모델과 사례들을 적극적으로 발표하고, 학술적 토론과 비판을 통해 실천모델을 더욱 다듬고 정교화해 가는 노력을 기울여 줄 것을 당부하고 싶다. 이제 실천현장의 지혜와 요구를 학계, 정책당국, 정치권에 당당하게 전달할 때가 되었다.

66

남들보다 특출한
뭔가 하나는 있어야 한다

필자는 여럿이 아닌 혼자 먼 길을 걷기를 좋아한다. 복잡한 머릿속 생각을 정리하고 새로운 아이디어를 떠올리는 데 그만큼 좋은 방법은 없기 때문이며, 길에서 만나는 풍경에 눈이 시원해지고 마음이 차분해기 때문이다. 그런데 길을 걷다가 지역특산품을 마주하면, 사회복지기관과 시설마다 특화된 명품(名品) 서비스를 하면 얼마나 좋을까라는 생각을 떠올리게 된다.

사회복지 급여나 서비스 중에는 온 나라 사람들이 똑같이 받아야 하는 것들도 있지만, 사람마다 서로 다른 욕구나 문제를 갖고 있으므로 사람마다 다른 서비스를 제공해야 한다. 사회복지 급여 중에서 현금이나 현물 급여는 차별성보다는 보편적 급여 원칙이 강하게 작용하지만, 사회서비스 특히 대면적 사회서비스(personal social service)는 차별적 급여 원칙이 더욱 강조되고 있다. 이를 반영하여 보건복지부에서는 중앙과 지방정부의 통제권을 강조하던 '사업지침'을 대신하여 공공부문의 서비스 통제권을 최소화하고 지역과 기관의 특성을 반영한 서비스 프로그램의 개발과 실행을 장려하기 위해 사회복지분야마다 '사업안내'를 매년 초에 발간하고 있다. 사회복지기관이나 시설에서도 시대적 흐름을 반영하여 '맞춤형 서비스'라는 이름하에 사람마다 개별화된 서비스를 제공하려고 열심히 노력함으로써, 예전에 비해 개별화되고 특화된 서비스나 사업들이 많이 생겨난 것도 사실이다.

하지만 필자의 기대수준이 높아서 그런지 아니면 아직도 실제 부족한 부분이 많아서 그런지는 명확하게 말할 수는 없지만, 사회복지기관이나 시설마다 별반 차이가 없는 유사한 서비스 프로그램을 제공하고 있다는 생각을 지울 수가 없다. 중앙과 지방정부의 재정지원과 행정감독을 받는 상황에서 분야별 사업안내서에 명시된 사업들을 하지 않을 수 없고, 재정과 인력 그리고 시설 등의 자원 한계로 인하여 서비스를 특화해 나가기가 쉽지 않다는 점은 충분히 이해하고 남는다.

그렇지만 부산 기장군과 경남 남해군하면 멸치가, 전남 무안군하면 양파와 낙지가 떠오르듯이, 사회복지기관과 시설의 이름만 들으면 '아! 거기는 ○○를 정말 잘하지!'라고 필자의 머릿속에 떠올랐으면 하는 바람이 있다. 현재 지역주민이나 내담자의 수요에 비해 사회복지기관이나 시설의 수가 충분치 않지만, 앞으로 사회복지제도가 발전할수록 사회복지기관과 시설의 수는 확대되어 갈 것이다. 그리되면 지역 내에서 동종의 사회복지기관끼리는 물론 유사한 서비스와 기능을 수행하는 다른 분야의 기관이나 시설들과도 치열하게 경쟁해야 될 수밖에 없다.

사회복지분야에 따라서는 이미 경쟁구도가 현실화된 곳도 있다. 2008년 노인장기요양보험제도 도입 후 우후죽순 생겨났던 노인장기요양기관 중에는 지역사회의 제한된 수요를 놓고 펼쳐진 치열한 경쟁구도 속에서 살아남지 못하고 폐업하는 경우를 흔히 볼 수 있다. 실제 지자체 행복e음 시설통계자료에 따르면, 2016~2021년 말 사이에 폐업한 노인장기요양기관은 총 12,182개소로 연평균 2,000개가 넘는 곳이 폐업한 것으로 나타나고 있다.

국민들의 권리의식이 향상되고 사회복지서비스의 질적 수준 향상에 대한 요구가 높아질수록, 남들과 비슷한 서비스를 제공하여서는 지역 주민과 내담자의 선택을 받지 못할 것이다. 따라서 사회복지기관과 시설에서는 조직의 기획(planning) 역량을 최대한 발휘하여, 남들이 안하는 특출한 서비스를 개발하고 서비스의 질적 수준을 높여 나가는 노력을 경주해야 한다. 현실에 안주하여 가까운 미래에 주민과 내담자의 선택을 받지 못하는 불행한 일을 맞닥뜨리기 전에, 조직의 기획능력을 되짚어 보고 키워 나갈 일이다.

최고관리자의 리더십이
조직의 흥망성쇠를 결정한다

작년 말 기준으로 경상남도에서 인구수가 가장 적은 의령군이 필자의 고향이다. 이렇게 얘기하면 고향사람들이 필자에게 뭐라 할 테지만, 별로 자랑할 만한 것이 없는 고향 동네다. 그런데 필자가 지인들에게 고향마을에 대해 얘기할 때면, "고향집에서 12km, 차로 15분만 가면 삼성그룹 창업주인 고(故) 이병철 회장의 생가(生家)가 있다."고 자랑삼아 말하곤 한다. 필자는 친재벌 성향이 1도 없고 삼성 창업주에 대해 잘 알지도 못하지만, 사업보국(事業報國), 즉 '국가 경제발전을 위해 사업을 한다.'는 그의 경영철학 덕에 이 땅에 사는 사람들의 경제형편이 나아졌다고 말하는 데 인색하지 않다. 반면, 독재정권과 재벌총수 간의 정경유착(政經癒着)을 통해 배를 불린 기업들은 국민의 삶을 피폐하게 만들다가 결국에는 도산했거나 아주 작게 쪼그라들었다.

필자가 잘 알지도 못하는 재벌기업 총수를 예로 든 이유는 다름이 아니다. 사회복지기관과 시설의 최고관리자가 어떤 리더십(leadership)을 발휘하느냐에 따라 조직의 흥망성쇠(興亡盛衰)가 결정되고, 조직성원과 그 가족들의 삶의 질까지도 결정하며, 더 나아가 지역주민과 내담자의 삶에도 의미 있는 영향력을 발휘한다는 사실을 말하기 위함이다. 이런 최고관리자의 리더십을 두고 말하기 좋아하는 사람들은 '머리 나쁘면서 부지런한 리더가 최악이고, 머리는 좋으면서 좀 게으른 리더가 최고다.' 라고 말하기도 한다. 그리고 '사업에 대해서는 관심도 없고, 전기세 나간다고 전기 불 끄고 다니는 시설장'이나 '갑질하기를 밥 먹듯 하는 기관장'은 사회복지사로 일하는 동안 제발 만나지 않았으면 좋겠다는 푸념을 늘어놓기도 한다.

원래 리더십 우리말로 지도력(指導力)이란 말은 '올바른 목표를 지향하여 사람들을 이끌고 나가는 힘'이라는 의미를 지니고 있다. 리더십의 상대어구인 팔로워십(followership)은 '사명이나 비전을 이룰 수 있도록 헌신하고 협력'한다는 의미를 지니고 있다. 서로 상반되는 두 단어의 의미를 조합해 보면, 조직의 지도자가 올바른 방향, 즉 사명과 비전을 제시할 때 사람들은 헌신하고 협력하지만, 그렇지 못하면 그를 따르지 않는다고 말해도 될 것이다.

리더십은 L=f(L, F, S)라는 함수로 표현된다. 즉, 리더십은 리더(leader), 조직성원(follower) 그리고 상황적 요소(situational factors)라는 세 가지 구성요소의 함수관계에 의해 결정된다. 그러므로 사회복지조직의 최고관리자는 ① 조직목표와 비전을 제시하고, 이를 달성하기 위해 내린 명령이나 지시에 조직성원이 따르게 만드는 헤드십(headship), ② 조직목적 달성을 위해 조직성원이 자발적으로 참여하고 상호 협력하게 만드는 릴레이션십(relationship) 그리고 ③ 치밀하게 일을 계획하고 조직성원의 능력과 적성을 고려하여 일을 배분하고 관리하는 매니저십(managership)이라는 '3 ship'을 모두 갖추어야 한다. 헤드십은 자신이 속한 조직이나 집단의 문제, 사명이나 비전, 목표를 정확히 인식하고 이에 대한 해결책과 방향을 제시하고 다른 사람을 따르게 만드는 능력으로, 자기 지도력(self leadership)이라 할 수 있다. 릴레이션십은 부하 또는 동료들에게 문제와 해결책을 공유하고, 평상시의 동기부여, 교육 등을 통해 항상 최상의 역량을 유지하도록 돕는 능력으로, 팀지도력(team leadership)과 유사하다. 그리고 매니저십은 자기지도력과 팀지도력을 바탕으로 하여 집단과 조직의 사명, 비전, 목표를 달성하는 데 기여하고 실질적인 성과를 거둘 수 있는 능력으로, 성취지도력(performance leadership)과 유사하다.

글이 길어지고 다소 학술적으로 흐르는 느낌이 없지 않으나, 독자 여러분 중에서 조직의 최고관리자들이 리더십에 대해 조금 더 아니 한 번 더 고민해 주기를 바라는 마음에서 글을 이어가고자 한다. 리더(leader)의 자질과 관련하여 일본 코카콜라, 존슨 앤 존슨, 필립스, 쉘 석유 등 유수 기업의 대표이사로 재직했던 아타라시 마사미는 리더가 갖추어야 할 자질을 '5S', 즉 기술(skill), 강인함(strength), 감수성(sensitivity), 미소(smile), 희생(sacrifice)이라고 하였다. 기술은 전문적 직무수행 능력과 다양한 역량을 갖추고, 조직의 비전과 목표를 정립하고 조직성원을 그 방향으로 이끄는 능력이며, 강인함은 신체적인 강인함과 아울러 어려움과 좌절이 찾아오더라도 극복해 내는 '내면의 강인함'을 말한다. 감수성은 주위의 상황이나 다른 사람의 심리를 정확하게 파악하는 감성을 말하며, 미소는 아무리 힘든 상황이라도 낙심하지 않고 아무리 좋은 상황이 와도 담담한 태도를 유지하는 여유로운 태도와 자신의 감정을 적절히 관리하고 다른 사람을 편안하게 하는 평상심을 유지하는 능력을 뜻한다. 마지막으로 희생은 타인에게 지시만 하기보다는 솔선수범하고, 타인을 고난에 빠뜨리고 희생을 강요하기보다 자기 스스로를 먼저 희생시킬 수 있는 능력을 말한다.

이러한 지도자로서의 자질을 갖춘다고 하더라도, 리더십의 가장 기본적인 요소는 조직이나 집단의 구성원과의 인간관계라 할 수 있다. 사회복지조직의 최고관리자가 조직성원과 원만한 인간관계를 맺기 위해서는 ① 비판하기보다는 먼저 이해하고, ② 상대방이 중요한 사람이라는 느낌을 갖게 하고, ③ 자기 입장을 내세우기보다는 남의 입장에서 생각하고, ④ 참을성 있게 상대의 얘기에 귀를 기울이고 흥미를 보이며, ⑤ 조직성원의 관심사를 기억하고, ⑥ 시비를 피하고 미소를 잃지 않아야 하며, ⑦ 남의 잘못을 지적하는 데는 인색하고 자기 잘못을 시인하는데는 호탕해야 하며, ⑧ 강제로 따르게 만들기보다는 부드럽고 친절한 태도로 상대의 마음을 움직여야 한다.

훌륭한 성공적 리더십에 대한 연구는 무수히 많다. 그중에서 William Cohen 교수는 '성공한 리더들의 8가지 리더십 원칙'을 제시했다. 그것은 다름 아닌 '① 절대적으로 정직하게 행동하라, ② 자기의 할 일을 정확히 알아라, ③ 희망 목표를 분명히 밝혀라, ④ 누구보다 열심히 일하는 모습을 보여라, ⑤ 긍정적인 결과를 기대하라, ⑥ 동료와 아랫사람을 잘 챙겨라, ⑦ 나보다 임무를 우선에 두어라, ⑧ 앞장서라'는 것이다.

필자가 최고관리자의 자리에 앉아 보지 못해 리더십에 대해 깊이 알지 못하여 다소 학술적 냄새가 나는 글을 통하여 리더십에 대해 이런 저런 사항들을 나열해 보았다. 하지만 사실 새롭거나 놀라운 것이 아니며, 사회복지조직의 최고관리자들이라면 이미 익히 알고 있는 내용들이 대부분이다. 최고관리자가 얼마나 좋은 리더십을 발휘하는가는 '얼마나 알고 있는가?'의 문제이기도 하지만, '얼마나 실천에 옮기는가?'의 문제에 달려있다. 아무쪼록 원하든 원치 않든 조직의 생사여탈권(生死與奪

權)을 손에 쥔 이상은 사회복지조직의 최고관리자들께서 좋은 리더십에 대한 올바른 인식을 갖추고 그것을 실천에 옮겨 조직의 성장발전에 기여하는 방향으로 지도력을 발휘해 주기를 간절한 마음으로 바라고 또 바라 본다.

68

지인(知人)과 용인(用人)의
혜안을 갖추어라

사회복지조직을 운영하는 데 있어서 다양한 자원이 필요하지만, 가장 중요한 자원은 바로 인적 자원이다. 그러므로 인사관리는 조직관리의 핵심영역이다. 쉬운 말로 사회복지조직은 사람이 일을 하는 것이므로, '사람을 제대로 알아보고 잘 쓰는 것만으로도 일의 절반은 끝난 것이나 진배없다.'고 할 정도로, 인사관리의 중요성을 강조하고 또 강조해도 지나치지 않다. 그런데 사람을 알아보고 사람을 제대로 쓰기란 하늘의 별따기 만큼은 아니지만, 너무 너무 어려운 일임에 분명하다. 이러한 인사관리의 어려움 때문에 사회복지조직의 관리자에게 가장 요구되는 덕목이자 역량 중의 하나가 바로 지인과 용인의 혜안(慧眼)을 갖추는 것이다.

그런데 '열 길 물속은 알아도 한 길 사람 마음속은 모른다.'는 말이 있듯이, 어떤 사람의 진면목을 꿰뚫어보는 안목과 식견, 즉 지인의 혜안을 갖추는 것이 말처럼 쉬운 일이 아니다. 사회복지조직의 관리자라면 누구나 '일을 잘하려니 하고 뽑았더니, 영 아닌데.' 아니면 '믿을만한 사람인 줄 알았더니 내가 사람 잘못 봤네.' 그도 아니면 '믿고 맡겼더니 일을 엉망진창을 만들어 놓았네.'라는 말을 한 번쯤은 해 본 적이 있을 것이다. 혹시 단 한 번도 그런 비슷한 의미를 지닌 말을 해 본 적이 없다면, 귀하는 정말 지인과 용인의 혜안을 갖춘 사람이라고 자부해도 괜찮다.

이렇게까지 필자가 얘기를 했으니, 독자 여러분은 필자가 지인과 용인의 혜안을 갖출 수 있는 뾰족한 방법들을 제시해 줄 것이라고 기대할 것이다. 그런데 기대가 너무 컸다. 필자라고 지인과 용인의 혜안을 갖추었을 리 없으므로, 두리뭉실한 말밖에 못할 것 같다. 하지만 용기를 내서 얘기해 보자면 이렇다.

세상에는 난 사람, 든 사람, 된 사람이라는 세 부류의 사람이 있다. 난 사람은 역량과 능력이 뛰어나다고 주변으로부터 명성이 자자한 사람이고, 든 사람은 머릿속에 많은 지식과 지혜를 갖춘 사람이고, 된 사람은 사람다움을 온전히 갖춘 사람이다. 한 사람이 세 가지 자질을 모두 갖추고 있다면 당연히 그 사람을 들어 써야 하겠지만, 그런 사람을 찾기도 하늘의 별따기만큼 어렵다. 이 세상에 각각의 자질을 하나씩만 가진 세 사람밖에 남아 있지 않다면, 사회복지조직에서는 누구를 뽑아 쓰는 것이 좋을까? 필자라면 난 사람은 너무 잘난 척하고 뺀질거릴 듯하고, 든 사람은 자기 생각만 옳다고 우길 것 같아서 뽑아 쓰고 싶지 않다. 필자는 타인을 존중하고 배려하고 마음을 서로 나누고 함께 도와 일을 할 것 같은 된 사람을 뽑아 쓸 것 같다.

바로 앞 글에서 언급했던 삼성그룹 창업주는 못난 사람에 속하는 세 부류의 사람이 있다고 했다. 바로 '어려운 일은 안하고 쉬운 일만 하려하고 자신의 권위를 찾아 남을 부리는 사람, 얘기를 해도 못 알아듣는 사람, 알아듣기는 해도 실천하지 않는 사람'을 못난 사람의 특성이라 했다. 사람을 알아보는 눈이 조금이라도 있는 관리자라면 이런 못난 사람을 들어 쓰지는 않을 것이다. 그리고 블라인드(blind) 채용절차가 일반화된 현시점에서 대한민국을 망쳤다고 지칭되는 세 가지 연줄, 즉 혈연(血緣), 지연(地緣), 학연(學緣)에 얽매여서 사람을 뽑아 쓰는 관리자는 없을 것이라고 본다.

공자가『논어』에서 사람 알아보는 지인(知人)의 방법으로 제시한 것들을 정리해보면 다음과 같다. 들어 써야 하는 사람으로는 '뜻과 행동거지가 바른 사람, 가까운 사람에게 성심을 다하는 사람, 즐겁게 일하는 사람, 올곧은 사람, 말과 행동이 일치하는 사람, 차마 사람으로서 해서는 안 되는 일을 하지 않는 사람, 속이 꼭 찬 사람, 자기 자신을 정확히 아는 사람, 부지런한 사람'이다. 반면에 들어 쓰지 말아야 할 사람으로는 '듣기 좋게 꾸며서 말하고 얼굴빛을 꾸미는 교언영색(巧言令色)하는 사람, 남을 알아봐 주지는 않으면서 남에게서 인정받으려고 애쓰는 사람, 굽은 사람, 말보다 행동이 앞서거나 행동보다 말이 앞서는 사람, 겉모습만 번지르르 한 사람, 자기 자신도 모르는 사람'이라고 했다.

이런 지인의 방법과 아울러 공자는 사람을 부리는 용인(用人)에 대해 다음과 같이 말하고 있다. 역량에 따라 적재적소에 배치하여 그 사람에게 맞는 일거리를 맡기고, 일단 일을 맡겼으면 자율적으로 일을 처리할 수 있도록 믿어주고, 특정 업무를 맡은 담당자의 의견을 최대한 존중하고, 일을 하면서 작은 잘못을 한 경우에는 최대한 포용해 주고, 신상필벌(信賞必罰)의 원칙을 따르되 잘못한 사람을 직접 꾸짖기보다는 우회적 방법으로 자신의 잘못을 깨달을 수 있는 불설지교회(不屑之敎誨)의 지혜를 발휘하여 최대한 사람을 잃지 않도록 애쓰고, 잘못을 고치면 더 이상 그것으로 탓하지 말고, 일을 할 사람의 눈높이에 맞춰서 구체적 업무지시를 하고, 조직에 쓸 만한 사람이 없다고 한탄하지 말고 있는 사람을 길러서 써야 하며, 조직을 이미 떠난 사람이 그리울수록 조직 안을 더욱 유심히 살피라고 권면하고 있다.

사회복지조직의 인사관리에 대해 글을 쓰다 보니 세 쪽을 넘어서고 있지만, 독자 여러분 중에는 더 구체적인 지인과 용인의 기준을 얘기해 주기를 기대하는 사람이 많을 듯하다. 그런데 필자가 아니라 사회복지 행정학을 전공한 석학(碩學)도 똑 부러지는 구체적인 지인과 용인의 방법을 말해 주지는 못한 것 같다. 그러므로 사회복지조직의 관리자는 사람을 뽑아서 일을 시키는 경험을 누적해 가면서, 아주 구체적인 지인과 용인의 전략을 스스로 정리해 가고, 그 전략을 검증해 가는 노력을 계속 기울여 나가야 한다.

69

직원교육에 아낌없이 투자하라

　어떤 일이 기대한 바대로 추진되지 않았을 때 그 이유를 일일이 따져 보고 뚜렷한 이유가 발견되지 않으면, '결국 사람이 문제다.'라고들 한다. 세상 모든 일처럼 사회복지조직의 일 역시 사람이 하는 것이니 사람이 어떠냐에 따라서 일의 성패도 결정된다. 그래서 사회복지조직에서는 인성도 좋고 일도 잘할 것 같은 직원을 뽑아서 잘 활용하려 하지만, 앞서 얘기했듯이 그런 사람을 뽑아 쓴다는 것 자체가 너무 어려운 일이다. 이와 관련하여 공자는 『논어』 자로편 30장에서 백성을 가르치지 않고 전쟁터로 내보내는 것은 백성을 버리는 것과 같으므로, 백성에 대한 좋은 교육[善教]이 반드시 필요하다고 역설하고 있다. 사회복지사 역시 대학교육을 통해 기본 역량을 갖추기는 했지만, 복잡다단한 사회복지조직의 업무를 성공적으로 이행할 만큼의 실무역량을 갖추지 못한 것이 사실이니, 길러서 써야 할 필요가 있다.

　'교수님! 사회복지조직은 일하는 곳이지, 공부하는 데가 아니에요.'라고 말하면, 할 말이 없기는 하다. 그러나 전문 업무역량이 부족한 채로 주민과 내담자를 돕게 되면 그들에게 피해를 입히게 되니, 그것만이라도 막으려면 가르쳐 가면서 일을 시켜야 한다. 그런데 '사회복지사 보수교육이 의무화되어 있고, 조직 내부 슈퍼비전을 통해서도 알려 주고, 자신이 교육이 필요하고 배울 의지가 있으면 알아서 배울 것이다.'고 말하면, 할 말이 없기는 하다. 하지만 세상에서 제일 힘든 것이 자기가 알아서 잘하는 것인 만큼, 사회복지조직이 사회복지사의 전문역량강화를 위한 내부 교육프로그램을 활성화시키고, 사회복지사의 외부 학습활동을 적극 지원해 주면 좋을 듯하다.

대부분의 사회복지조직에서 외부 전문강사를 초빙하여 직원교육을 정기적으로 실시하고, 기관 차원의 독서 모둠 활동이나 직원들의 자발적 학습동아리활동을 지원하는 경우도 많이 있다. 사회복지사 보수교육을 통해 업무수행에 필요한 지식과 기술을 함양할 수 있는 기회가 많이 있다.

그런데 필자는 사회복지조직이 사회복지 전문영역 이외의 것들을 배울 수 있는 기회를 많이 만들어 주었으면 하는 바람을 갖고 있다. 사실 사회복지만 잘한다고 해서 사회복지 일을 잘할 수 있는 것은 아니다. 사람을 상대해야 하므로 의사소통이나 예의범절에 대해서 배울 필요도 있고, 스트레스와 마음을 다스리는 법을 배울 필요가 있고, 조직을 내외부에 알리기 위해서는 홍보와 마케팅전략도 배워야 한다. 코로나 시국에서 온라인 운용이나 영상제작 능력이 부족하여 어려움을 겪기도 했듯이, 첨단 정보기술 활용능력도 갖출 필요가 있다. 다른 전문직과의 소통과 협업을 위해서 다른 인간봉사전문직의 기초지식과 최근 동향을 배울 필요도 있고, 원예치료, 미술치료 등의 대안요법을 배워 집단프로그램에 활용할 수도 있다. 사회복지 공부도 공부지만, 필자는 사회복지조직이 직원들에게 사회복지 일을 하는 데 도움이 되는 다른 분야의 교육을 적극 권장하고 지원해 주었으면 한다.

　직원교육도 교육이지만, 후배 교육에 대한 책임도 사회복지조직의 사명 중의 하나이므로, 필자가 특별히 부탁하고 싶은 것이 있다. 사회복지조직이 실습교육과정에서 학생들에게 실무경험을 좀 더 많이 할 수 있는 기회를 주었으면 하는 바람이다. 조직 관리운영 방법을 가르치는 사회복지행정론 과목의 실제 강의시간은 12주 36시간에 불과하나, 기획, 인사, 재정, 정보, 리더십 등 가르쳐야 것이 많다 보니, 조직 관리운영의 큰 줄기[大綱]와 원리만 가르치게 된다. 예비사회복지사가 실습교육을 통해 그 원리를 실무에 적용해 볼 수 있는 기회를 많이 갖게 되면, 나중에 사회복지조직에서 일을 시작할 때 그 출발점이 조금 더 앞서 있지 않을까 해서 특별히 부탁드린다.

70

권한을 위로 집중시키지 말고,
아래로 분산하라

　대한민국 건국 이후 제2공화국 시절 짧은 기간의 의원내각제가 존재
했었고 1991년부터 지방자치제도가 시행되고 있지만, 우리 사회에는
중앙집권형 권력구조가 지배적으로 작동하고 있다. 정치적 위기상황
때마다 제왕적 대통령제의 폐해를 지적하고 분권형 대통령제니 의원내
각제니 하는 권력구조 개편 논의가 있어 왔지만, 그때마다 말들의 잔치
로 끝나고 말았다. 이런 우리 사회의 오래된 지배적 권력구조의 전통은
사회복지조직의 관리운영 방식 특히 의사결정구조에도 아주 강한 영향
을 미치고 있다.

　모든 조직이 그렇듯이, 사회복지조직도 명확한 위계질서가 있어야
한다. 사회복지조직 안에는 위아래의 구분이 분명해야 하고, 앉은 자리
에 따라 기대하는 역할과 해야 할 일이 달라야 하고, 손에 쥐는 권력의
크기와 그에 따른 책임의 크기도 달라야 한다. 그런데 우리 사회의 오래
된 권력구조 유형의 좋지 않은 영향으로, 권력피라미드의 맨 꼭대기에
앉은 사람이 모든 것을 장악하고 휘두르는 전면통제조직과 같은 의사
결정구조를 가진 사회복지조직이 없지 않다. 그런가 하면 공식적인 규

정과 절차, 전문화된 분업관계 등을 통해 합리적 통제체계를 활용하는 관료조직처럼 운영되는 사회복지조직도 없지 않다. 한편으로는 관리자가 어떤 권력과 통제권을 행사하지 않고 모든 것을 알아서 하라는 식의 투과성조직처럼 운영되는 경우도 없지는 않을 것이다. 쉬운 말로 하면, '시키면, 시키는 대로 해.' '모든 것은 규정과 문서로만 소통한다.' 아니면 '네가 다 알아서 하면 될 것을 왜 그걸 나한테 묻느냐?'는 식의 의사결정구조를 가진 사회복지조직이 없지 않다.

하지만 사회복지조직은 전면통제조직이나 관료조직, 투과성조직에서 사용하는 의사결정구조로는 조직의 사명과 목표를 제대로 성취할 수 없다. 왜냐하면 사회복지조직은 아주 복잡한 내적 역동성을 지닌 사람을 직접 만나서 일을 하는 조직이므로, 맨 윗자리에 앉은 사람이 저 아래 최일선에서 일어나는 세세한 일들을 모두 알기 어렵고, 인간미(人間味)라고는 전혀 없는 규정이나 문서 한 장으로 사람의 문제를 해결하기는 쉽지 않으며, 일선에서 뛰는 사회복지사가 모든 것을 알아서 결정하고 실행할 수는 없기 때문이다.

그렇다면 사회복지조직은 어떤 의사결정 구조를 가져야 하는가? 바로 일선조직에서 활용하는 의사결정구조를 따라야 한다. 일선조직은 주도권이 최고관리자가 아닌 업무 부서에 있고, 업무부서는 상호 독립적이지만 유기적 협력을 통해 일을 처리하는 조직이다. 사회복지조직은 지역주민이나 내담자들에게 직접 서비스를 제공하는 일선 부서에서 자신들이 해야 할 일을 기획하고 실행하는 데 있어서 주도적 결정권한을 행사할 수 있어야 한다. 그리고 서비스 과정에서 발생하는 상황들에 대해서도 일선부서가 주체적 판단과 결정을 통해 대응할 수 있는 권한을 가져야 한다. 이처럼 일선부서가 주도권을 갖고 주체적으로 업무를 추진할 경우에 발생할 수 있는 문제점은 바로 지나친 주도권 행사로 인한 업무협조의 부족, 부서 간의 업무갈등이다.

일선조직의 의사결정구조를 채택한 사회복지조직의 최고관리자는 일선부서의 주체적 활동을 최대한 지지하고 격려하되, 부서간의 부조화로 인해 발생하는 업무갈등을 조정하고 해결하며, 일선부서에서 최종결정을 하기 어려운 부분에 대한 의사결정의 권한과 책임을 갖는 것이 바람직하다. 이렇듯 사회복지조직은 윗사람은 권력과 통제권을 휘두르고 싶은 유혹을 이겨 내고 예(禮)를 다하여 아랫사람을 대하고, 아랫사람은 복종과 아첨이 아니라 자신이 맡은 일을 최선을 다해서 해내려는 진기(盡己)의 마음, 즉 충(忠)으로 보답하는 인간미 가득한 의사소통과 의사결정구조를 갖는 것이 바람직하다.

71

집단지성을 활용하자

독자 여러분은 '한 명의 천재가 10만, 20만 명을 먹여 살린다.'는 얘기를 들어 본 적이 있을 것이다. 바로 고(故) 이건희 삼성그룹 선대회장이 2003년 언급한 천재경영론이다. 그는 이 경영철학을 바탕으로 전 세계의 석학들을 모아서 지금의 초일류 반도체 기업을 만들어 냈다. 하지만 필자는 이 말을 듣고 다소 엉뚱하고 망측한 생각을 했었다. 오천만 우리 국민이 잘 먹고 잘 살려면 250명의 천재만 있으면 되니, 시간은 걸리겠지만 열심히 찾아서 그들 천재를 민간 기업으로 보내는 대신 우리의 정치체제를 과두제(寡頭制, oligarchy)로 전환하여 번갈아가며 대통령과 국회의원을 시키면 참 좋겠다는 생각을 했었다. 지금 이 얘기를 쓰는 중에 불현듯 어떤 생각이 머리를 스쳐 지나간다. 사회복지조직을 잘 관리운영해서 국민들을 모두 행복하게 살도록 도우려면, 그들 천재 모두를 사회복지조직의 최고관리자로 임명하면 되겠다는 생각이다. 그런데 아주 큰 사회복지조직의 연간 총예산을 한 푼도 남기지 않고 다 털어 넣어도 그들의 임금을 감당하지 못할 것이니, 애당초 실현 불가능한 공상(空想)일 뿐이다.

사설이 길다고 하겠지만, 말이 나온 김에 하나 더 해 보려 한다. 지금은 까까머리 청소년을 가르치는 국어 교사가 되어서 많이 점잖아진 아들이 아주 어렸을 때 일이다. 필자 머리 위에 자기 머리를 얹어 놓고는 "아빠! 이렇게 우리 얼굴을 쌓아 놓으면, 사람들이 뭐라 그러게?"라고 질문을 한 적이 있다. 넌센스 퀴즈인줄 알았지만 마땅한 답이 떠오르지 않아 머뭇거리고 있었더니, 아들 녀석이 '돌탑!'이라고 말하고는 재빨리 도망쳤다. 그 말을 듣고 난 필자의 머릿속에는 '맷돌'이라는 단어가 불현듯 떠올랐다. 아들 녀석은 성적 안 나와도 유전자 탓이니 혼내지 말라는 말을 한 것뿐인데, 아빠는 '그래. 돌도 쌓아서 아귀를 맞추면 탑도 되고 맷돌도 되니, 세상 모든 쓸모없어 보이는 것들도 다 쓸 데가 있다.'는 개똥철학을 하고 있었던 것이다.

필자의 젊은 시절처럼 먹고 살기 바빠서 배우지 못했던 시기에는 천재경영론이 유효했을지 모르지만, 지금은 한 개인의 뛰어난 역량에 따라 조직 전체의 결과가 결정되는 시기가 아니다. 그러니 사회복지조직 경영에 그 철학을 가져다 쓰는 것은 적절치 않아 보인다. 지금은 '한 사람의 뛰어난 지식보다 많은 사람이 서로 협력 또는 경쟁하여 쌓아 만든 지적 능력의 결과'인 집단지성(collective intelligence)이 더 크고 좋은 조직의 결과물을 만들어 낸다.

이런 집단지성을 활용하기 위해서는 조직성원이 어느 정도의 지적 집산물(知的 集散物)을 갖추고 있어야 한다. 필자는 지금의 사회복지사는 분명 충분하고 깊이 있는 다양한 지적 집산물을 지니고 있다고 본다. 아주 단순하게 비교해 보면, 필자는 대학시절 150쪽도 되지 않는 인간행동과 사회환경 교재로 수업을 한 반면, 지금은 800쪽이 넘는 교재로 같은 교과목을 가르치고 있으니, 꼰대세대로 불리는 필자에 비해 MZ세대 사회복지사들이 갖고 있는 인간과 세상에 대한 지적 집산물이 최소 5배는 많을 것이다.

무식함을 상징하는 돌도 부딪히면 돌가루가 나오고 부싯돌이 되어 불꽃을 일으키는데, 하물며 깊고 많은 지적 집산물을 소유한 사회복지사들이 명석한 머리를 맞댄다면, 멋진 조직의 성장발전과 혁신 방안들이 나오는 것은 너무도 당연한 일[當然之事]이다. 이제부터 사회복지조직의 관리자들이 자신이 아무리 명석하고 뛰어나다 생각할지라도 자신의 판단과 결정을 따르라고 명령하지 말고, 조직의 관리운영에 조직성원들의 집단지성을 적극적으로 활용하려는 지혜를 발휘해 주기를 필자는 간곡하게 부탁드린다.

72

탄탄한 내부 슈퍼비전 체계를
갖추어라

　필자는 학부생들에게 4학년이 되었다고 해서 학점 잘 주는 쉬운 교양 과목 들으러 돌아다니지 말고, 무슨 일이 있어도 사회복지지도감독론 교과목을 꼭 수강하라고 잔소리를 하곤 한다. 필자가 강의하는 과목이 아니니 수강생이 모자라 폐강될 걱정은 제 몫이 아니지만, 학생들이 나중에 관리자 자리에 앉았을 때 아랫사람에게 슈퍼비전이 아니라 업무 지시만 줄기차게 쏟아부을까 봐 걱정되어서 하는 잔소리이다. 제발 기우(杞憂)이기를 바라 보지만, 그럴수록 걱정이 커져만 가는 것을 보니 어쩔 수 없는 꼰대인가 보다.

　슈퍼비전(supervision)을 캠브리지 사전(Cambridge Dictionary)에서 찾아보면, '특정인이나 특정 활동을 지켜보고, 모든 것이 안전하고 올바르게 이루어질 수 있도록 확실히 하는 행동'이라고 적어 놓았다. 쉽게 말해 누군가 전문적 역량이 뛰어난 사람이 위에서(super) 지켜보면서(vision), 일이 제대로 확실하게 이루어질 수 있도록 조언, 제안, 교육, 지지 또는 지시 등을 제공하는 활동인 것이다.

　사회복지지도감독론 학술서적에 의하면, 슈퍼비전은 지지기능, 교육

기능, 행정기능이라는 세 가지 기능이 있다고 적혀있다. 즉, 슈퍼비전이란 전문성과 실무경험이 풍부한 슈퍼바이저(supervisor)가 일선에서 업무를 담당하는 슈퍼바이지(supervisee)의 서비스 제공이나 행정업무 활동을 지켜보면서, 일을 제대로 하는 방법과 일처리 기술을 가르쳐 주고, 일처리와 관련된 업무적 지시를 내리고, 일을 맡은 사회복지사에게 힘을 실어 주고 마음을 어루만져 주고 토닥여 주는 활동인 것이다. 이런 슈퍼비전이 제대로 이루어지려면, 슈퍼바이저는 전문적 역량과 함께 인격적 성숙 그리고 슈퍼비전과 관련된 풍부한 경험과 역량을 갖추어야 하며, 슈퍼바이지는 슈퍼비전을 통해 자신의 서비스 및 업무처리 능력을 향상시키고 자기계발을 하고자 하는 동기와 의지를 갖추어야 한다.

사회복지조직을 대상으로 슈퍼비전을 한 경험에 의하면, 조직 내부의 슈퍼비전 체계가 잘 잡혀 있을수록 조직에서 하는 일의 성과가 더욱 크고 좋았는데, 필자뿐 아니라 어느 누구라도 이런 사실을 부정하기는 어려울 것이다. 또한 내부 슈퍼비전 체계가 잘 정비되어 있을수록, 외부 슈퍼비전을 자기만의 방식으로 흡수하고 소화하여 서비스와 업무에 적극 활용하는 사례가 훨씬 많은 것도 사실이다. 반면에 내부 슈퍼비전 체계가 정비되지 않은 조직에서는 슈퍼비전 중에서도 업무지시를 내리는 행정적 슈퍼비전만 난무하고, 일이 잘못되면 그 탓을 슈퍼바이저와 슈퍼바이지가 서로에게 떠넘기는 장면을 자주 보게 되고, 외부 전문가가 아무리 마음을 담아 슈퍼비전을 해 줘도 그때뿐이고 서비스와 실무에 적용되지 않는 경우가 대부분이다. 이런 사실들을 보면, 사회복지조직의 관리운영에 있어서 내부 슈퍼비전 체계를 확고하게 마련하는 것이 얼마나 중요한지를 알 수 있다.

그런데 슈퍼비전은 교수나 관리자와 같은 윗자리에 앉은 사람만 하는 것은 아니고, 동료 슈퍼비전 기능도 매우 중요하다. 필자는 전국 단위의 프로그램 공모사업에서 슈퍼바이저로 활동하면서, 다른 기관 동료들로부터 받는 슈퍼비전(peer supervision)이 필자의 슈퍼비전보다 훨씬 더 유용하게 작용하는 경우를 자주 보았다. 그래서 필자는 독자 여러분이 외부 전문가로부터 지속적 슈퍼비전을 받음과 동시에 전국적인 인적 네트워크를 만들고 동료들로부터도 좋은 슈퍼비전을 받을 수 있는 기회가 되는 전국 단위 프로그램 공모사업에 꼭 참여할 수 있는 기회를 가져 보기를 진심으로 권한다.

필자와 같은 대학교수들은 가끔 현상을 거꾸로 뒤집어서 살펴보는 습관이 있다. 필자는 '왜 꼭 윗사람이 아랫사람을 슈퍼비전해야 할까? 아랫사람이 윗사람을 슈퍼비전 할 수는 없을까?'라는 생각을 해 보았다. 아랫사람이 윗사람을 올려다보며 해야 하는 활동이니 슈퍼비전이 아니라 언더비전(undervision)이라 해야 할지 모르겠지만, 분명 아랫사람이라고 해서 윗사람보다 못하리라는 법은 없으니 슈퍼비전이든 언더비전이든 얼마든 가능할 것이라 생각한다.

그런데 문제는 아랫사람이 먼저 나서서 윗사람에게 이러저러하는 것이 좋겠다고 불쑥 말을 꺼내는 것이 한국의 조직문화에서 쉽지 않다는 것이다. 그러므로 윗사람이 먼저 나서서 아랫사람에게 의견을 묻고 지혜를 구하는 자세가 필요하다. 이와 관련하여 공자는 『논어』 공야장편 14장에서, 위나라 대부(大夫) 공어에 대해 "그는 명민하면서 배우기를 좋아하여 아랫사람에게 묻기를 부끄럽게 여기지 않았다."고 평가하고 있다. 이처럼 윗사람이 '지위나 나이, 학식 따위가 자기보다 못한 사람에게 묻는 것을 부끄러워하지 않는 태도', 즉 불치하문(不恥下問)의 태도를 취해 준다면, 얼마든지 위아래를 오가는 슈퍼비전이 가능해질 것으로 보인다.

　외부 슈퍼비전을 지속적으로 활용하는 것도 좋겠지만, 외부 전문가는 조직 내부 상황에 익숙하지 않으므로 가끔 조직상황에서 받기 어려운 내용들을 해보라고 요청하는 경우들이 있다. 그러므로 사회복지조직은 교육-행정-지지의 세 가지 기능이 균형을 이룬 내부 슈퍼비전 체계를 탄탄하게 갖추는 것이 좋다. 이를 위해 사회복지조직은 윗사람의 아랫사람에 대한 슈퍼비전, 동료들 간의 슈퍼비전 그리고 말이 되는 소리인지 모르겠지만 아랫사람의 윗사람에 대한 언더비전까지 고루 활성화시켜 나가야 한다. 그래야만 조직도 잘 굴러갈 것이고, 그 속에서 일하는 사회복지사도 신바람이 날 것이고, 멀게는 지역주민과 내담자들도 질 높은 서비스를 받을 수 있게 되니, 조직의 명망과 서비스에 대한 만족도는 당연히 높아질 것이다.

73

위험관리를 못하면,
조직은 풍전등화의 위기에 처한다

필자는 전남 진도군 서망항 인근에 위치한 국민해양안전관의 '맘'이라 이름 붙여진 노란 조형물을 보고 가슴 저미는 경험을 했다. 생때같은 자식을 앞세우고 마음이 썩어 문드러져 뻥 뚫려버린 가슴으로 한 손에 국화꽃을 들고 서 있는 모습의 엄마는 다시는 이 땅에 자신과 같은 엄마가 생겨나지 않기를 간절히 기도하고 있을 것이다. 그런데 작년 가을밤에 생떼 같은 자식을 앞세운 수많은 가슴이 뻥 뚫린 엄마들이 또 다시 생기는 참혹한 일이 벌어졌다. 그런데도 '나라 탓입니다. 뼈를 깎는 고통을 감수해서라도 다시는 이런 일이 이 땅에서 일어나지 않게 하겠습니다.'라는 말을 아직 어느 누구도 하지 않고 있다. 그것이 더 가슴 아파서 필자는 이동식 저장장치(USB) 고리에 노란 리본을 달고서, 세상의 어른 노릇 못한 것을 참회하고 그들을 오래 오래 기억하려고 애쓰는 아주 개인적인 사회운동을 하고 있다.

이와 같은 참혹한 일은 아니지만 사회복지조직에서도 안전사고 등으로 인해 고통을 겪고 비통함에 빠져 있는 이용자들이 있다. 다른 한편으로는 세상에 착한 사람만 사는 것이 아니므로, 부당하게 고소당하거나 괴롭힘을 당하는 사회복지조직 관리자들도 있다. 사회복지조직이 위와 같이 대응하는 나라의 꼴을 닮는다면, 조직 이용자와 국민은 즉시 사회복지조직을 외면하고 앞으로도 눈길 한번 주지 않을 것이다. 그러므로 위험을 사전 예방함과 아울러 효과적으로 대응할 수 있는 위험관리 체계를 완비하는 일은 사회복지조직 관리운영에 있어서 최우선적 필수 고려사항이 되어야 한다.

위험관리(risk management)란 위험발생을 사전에 예방하고 위험에 직면해서는 최적의 대응방안을 모색하여 실행함으로써, 조직 이용자의 안전 확보, 종사자의 노동안전 보호와 서비스 질 향상 그리고 조직의 유지와 발전을 도모하는 데 목적이 있다.

체계적인 위험관리를 위해서는 가장 먼저 위험유발요인이 무엇인지를 알아야 한다. 조직 차원의 위험 유발요인으로는 ① 이용자의 사고와 고충 처리에 대한 대응 부족, 감염병 발생 등의 업무 관련 요인, ② 경영 수지의 악화, 재무관리의 실패 등의 경영 관련 요인, ③ 조직 운영상의 부정이나 불법행위, 종사자의 비위 행위로 인한 조직 품위손상 등의 사회적 요인 그리고 ④ 화재, 풍수해, 지진 등의 자연재해와 인재(人災) 사고 등의 재해요인이 있다. 사회복지사의 행위 또한 위험 유발요인이 되는데, 서비스 과정에서의 잘못된 사정과 개입, 부정행위, 비전문적 실천행위, 성적 부정행위, 보호 의무의 태만과 소홀, 비밀보장의 의무 위반 등이 거기에 해당한다.

이와 같은 위험유발요인에 의해 위험이 발생하지 않도록 사전에 예방조치를 확실하게 강구하는 것이 필수적이다. 그러나 완벽한 예방책을 세운다는 것은 현실적으로 불가능하므로, 위험 발생 시에 대비한 체계적 대응방안을 마련해 두어야 한다. 그런데 어떤 조직은 위험대응책을 수립하지도 않고 위험발생에 대응하지 않은 채 위험의 영향을 그대로 감수하려는 경우도 있고, 그 사업을 접거나 아예 폐업을 선택하는 방법으로 대응하기도 한다. 적어도 사회복지조직이라면 그래서는 안 된다.

사회복지조직은 위험의 발견과 확인, 위험에 대한 분석과 평가, 위험대응방안의 선택과 실행, 위험의 재평가와 재발방지책 마련이라는 위험대응 과정 전반에 관한 매뉴얼을 만들고, 종사자들이 이를 숙지하고 몸으로 완전히 익히도록 지속적 교육훈련을 실시하고, 위험에 대한 재무적 대응책도 강구해야 한다. 그럴 때만이 위험(risk)으로 인해 조직이 위기(crisis)에 빠져 허우적거리는 일을 막아낼 수 있는 길을 찾게 될 것이다.

74

밖으로는 넓은 관계망을,
안에서는 원 팀으로 일하라

필자의 자아성향은 내향성이 강한지라, 좁은 범위의 사람들과 깊게 사귀는 경향이 있다. 그럼에도 학생들에게는 '사회복지사의 스마트폰에 저장된 연락처가 곧 자원이다. 사람들과 폭넓게 교유하라.'고 가르친다. 폭 좁은 선생이 '바담 풍'하더라도 제자들은 '바람 풍(風)'하라고 가르치는 셈이니, 얼마나 효과가 있을지는 모를 일이다. 그런데 필자가 내향적 성격이라 했으니 정말 인간관계의 폭이 좁겠거니 생각하는 독자들이 있을까 봐 방금 스마트폰을 열어 확인했는데, 필자 전화기에 598명의 연락처가 저장되어 있다.

사회복지사들에게 슈퍼비전을 할 때도 현장 사회복지사에게 학생에게 했던 말을 똑같이 하곤 한다. 왜냐하면 같은 일을 하는 외부 사람과 긴밀한 인적 네트워크를 형성하게 되면, 기관 내부에서 받을 수 없는 업무 관련 정보나 조언을 받을 수 있고 인간적 유대관계를 통해 정서적 안정감을 획득할 수 있는 등의 긍정적 효과를 얻을 수 있기 때문이다. 실제로 프로그램 공모사업에서 같은 해에 필자의 팀에 소속되어 슈퍼비전을 받았던 사회복지사들이 종결 이후에도 지속적 관계를 유지하면서 업무상 물어볼 것이 있거나 도움받을 일이 있으면 스스럼없이 연락하고 기꺼이 도움을 주고받는 경우를 자주 보았다. 필자는 이들이 프로그램과 슈퍼비전을 매개로 전국적인 인적 네트워크를 구축하여 동료 슈퍼비전과 지지를 주고받으며 성장해 가는 모습을 보면서, 한편으로는 그들에게서 대견함을 느끼고 또 한편으로는 그런 계기를 마련해 주는 역할을 했다는 점에서 뿌듯함을 느꼈다.

밖으로는 넓은 인적 네트워크를 만들어야 한다면, 안에서는 하나의 팀으로 일을 할 수 있어야 한다. 사실 사회복지조직이라고 해서 세상에서 벌어지고 있는 좋지 않은 일들이 없으리라는 법은 없다. 사회복지조직 내에서도 성적 차별이나 부적절한 성적 행위가 일어나기도 하고, 이른바 꼰대와 MZ가 서로를 이해하지 못하고, 네 편 내 편 가르고, 일이 잘못되면 누군가에게 책임을 뒤집어씌울 궁리도 하고, 갑질로 상처받고 인권을 침해당하는 일도 일어난다. 지역주민과 이용자들에게는 조화롭고 사이좋게 지내라고 말하면서, 막상 일터에 돌아와서는 같이 일하는 사람에게 눈을 흘기는 이율배반적 행동을 하게 되니, 그 조직의 성과는 보나 마나 형편없다. 어떤 사회조직보다도 높은 윤리성과 도덕성을 요구받는 사회복지조직에서 이런 유형의 일들로 인해 국민에게서 '마음 합쳐 사람을 돕고 세상을 바꾸라고 위임해 주었더니, 지들끼리 싸움박질 하고 앉았네.'라는 소리를 듣지 않아야 한다.

그런 소리를 듣지 않는다고 해서 그게 다가 아니다. 사람이 많다고 일을 잘하는 것도 아니다. 조직에서 부여받은 각자의 일을 하면서 필요한 경우에만 상호작용하고 업무결과에 대해 개개인이 책임지는 작업집단(working group)으로는 결코 조직이 좋은 성과를 거둘 수 없다. 조직 편제상 팀으로 묶여 있어서 이름과 겉모양은 팀이지만 속은 그렇지 않다면, 이 역시도 마찬가지다. 그러므로 사회복지조직에서는 진정한 팀이 되어 함께 일하지 않으면 안 된다. 다시 말해 한마음 한뜻의 팀 정신 (team spirit)으로 똘똘 뭉쳐서 일을 해야 한다. 원 팀(one team)으로 일함으로써, 조직의 민주적 운영과 성원의 자발적 참여를 촉진하고, 조직 내외부의 상황 변화에 신속하고도 유연하게 반응할 수 있고, 조직통합과 발전을 저해하는 갈등이나 분열의 요인을 예방하고 해결할 수 있게 되므로, 사회복지조직의 본연의 사명을 충실히 이행하고 크고 알찬 조직성과를 거둘 수 있게 된다. 그러므로 사회복지조직은 겉모습만 팀이 아닌 겉과 속 모두 진정한 팀을 만들어 내고, 함께 일하는 건강한 팀 문화를 가꾸고 유지해 나가야 한다.

75

모두 국민의 호주머니에서
나온 돈이다

　사람은 먹고 살아야만 하고, 그러기 위해서는 돈을 벌어야만 한다. 필자 역시 그렇다. 필자는 학생이 낸 등록금으로 급여를 받아서, 먹고 살고 가족을 부양해 왔다. 그러기에 늘 학생을 가르치고 지도하는 데 최선을 다하려는 각오를 갖고 살지만, 30년 가까운 세월을 되돌아보면 부족한 점이 많았음을 인정할 수밖에 없다. 이름값과 자리 값도 제대로 못하면서 밥값을 벌고 있음을 깊이 반성하면서, 얼마 남지 않은 정년까지 최선을 다해 교육과 연구와 봉사의 책무를 성실히 수행하려 한다.

　사회복지조직도 제대로 굴러가려면 돈이 필요하고, 사회복지사도 먹고 살려면 돈을 벌어야 하는 것은 매한가지다. 사회복지조직이 쓰는 돈과 사회복지사가 버는 돈은 모두 국민의 호주머니에서 나온다. 사회복지재원의 대부분은 국민이 내는 세금과 사회보험료이며, 나머지는 조직 이용자가 부담하는 서비스 이용료와 마음씨 좋은 국민들이 쓸 데 안 쓰고 내놓은 후원금품 등으로 채워진다. 그 돈으로 사회복지조직은 지역주민과 이용자들이 필요로 하는 서비스와 도움을 제공하고, 조직의 인적 자원과 물적 자원을 관리하고 지원한다. 사회복지사는 국민의 호주머니에서 나오는 돈을 써서 일을 하고, 노동의 대가로 급여를 받는다.

높은 도덕성을 요구받는 사회복지조직에서 아주 작은 돈 문제라도 일으키면, 국민들의 눈길은 싸늘해지고 베풀던 호의를 싹 거두어들이는 매서운 매질을 가해 온다. 그 결과로 사회복지조직의 운영에도 어려움이 발생하지만, 궁극적으로는 조직 이용자들과 수급자들이 그 피해를 고스란히 떠안게 된다. 그럼에도 아주 가끔씩 사회복지재정을 부당청구하거나 불법 사용하는 사례들이 발생하고 있으니 안타까운 일이다.

그렇다면 결론은 하나다. 그 소중한 돈을 아껴서 잘 써야만 한다. 이를 두고 공자는 『논어』학이편 5장에서 절용애인(節用愛人)이라고 권고하고 있다. 재정을 아끼는 것이 곧 백성을 사랑하는 것이므로, 돈을 아껴 쓰고 백성을 이롭게 하는 데 더욱 힘쓰라는 것이다. 사회복지조직과 사회복지사들 중에 복지재정을 쌈짓돈 쓰듯 하는 사람은 없을 것이고, 물 쓰듯 펑펑 쓰는 사람은 더더구나 없을 것이다. 그런데 자신도 의식하지 못한 채 재정을 낭비하는 경우는 분명 많이 발생한다. 오랜 시간 자리를 비우고 외출하면서도 책상 위의 컴퓨터를 켜놓고 나가는 경우, 개인적 용도의 인쇄물을 기관 프린터로 다량 출력해 가는 경우, 기관의 장비와 시설을 함부로 다루다가 망가뜨리는 경우 등과 같은 사례는 얼마든 일어날 수 있는 일이다. 문제는 그런 낭비적 행동을 하면서도 그 행동들에 따르는 비용이 모두 국민의 호주머니에서 나온다는 인식을 못한다는 것이다. 이제부터라도 바뀌어야 한다.

돈 갖고 이런 저런 말을 길게 늘어놓는 것만큼 치사한 일은 없기에 짧은 글로 마무리하려 한다. 구차해서 더 이상 말은 않지만, 모든 사회복지조직과 사회복지사가 공자가 말한 절용애인이라는 이 네 글자를 가슴 속 깊이 새겨 두었으면 하는 바람이다.

76

오르려하기 전에 채우고,
자리 값 이름 값을 제대로 하자

'자리가 사람을 만든다.'는 말을 들어 보았을 것이다. 그럴듯해 보이지만, 사회복지사는 이 말을 절대 믿어서는 안 된다. 자리에 오를 역량을 갖추지 못한 사람이 자리에 앉은 다음에, 모자란 것을 채워서 자리에 걸맞은 사람으로 바뀐다는 것은 앞뒤가 맞지 않는 말이다. 자리에 오를 역량이 안 되면 오르지 말아야 한다고 말하는 것이 맞는 표현이다.

공자는 아끼는 제자 자로가 역량이 모자란 사람을 비(費) 땅의 읍재(요즈음의 지방자치단체장)에 추천하자, "너는 사람을 망치는 자(者)이다."라며 심하게 꾸짖는다. 반면, 자신은 아직 벼슬길에 오를 역량을 갖추지 못했다며 한사코 사양한 제자 칠조개와 민자건에 대해서는 칭찬에 칭찬을 아끼지 않는다. 공자가 칭찬과 질책을 쏟아낸 이유는 간단하다. 역량이 안 되는 사람이 높은 자리에 오르면, 백성들이 고통을 겪기 때문이다. 그러면서 "지위가 없음을 근심하지 말고 그 지위에 설 수 있는 사람이 되는 것을 근심하라."고『논어』이인편 14장에서 말하고 있다. 어떤 자리에 오르고 싶은 사회복지사에게 먼저 그 자리에 걸맞은 역량을 갖추라고 권면하는 말이다.

이제 자리에 올라섰으면 어떻게 해야 할까? 말하지 않아도 어때야 하는지 독자 여러분은 잘 알고 있겠지만, 필자는 다시 공자의 말을 빌려보려 한다. 제나라 경공이 정치를 어떻게 해야 하는지를 묻자, 군군 신신 부부 자자(君君 臣臣 父父 子子)라는 여덟 글자로 답한다. 즉, 군주, 신하, 아버지와 아들이 각각 자신의 지위에 걸맞은 역할을 충실히 이행하면 나라가 다스려지고 세상이 안정된다고 답한 것이다. 또한 제자 자로가 공자에게 정치를 하면 무엇을 먼저 하겠느냐고 묻자, 정명(正名)이라는 두 글자로 답한다. 이 말은 자리 값, 이름값을 제대로 하게 만들겠다는 말로, 위의 여덟 글자와 같은 의미를 지니고 있다. 공자는 노나라 계씨 집안의 신하인 제자 자로와 염유가 사사로운 욕심을 부리는 주인에게 간언(諫言)하지 않은 일을 두고는 '그냥 머릿수만 채우는 신하'라고 엄하게 꾸짖는다. 그러면서 자리에 올랐으면 그 자리에 넘치는 일을 해서는 안 되며, 그 자리에 요구되는 역할을 제대로 할 수 없으면 그만두고 내려오라고 우리들에게 권고하고 있다.

너무 공자의 말에만 의존하여 훈계하듯 얘기하면 고리타분하다고 핀잔을 할 터이니, 다른 말로 해 보려 한다. 필자가 강원도 고성군의 해파랑길을 걸을 때, 명태의 각기 다른 이름을 벽에다 그림으로 그려 친절하게 설명한 것을 본 적이 있다. 갓 잡아 올린 신선한 명태는 생태, 얼린 것은 동태, 반쯤 말린 것은 코다리, 얼고 녹기를 반복해서 말리면 황태, 하얗고 검게 말린 것은 백태와 흑태, 딱딱하게 말린 것은 깡태, 그리고 새끼를 말린 것은 노가리라고 불리며, 그 외에도 잡힌 장소나 시기, 잡는 방법에 따라 각기 다른 이름으로 불린다. 이처럼 다양한 이름을 가진 명태는 그 이름에 걸맞은 풍미(風味)를 낸다. 만약 독자 여러분이 코다리조림을 시켰는데, 노가리 먹는 맛이 나면 다시 그 음식을 시킬 것인가?

그렇다면 선임, 대리, 팀장, 과장, 부장과 국장 자리에 오른 사회복지사가 자리에 걸맞은 역할을 못하면 어떻게 될까? 오르기 전에 그 자리에 걸맞은 자질과 역량을 갖추어야 하며, 그것이 부족하다 느끼면 자리에 오르는 것을 스스로 사양해야 하고, 자리에 올랐다면 자리 값, 이름 값을 제대로 해야만 한다. 그럴 수 없다면, 그 자리에서 내려오는 것이 온당하다고 말하고 싶지만, 제값 못하는 필자가 할 말은 아닌듯하여 차마 그 말만큼은 입에 올리지 않겠다. 하지만 깊이 새겨들어야 하는 말인 것만큼은 분명하다.

77

일을 하는 데도
다 계획이 있고 방법이 있다

봉준호 감독의 일곱 번째 장편영화 〈기생충〉에서 모두가 백수인 가난한 집안의 아버지 기택이 부잣집 과외선생으로 일하게 된 아들 기우를 기특해 하면서 "너는 다 계획이 있구나."라는 명대사를 남긴다. 반면에 '절대 실패하지 않는 계획은 바로 무계획이다. 왜냐하면 계획을 하면 반드시 계획대로 되지 않기 때문이다.'는 말도 있다. 스스로 계획을 수립해서 일하는 것이 좋은 성과를 가져올까? 아니면 아무 계획 없이 그냥 일하다 보면 뭐라도 될까? 현명한 독자 여러분은 이 글의 제목을 보고 이미 필자의 의도를 알아챘으리라 생각된다. 사회복지조직의 사회복지사가 일을 하는 데도 다 계획이 있어야 하고, 자기 나름의 방법이 있어야 한다. 다음에 소개하는 일 잘하는 원리와 방법들은 필자의 개인적 의견이므로, 사람마다 다른 생각을 할 수도 있음을 미리 양지하고 읽어 주기를 부탁드린다.

사회복지사가 일을 함에 있어서 따라야 할 원칙 중 가장 중요한 것은 바로 옳은 일을 올바르게 해내야 한다는 것이다. 사회복지조직과 사회복지사는 사람을 돕고 세상을 변화시키는 일을 하는 만큼, 얼마나 일을 잘하고 많이 하느냐가 중요한 것이 아니라, 옳은 일[義]만을 올바르게 [正] 해내야만 한다. 법률이나 규칙을 어기지 않아야 하는 것은 당연한 일이고, 누가 보더라도 도덕적이고 윤리적으로 옳다고 생각하는 일을 정당한 방법을 사용하여 해내야 한다. 가끔 현실 상황을 먼저 고려할 수밖에 없지 않느냐는 거짓된 합리화 기제를 써서, 넓고 바른 큰 길을 제쳐두고 좁고 꼬부라진 샛길로 가자는 사람이 있다. 아무리 현실을 고려할 수밖에 없다고 하더라도, 군자가 대도(大道)를 따르듯 사회복지사도 옳고 곧은 큰 길[大路]을 뚜벅뚜벅 걸어야지, 도덕적으로 정당성을 갖추지 못한 뒤틀리고 꼬부라진 샛길[徯]을 걸어서는 안 된다.

계획적으로 일을 해야만, 일을 쉽게 하고 잘할 수 있다. 아침에 일어나 그날 해야 할 일을 확인하고, 무슨 일에 더 많은 시간과 에너지를 투입할지 계획을 세우는 것이 좋다. 필자는 아침 기상과 함께 물 한 잔을 마시고는 스마트폰의 일정관리 앱을 열어서, 그날 해야 할 일들의 리스트를 확인하고, 그 중에서 가장 중요한 일이 무엇인가를 찾아낸다. 그런 다음 그 중요한 일을 어떤 시간대에 얼마만큼의 에너지를 투입해서 할 것인가를 먼저 결정한 후에, 나머지 일들을 할 시간계획을 머릿속에 그려놓는다. 일 중에서 쉽게 할 수 있는 일 또는 자기가 하고 싶은 일부터 먼저 하게 되면 정말 중요한 일을 할 시간이 부족해질 수 있고, 어려운 일부터 먼저 하면 하루의 일정 전체가 꼬이게 될 위험이 있다. 그러므로 중요한 일부터 하는 것이 업무효율성이 가장 높다.

일할 시간계획을 수립할 때는 데드라인(deadline)에서 시작하여 거꾸로 일정을 짜는 것이 좋다. 독자 여러분은 어떤 일을 맡게 되면, 으레 일이 시작되는 날부터 시작해서 업무추진계획을 짜는 경우가 많을 것이다. 그런데 일이 시작되는 날부터 일정을 짜면, 여러 가지 고려하지 못한 요인들로 인해 자연스럽게 계획한 날짜에 맞춰 일을 해내지 못해서 자꾸만 일정이 미뤄지는 일이 생긴다. 그렇게 되면 자신이 무능하고 일을 게을리 한 것 같이 느껴지기도 하고, 일을 끝까지 해낼 수 있을까 라는 예기불안에 휩싸이기도 한다. 이렇게 시간과 일에 쫓기다 보면 일은 부실해지고, 최악의 경우에는 이 일은 안 되나 보다 하고 중도에 일을 접어버리기도 한다. 그런 일이 반복되다 보면 절대 실패하지 않은 계획이 무계획이라는 말을 무의식중에 받아들이게 되고, 더욱 더 일을 계획 없이 하게 되어 일의 성과가 낮아지는 악순환을 경험하게 된다. 이런 상황을 방지하려면, 데드라인부터 시작해서 전체 일거리를 작은 일거리들로 나눈 다음, 그 작은 일거리들을 언제까지 끝내야 전체 일이 잘 마무리될 수 있는지를 계산하여 시간상 거꾸로 일정을 계획하는 것이 좋다. 이 계획에는 작게 쪼개진 일들의 데드라인들이 제시되기 때문에, 작은 일들을 기한 내에 마무리하기 위해 일에 집중하게 되는 효과가 숨겨져 있다. 그렇게 작은 일들의 데드라인을 맞춰 나가다 보면, 특별히 일의 진척사항을 점검하지 않아도 자연스럽게 일의 끝 지점에 이르러 있는 자신을 발견하게 된다. 이런 계획수립방법으로도 일을 기한 내에 맞추지 못할까 염려되면, 데드라인을 1~2주 정도 앞 당겨서 가상의 데드라인을 기점으로 해서 계획을 수립하면 혹시 지연되더라도 마무리할 수 있는 시간적 여유가 조금 생기기 때문에, 일을 잘 마무리해 낼 수 있게 된다.

말보다 실천을 앞세워야 한다. 필자는 '말은 번지르르하게 해 놓고 일은 개떡(?) 같이 하는 사람, 혼자서 다할 것처럼 말해 놓고 일할 때는 코빼기도 안 비치는 사람'처럼 말이 행동보다 앞서는 사람을 신뢰하지 않는다. 그래서 그런 사람과는 다시 일을 도모하는 실수를 하지 않으려고 애쓴다. 독자 여러분도 이런 사람보다는 가급적 말을 적게 하면서도 조심스럽게 하고, 말을 했으면 행동으로 옮겨서 결과를 얻어내는 사람을 더 신뢰하지 않을까 싶다. 일은 입으로 하는 것이 아니고, 행동으로 보여주는 것임을 명심해야 한다.

민첩하게 일하되, 얕은꾀를 부리지 말아야 한다. 독자 여러분은 일이 굼뜬 사람을 보고 답답해 한 경험이 있을 것이다. 그러니 맡은 일은 꾸물대지 말고 재빠르게 해내는 것이 좋은데, 그러더라도 빠르게 일하는 것의 단점이 실수나 오류가 많다는 것이므로, 이를 최소화하면서 재빠르게 일을 해내야 한다. 그런데 가끔 일을 빨리 처리하기 위해 행정절차에 따르지 않고 한문으로 소혜(小慧)라고 하는 작은 지혜, 다시 말해 얕은꾀를 부리는 경우가 있다. 그런데 그 꾀는 얕기 때문에 금방 다른 사람에게 들통이 나거나 나중에 치명적인 결과를 낳기도 한다. 그러니 일을 민첩하게 하되, 원리원칙을 따라 일처리를 해야 한다는 것은 두말하면 잔소리다.

업무지시를 따르되, 잘 못 알아들었으면 다시 물어야 한다. 업무지시를 내리는 윗사람은 일을 어떻게 하면 될지에 대한 대체적인 그림이 머릿속에 이미 있기 때문에, 해야 할 일의 내용만 지시하면 실무담당자가 알아들을 것이라고 생각하는 경우가 많다. 그런데 지시를 받는 아랫사람은 지시를 받고 나서부터 그 일을 어떻게 처리할지를 고민하는 경우가 대부분이므로, 지시사항을 단번에 알아듣지 못하는 경우가 생기기도 한다. 이런 점을 고려하여 지시를 내리는 윗사람은 지시받는 사람의 눈높이에 맞춰 지시를 내리는 자세를 가져야 한다. 반면 지시를 받는 사람은 못 알아들었음에도 알아들은 척하지 말고 정중하게 다시 한번 얘기해 달라고 요청하여 명확하게 지시사항을 이해해야 한다. 다시 묻는

쑥스러움보다 지시를 이행하지 못해서 당하는 질책이 더 크고 무겁다는 것을 알아 두어야 한다.

모르면, 물어보고 일하는 것이 좋다. 자신에게 주어진 일이니 자신이 알아서 하는 것이 가장 좋지만, 일을 하다 보면 어떻게 해야 할지 막막할 경우도 분명 있다. 그럴 때 고민하고 주저하느라 일의 기한을 넘기는 것보다는 어떤 부분 때문에 일을 처리하는 데 어려움이 있는지를 윗사람이나 동료들에게 먼저 알리고, 업무상 난맥(亂脈)을 어떻게 풀어가야 좋을지에 대해 의견과 아이디어를 구하는 것이 더 좋다. 몰라서 묻는 것은 절대 창피한 일이 아니고, 물어서 하나라도 깨우치면 다음에 물을 일이 줄어든다는 것을 기억해 둘 필요가 있다.

회의는 짧을수록 좋다. 필자는 '회의를 위한 회의를 한다.'는 느낌을 받는 회의에 참석하게 되면, '내가 이 회의(會議)에 왜 와 있나?'라는 회의(懷疑)를 느낀다. 회의에 쏟아 붓는 시간을 줄여서 일하는 데 투입하는 것이 업무효율성을 높여 주므로, 먼저 대면회의 빈도 자체를 줄이는 것이 좋다. 사소한 일은 온라인 채널을 통해 의견을 수렴하여 결정하고, 정말 중요한 의제에 대해서만 대면회의를 개최하는 것이 좋다. 그리고 대면회의를 위한 회의 자료는 최소한 하루 이틀 전에 배부하여 참석자가 미리 읽어 오게 하고, 의제(議題)에 대한 설명이나 상황 보고는 자료로 대신하여 구두설명은 최소화하고, 의제에 대해 의견을 나누고 깊이 토론하고 결정하는 데 더 많은 시간을 할애하는 것이 좋다. 아무리 길어도 회의는 한 시간을 넘어서지 않도록 회의장에 미리 시간제한 알람을 맞춰 두는 것도 방법이 될 수 있다.

보고를 잘하는 사람이 정말 일을 잘하는 사람이다. 실무담당자는 자신이 맡은 일을 완수하면 할 일을 다 하는 것이지만, 관리자는 전체 조직의 업무를 큰 틀에서 기획하고 관리해야 한다. 그러므로 관리자는 세세한 업무까지 하나하나 챙길 수 없으며, 그렇게 하는 것이 적절하지도 않다. 그런데 큰 범주의 일 중에 하나를 맡은 실무담당자가 해야 할 일을 일정에 맞추지 못하면, 전체 일이 일그러지는 문제가 발생한다. 실무자 입장에서는 자신이 맡은 일을 다 마무리한 다음에 보고하는 것이 좋겠다는 생각에서 일의 진척사항에 대한 보고를 미루는 경우가 많다. 실무자마다 그런 생각을 하게 되면, 관리자는 일의 전체적인 진행상황을 파악하지 못하므로, 전체 조직의 업무에 대한 기획이나 의사결정에 어려움을 겪게 된다. 그러므로 너무 자주는 아니지만, 적절한 시간간격을 두고 자신의 직속상관에게 중간보고를 하는 것이 바람직하다. 그런데 보고를 할 때 그간의 일의 진행 과정에 대한 상세 설명을 결론 앞에 길게 붙이는 것은 최악의 보고 방식이다. 보고를 할 때는 결론을 먼저 얘기하고, 보고받는 사람이 과정에 대해 궁금해서 물어 오면 그때 보충설명을 하는 것이 가장 좋다. 왜냐하면 실무자는 일의 상세 과정을 알아야 하지만, 큰 그림을 그려야 하는 관리자는 최종 결론만 알아도 크게 문제되지 않기 때문이다. 오히려 실무자가 장황하게 과정설명을 하게 되면, 관리자가 다른 일에 투입할 시간을 뺏는 것이 된다는 점을 기억해 둘 필요가 있다.

사회복지사들에게 일을 잘하는 방법에 대해 좀 더 말해 주고 싶은 잔소리 본능이 발동하지만, 더하면 잔소리를 넘어 쓴소리가 될 테니 여기서 멈추는 것이 좋을 듯하다. 다만, 독자 여러분이 일의 경력을 차곡차곡 쌓아가면서 틈틈이 조직경영이나 직장생활가이드 등에 대한 도서를 좀 더 읽는 노력을 기울여서 스스로에게 맞는 나름의 일머리들을 터득해 가기를 바란다.

78

일할 때는 공(公)과 사(私)를
확실히 구분하라

　우리는 별 도움이 되지 않는 엉뚱한 행동을 할 때, 허튼짓한다고 말한다. '허튼짓'을 국어사전에 찾아보면, '쓸데없이 아무렇게나 되는 대로 하는 짓'이라고 쓰여 있다. 뜻풀이의 마지막 단어를 '행동'이라고 해 줄 만도 한데, 군이 '짓'이란 단어를 쓴 것은 어떤 일을 하는 데 전혀 도움이 되지 않는 데도 자기 하고 싶은 것을 마음대로 하는 행동임을 강조하기 위함일 것이라 생각한다.

　있는 힘 없는 힘 다 끌어다 열심히 일하고 있는 사회복지사들에게 허튼짓하지 말라고 말하는 자체가 잘못된 짓임을 필자도 인정한다. 그런데 필자를 포함한 우리들 모두 허튼짓의 범위를 너무 좁게 생각하는 경향이 없지 않아서, 군이 얘기를 좀 해 보고자 한다. 사실 필자는 이 글을 쓰기 위해 허튼짓이라는 단어를 머릿속에서 떠올렸지만 정확한 의미를 몰라, 한 포털사이트의 어학사전에 들어가서 뜻풀이를 찾았다. 그런데 어학사전 메뉴를 빠져 나오면서 유명 맛집에서 가성비 최고의 설렁탕을 판다는 광고를 보고는 다섯 봉지를 결제했다. 자랑스럽게 아내에게 그 사실을 말했더니, 집에 먹을 것이 많은데 쓸데없는 짓했다고 한소리들었다. 단어 뜻만 찾고 나왔으면 될 일인데, 광고의 유혹에 넘어가 글 쓸 시간 뺏기고, 안 써도 될 돈 쓰고, 듣기 싫은 소리까지 들었으니, 이 것이야 말로 분명 허튼짓이고 뻘짓이다.

사실 사람이 일에만 몰입할 수는 없으니, 가끔은 이런 허튼짓이 필요 할 때도 있다. 그런데 모든 허튼짓은 개인의 사사로운 욕심을 채우고, 단순한 재미와 즐거움을 얻고자 하는 마음에서 비롯된다. 다시 말해, 허 튼짓은 모두 공(公)과 사(私) 중에서 사에 해당하는 행동으로써, 사사로 운 허튼짓으로 인해 결국 공적으로 해야 할 일들에 방해를 받는 경우가 생겨나기도 한다.

우리들은 사사롭게 돈을 탐내거나, 자기 욕심 채우자고 조직의 공적 자원을 오남용하거나 도용하는 경우와 같은 공사를 구분하지 못해서 낭패를 보는 사례들을 보고는 '나는 저러지 않는다.'고 말해 본 경험이 있을 것이다. 그러다 보니 사회복지사들의 대부분은 조직의 돈이나 물 건을 탐내고 욕심 부리지 않으면, 자신은 사사로운 욕심을 부리지 않는 다고 생각해 버린다. 그런데 그렇지 않다. 우리 자신도 인식하지 못하 는 사이에 너무나 많은 사사로운 행동을 하고 있다. 공적 업무시간에 손 톱 깎는 사람, 매니큐어 칠하는 사람, 온라인 쇼핑하는 사람, 자기가 좋 아하는 스타의 사진을 들춰 보며 덕질하는 사람, 대학원 수업 과제를 하 는 사람, 개인 SNS 계정에 사진 올리고 댓글 읽는 사람, 주말에 즐길 여 가계획을 수립하는 사람, 탕비실에 차 가지러 갔다가 만난 다른 직원과 수다 떨고 남 험담하는 사람 등등 너무나 많은 사사로운 행동을 하는 사 람들이 있을 것이다. 피곤해서 잠깐 졸거나, 멍 때리고 있는 사람은 애 교로 봐줄 수 있을 정도이다. 공적 업무 시간에는 자기 좋은 이런 일을 해 놓고, 일할 시간이 부족하다고 투덜대거나 야근을 달고 수당을 받는 사람도 있다.

돈을 탐하고, 자리를 탐하고, 권력을 탐하는 것만이 탐욕스러운 행동이 아니다. 우리도 의식하지 못한 채 무심코 하는 허튼짓들의 상당수가 자신을 위하는 사적 행동이다. 그렇다고 사회복지사에게 오로지 공적인 일에만 시간과 에너지를 쏟으라고 요구하는 것은 아니다. 때론 허튼짓이 여유를 가져다주고, 일을 더 잘할 수 있는 윤활유의 역할을 한다. 그러나 사회복지사 자신이 하는 행동이 사사로운 허튼짓에 해당하는지 아닌지조차 모른 채, 그런 행동을 계속한다면 그것은 다른 얘기다. 사회복지사를 탓하려는 것이 아니라 조직 내에서 공적 업무를 할 때, 자신이 하는 행동거지 하나하나에 신경 쓰고 조심해야 한다고 부탁하고 싶은 것이 필자의 진짜 마음이다.

79

좋은 사람 찾아 헤매지 말고,
먼저 좋은 동료가 되어라

　사람이란 존재는 혼자 살아갈 수 없는 사회적 동물이다. 그러므로 늘 좋은 사람과 좋은 관계를 맺고 살고 싶어 한다. 특히나 일이 힘들고 몸과 마음이 지쳤을 때, 누구나 주변 사람에게 마음을 툭 터놓고 얘기하고 싶고 그들로부터 위로를 받고 싶어 한다. 그때 가장 먼저 떠오른 사람은 사람마다 다르겠지만, 아마도 엄마라는 존재를 가장 많이 떠올리지 않을까 싶다. 이 세상 모든 엄마들은 자신의 모든 것을 내어 주되 돌려받기를 바라지 않고, 자식을 위해서라면 무엇이든 할 수 있는 사람이기 때문이다. 무조건 사랑해 주고, 조건 없이 내어 주고 품어 주는 사람이기 때문에, 지치고 힘들 때마다 모두들 따스한 엄마 품과 엄마가 해 준 집밥을 그리워한다.

　엄마 다음으로 나를 이해해 주고 받아 주는 사람은 아마도 복심(腹心)의 친구라고 부르는 절친한 친구(confidant)일 것이다. 절친한 친구 사이에는 깊은 정서적 공감대가 존재하므로, 굳이 말하지 않아도 내 속마음 깊은 곳까지 이해해 주는 사람이기 때문이다. 엄마만큼은 아니지만 내가 힘들고 지쳤을 때, 깊은 공감과 위로를 해 주고 실질적인 도움을 제공해 주는 사람이 바로 절친한 친구이다.

그런데 직장생활을 통해 모자관계나 절친한 친구관계와 같은 친밀한 관계를 만든다는 것은 쉽지 않다. 인간관계에 일이라고 하는 중간매개체가 개입되는 순간, 그 관계는 순수한 인간 대 인간으로서의 정의적 관계가 아니라 계약관계로 바뀌기 때문이다. 그런데 우리들 모두는 직장에서 일을 하면서 참으로 좋은 윗사람, 동료 그리고 아랫사람을 만나고 싶어 한다. 그럴 수 있다면 그 사람은 정말 정말 인복(人福)을 타고난 사람이다.

그런데 현실은 그렇지 않은 경우가 더 많다. 나에 대해 아무 관심도 없고, 나를 힘들게 하면서도 미안해 할 줄도 모르고, 일이 많아서 죽겠다고 아우성을 쳐도 그건 네 일이라는 듯 눈 하나 꿈적하지 않는 사람들이 있다. 필자가 착한 사람들이 모여서 일하는 사회복지조직의 인간관계를 너무 나쁘게 묘사하려는 것이 아니라, 어느 조직이든 그런 사람이 꼭 있다는 것을 말하고 싶다. 꼴도 보기 싫은 그 사람이 직장을 그만두면, 그런 행태를 똑같이 하는 또 다른 사람이 나타난다. 미운 짓 골라가며 하는 그런 사람은 세상 어느 곳을 가나 꼭 있다는 것이다.

그런데 참 희한한 것은 나쁜 짓하고 못되게 구는 그 사람조차도, 다른 사람들이 자기에게 잘해 주기를 바라고, 그런 윗사람, 동료 그리고 아랫사람을 눈 동그랗게 뜨고 찾아다닌다. 모두가 자기에게 잘해 주는 사람은 열심히 찾아다니지만, 자기가 먼저 남들에게 좋은 사람이 되려고 노력하는 사람은 많지 않다. 뿌린 대로 거두는 것이 인간관계의 가장 기본적인 원리이므로, 남에게서 좋은 대접을 받으려면 내가 먼저 남을 잘 대우해야 하고, 좋은 직장동료를 만나려면 내가 먼저 좋은 동료가 되어야 하는 것이 순리다.

80

내가 하기 싫은 것을
남에게 베풀지 말라

독자 여러분은 세상을 살아오면서, "다들 내 마음 같지 않다."라는 푸념 섞인 말을 해 본 적이 있을 것이다. 필자가 아무래도 좀 더 길게 인생을 살아왔으니, 독자 여러분보다는 그 말을 더 많이 했을 것이 분명해 보인다. 중요하고 의미가 큰 일을 도모할 때는 말할 것도 없고, 한솥밥 먹고 한집에서 사는 가족들과 여행가고 외식하는 사소한 일상의 일들에서도 같이 하는 사람들이 내 마음을 몰라 줘서 섭섭한 적이 자주 있다. 내가 원하는 것을 상대방도 원했으면 좋겠고, 내가 바라는 것을 말하지 않아도 상대방이 알아채서 미리 챙겨 주었으면 하지만, 그 기대는 늘 빗나가기 십상이다.

이렇듯, 세상 사람들의 마음이 다 내 마음 같지 않고, 내가 좋아하는 것을 상대방도 좋아하지는 않는다는 것은 명백한 사실이다. 이런 상황에서 내향형 성격의 소유자인 필자나 원조관계 형성을 위해서는 공감과 수용이 정말 중요하다고 배워 온 사회복지사들은 내 마음보다는 상대의 마음을 먼저 헤아려서 챙겨 주려는 행동을 더 많이 한다. 그런데 그러고 나면 솔직히 마음속에 '언제까지 네 마음에 맞춰 줘야 하는 것일까? 그럼 내 마음은…….'과 같이 어딘가 모르게 불편한 심기(心氣)가 생겨나는 것 또한 사실이다. 독자 여러분은 속 좁은 사람이 아닐 테니 그러지 않겠지만, 밴댕이 소갈딱지인 필자는 그럴 때가 자주 있다. 상대의 마음 따위는 상관하지 않고, 내 마음대로 내가 하고 싶은 것 실컷 하고 싶을 때가 있지만, 그러면 자꾸만 상대와 마음의 거리가 멀어질까 봐 그러지 못하고 살게 된다. 그래서 '자기하고 싶은 대로 하려는 사람들과는 적당히 거리를 두는 것이 좋다.'는 필자 나름의 인간관계 원칙을 갖고 살아가고 있다.

내가 좋아하는 것들을 남들이 다 좋아하지는 않지만, 내가 하기 싫은 일은 남들도 하나 같이 하기 싫어한다. 누구나 본능을 해소하기 위해 화장실을 이용하지만, 그 화장실을 청소하기 싫어하는 것은 모든 인간의 늘 한결같은 마음[人之常情]이다. 내가 하기 싫다고 아랫사람에게 일을 떠넘기면 아랫사람의 입술이 삐죽 나올 것이고, 윗사람이 자기가 하기 싫은 일을 내게 미루면 내 미간에 수많은 주름이 잡힐 것이 분명하다. 필자나 사회복지사나 독자 여러분이나 다 똑같은 마음임에 분명하다. 그래서 유학의 사서 중 하나인 『대학』에서는 천하를 화평(和平)하게 만드는 방법으로, '자신의 처지로 미루어 남의 처지를 헤아린다.'는 의미의 혈구지도(絜矩之道)를 강조하고 있다. 『대학』은 혈구지도를 '윗사람이 싫어하는 것으로 아랫사람에게 하지 말고, 아랫사람이 싫어하는 것으로 윗사람을 섬기지 말고, 오른쪽에서 싫어하는 것으로 왼쪽과 사귀지 말고 왼쪽에서 싫어하는 것으로 오른쪽과 사귀지 말라.'고 구체적으로 풀어서 뭇사람들에게 권면하고 있다.

공자는 제자 자공(子貢)으로부터 평생 간직하고 실천해야 할 한마디를 해 달라는 부탁을 받자, '바로 서(恕)이다.'는 한마디에 '기소불욕 물

시어인(己所不欲 勿施於人)'이라는 여덟 글자를 덧붙여 상세히 말해 준다. 서(恕)라는 한자는 '상대의 마음을 헤아려 같은 마음(同情)이 된다.'는 의미로, 사회복지실천의 공감(empathy)과 같은 의미를 지니고 있다. 그 공감의 구체적인 행동방식은 다름 아닌 '내가 하기 싫은 것을 남에게 베풀지 말라.'는 것이다. 내가 하고 싶은 것은 남들이 싫어할 수도 있지만, 내가 하기 싫은 것은 남들도 싫어한다는 것은 더 이상 논박(論駁)할 수 없는 인생살이와 인간관계의 기본 원리이다. 필자는 독자 여러분과 사회복지사에게 이 소중한 원리를 가슴 깊이 새기고, 가족과 친구, 직장 동료, 내담자, 지역주민 등의 모든 사람을 만나고 대할 때, 꼭 그 원리를 지켜 주기를 바란다.

81

인사만 잘해도 기본은 한다

우리말로 '인사', 한문으로 '人事'라는 단어는 매우 복합적 의미를 지니고 있다. 인사라는 단어는 말 그대로 '사람의 일 또는 사람으로서 해야 할 일'이라는 뜻이다. 사회복지조직에서는 '관리나 직원의 임용, 해임, 평가 따위와 관계되는 행정적인 일'의 의미로 주로 쓰이며, 정보관리업무와 관련해서는 '개인의 의식, 신분, 능력 따위에 관한 일. 또는 개인의 일신상에 관한 일'이라는 의미로 주로 사용된다. 이러한 사회복지조직 관리운영 측면에서 사용되는 인사관리에 대해서는 앞의 글들에서 이미 이야기했다.

이 글에서는 한문과 한글의 글자 모양은 똑같지만, 다른 의미의 인사(人事)에 대해 이야기해 보고자 한다. 여기서 말하려는 인사는 국어사전에 '마주 대하거나 헤어질 때에 예(禮)를 표하는 말이나 행동, 처음 만나는 사람끼리 서로 이름을 통하여 자기를 소개하는 말이나 행동, 입은 은혜를 갚거나 치하할 일 따위에 대하여 예의를 차리는 말이나 행동'이라고 뜻풀이가 되어 있는 말이다. 다음에서는 이 세 가지 의미 중에서 첫 번째 의미의 인사를 중심으로 말해 보고자 한다.

필자가 석·박사 시절 공부를 했던 곳은 성암관이라 불리는 돌건물이었다. 지상 2층에 연구실이 있는 지도교수님께서 출근하실 때, 한 번도 빠짐없이 1층 출입문 옆에 있는 경비실 창문을 두드리시고, 먼저 인사를 드리는 모습을 뵈었었다. 나만 본 것이 아니고, 그 건물에서 공부하는 학생이면 모두 봤을 것이다. 박사학위를 받고 지금 몸담고 있는 대학에 임용되어 인사를 드리러 갔더니, 지도교수님께서 "권 박사! 교수되었다고 목에 힘주지 말고, 사람 만나면 먼저 인사해야 하네. 특히 자네 생각에 가장 낮아 보이는 사람에게는 더 깍듯이 인사해야 하네."라고 당부하셨다. 솔직히 지도교수님께서 가르쳐 주신 학술적 지식은 모두 기억하지 못한다. 하지만 그 당부의 말씀을 또렷이 기억하고, 무인경비시스템이 도입된 캠퍼스 어디서든 환경미화원과 시설관리 업무를 맡고 있는 분들을 마주치면 매번 먼저 인사를 드리려고 애쓰고 있다.

독자 여러분이 아는 사람인데 눈길을 마주쳤는데도 인사조차 하지 않거나, 자신이 높은 자리에 있으니 여러분이 먼저 인사해 주기를 기다리고 있는 윗사람을 보면, 무슨 생각이 들까요? '거참 싸가지 더럽게 없네.' 혹은 '지가 한 번이라도 먼저 아는 척 해 주면, 어디 덧나나.'라고 말하지 않을까요? 필자라면 교수 체면 때문에 입으로 그 말을 내뱉지는 않겠지만, 마음속으로는 거친 말을 떠올릴 듯하다. 그를 보고 그런 마음이 들면, 그다음 행동이 따스할 리가 없고, 그러다 보면 그와 나 사이의 관계는 작은 벽들이 생겨나게 되고 점점 그 벽은 높아지고 두꺼워지게 될 것이 분명하다.

사회복지사가 아무리 아는 것이 많고 능력이 출중하더라도, 인간으로서 해야 할 가장 기본적인 일인 인사 하나 제대로 못한다면, 그냥 말짱 도루묵이다. 내담자와 이용자, 주민 그리고 조직 내의 윗사람에게 먼저 인사를 건네는 것은 당연한 일상의 예(禮)이므로, 모든 사회복지사가 그렇게 하고 있을 것이다. 그것도 못하면 안 되지만, 그렇게만 해서는 부족하다. 필자의 지도교수님께서 하신 말씀처럼 자기의 아랫사람은 물론이고 지극히 낮은 지위에 있는 사람에게도 먼저 다가가 인사를 건네면서, 하루하루를 살아가라고 간곡히 부탁하고 싶다. 사람으로서 해야 할 가장 기본적인 인사조차도 제대로 못하면서 아니 안하면서, 사회복지사로서 사람을 받들고 섬기는 사명을 다하겠다고 설치는 것은 어딘가 앞뒤가 맞지 않는다. 기본부터 먼저 하고, 그다음에 할 일을 해야 한다.

82

이기적이어야 이타적일 수 있다

'나(I)'라는 존재가 없다면, 이 세상 모든 것이 무의미하게 된다. 내가 존재해야 세상 모든 것이 의미를 지니듯이, 사람들은 자기중심의 의미 부여행위를 한다. 자기 손톱 밑에 박힌 작은 가시가 가져다주는 통증과 자신과 관계없는 사람이 칼에 찔린 아픔 중에 무엇이 더 클까? 객관적으로는 자상(刺傷)의 아픔이 더 크지만, 모든 사람은 가시에 찔린 손톱의 통증을 더 크게 느낀다. 이처럼 모든 인간은 이기적이다. 그러므로 이 세상 사람들은 모두 자기 자신의 행복, 좀 더 확장하면 자신이 사랑하는 사람들의 행복을 위해 하루하루를 살아간다. 다만 혼자 힘으로는 행복하게 살 수가 없으니, 타인과 협력하며 살아가고 있는 것뿐이다. 인간을 너무 이기적 존재로 몰아붙이는 것 같지만, 딱히 그렇지 않다고 부정할 수도 없는 노릇이다.

사회복지사 역시도 이기적 존재이지만, 남을 돕고 세상을 위해 헌신하는 이타적 삶을 살아가고 있다. 사회복지사가 이타적 삶을 살수록, 도움을 받는 사람이 행복해지고, 그로 인해 사회복지사 자신도 삶의 보람과 행복을 더 누릴 수 있게 된다. 이처럼 사회복지사는 자신보다 남을 앞세우는 이타적 삶을 삶으로써, 자기 삶의 가치를 더욱 높일 수 있게 된다. 이런 이타적 삶을 살아가는 모습 때문에, 사회복지 일하고 있다고 말하면, 세상사람 모두가 "참 좋은 일 하시네요."라고 말하고, 처음 보는 데도 좋은 사람으로 인정해 준다. 필자 역시 '저 혼자 잘 먹고 잘 살자고 애쓰는 세상 속에서 남을 위해 살 수 있는 기회를 얻었다는 것만으로도 사회복지사는 하나님의 축복을 듬뿍 받은 착한 사람이다.'라고 학생들에게 말하곤 한다.

그런데 내 삶이 힘들고, 내 마음이 지쳐 있는데, 남을 위한 이타적 삶을 살기가 쉬울까? 아니다. 내가 평안해야 남을 도울 마음이 생기는 것이지, 내가 힘들어 죽겠는데 남을 사랑할 마음을 불러일으켜 돕는 행동을 하기는 쉽지 않다. 설령 사회복지사로서의 사명감이 충만하여 그럴 수 있다고 치더라도, 그렇게 돕는 것이 진정한 도움의 손길이 될 수 있을지는 의문이다. 필자의 경험상 학교강의에 외부 강연까지 겹친 날은 사람을 만나도 아무 말도 안하고 싶을 때가 더 많았다. 내가 힘들고 지치면, 남에게 내어 줄 마음의 자리는 좁아지고, 그 좁아진 마음자리로는 남을 제대로 도울 수 없다.

그래서 사회복지사는 자기관리를 하는데 있어서만큼은 이기적이어야 한다. 특히 사회복지조직에서 일을 하면서 쌓인 스트레스를 잘 관리하여 소진 증후군(burnout syndrome)으로 이어지지 않도록 해야 한다. 필자는 외부 강연을 마무리할 때, "집에 돌아갈 때 뚜껑 있는 작은 항아리를 하나 사십시오, 한밤이 되면 항아리 뚜껑을 열고, 지루한 강의로 여러분의 아까운 시간을 빼앗은 '권중돈, 나쁜 놈!' 하고 크게 소리친 다음, 얼른 뚜껑을 닫으세요. 안 그러면 밤 말을 엿들은 쥐가 제게 알려 줄 것이고, 그러면 제가 여러분 꿈에 가위 들고 나타날지도 몰라요."라고 말하기도 한다. 이 말은 자기를 사랑해야 남을 사랑할 수 있으니, 사회복지사들이 아주 작은 스트레스도 쌓아 놓지 말고 어떻게든 자신과 남에게 피해가 가지 않는 건강한 방법으로 풀어야 한다는 점을 강조하기 위해 하는 말이다.

반복하지만 사회복지사는 자신을 사랑하고 자기 마음을 관리하는 데 매우 이기적이어야만, 남을 돕는 이타적인 행동을 더 잘할 수 있다는 점을 꼭 기억해 주었으면 한다. 혹시 이 글을 읽고 독자 여러분이 뚜껑 달린 항아리를 사러 간다면, 아주 큰 항아리를 사라고 권하고 싶다. 글로 힘들게 하는 필자, 나의 힘듦을 몰라주는 가족과 내담자, 내 마음을 힘들게 하는 윗사람과 아랫사람의 이름을 비롯하여 수많은 사람의 이름을 모두 다 불러야 할지도 모르기 때문이다.

83

우리 함께 사회복지사협회의
힘을 키우자

　얼마 전 간호사법 개정과 관련된 일련의 사태를 바라보면서, 필자는 간호사의 노동환경 개선과 권익증진을 위해 목소리를 높이는 대한간호사협회가 매우 부러웠다. 의대 정원 증원을 반대하고, 실손보험 관련 보험업법 개정안에 대해 반대의 목소리를 크게 내는 대한의사협회도 한편으로 부러웠다. 필자가 두 협회의 요구사항에 동조한다는 의미가 아니라, 협회 소속 회원의 권익을 위해 목소리를 높인다는 사실 자체가 부러웠다. 다른 한편으로는 사회복지사의 노동환경 개선과 권익증진을 위한 목소리를 크게 내지 못하는 사회복지사협회에 대한 아쉬움이 있다는 것도 부정하지 않겠다.

　그런데 사회복지사인 독자 여러분은 자신이 속한 지역사회복지사협회가 어디에 있는지 알고 계십니까? 회장이 누구고, 무슨 일을 하는지 알고 계십니까? 협회에서 보내는 이메일이나 소식지는 읽어 보십니까? 연회비는 매년 꼬박꼬박 납부하고 계십니까? 회장선거 때 투표는 하십니까? 마치 질책하듯이 필자가 질문을 쏟아 내는 이유가 있다. 사회복지사가 관심을 기울이지 않는 사회복지사협회가 무슨 큰 일을 하고, 어떻게 큰 목소리를 낼 수 있을 것인가? 사회복지사 개인의 힘만으로는 자기 월급 한 푼도, 업무부담의 단 1%도 어떻게 해 볼 수 없는 것이 현실이라면, 사회복지사 자신의 권익을 위해서라도 사회복지사협회에 관심을 갖고 힘을 실어 주어야 하지 않겠는가? 사회복지사의 관심도 없고 참여도 없고, 회비를 납부하는 진성회원의 수가 작아서 돈도 없는 상황에서, 권익증진을 위한 왕성한 활동을 하라고 사회복지사협회에 요구하는 것 그 자체가 무리다.

그렇다고 사회복지사협회가 일을 잘하고 있다고 말하는 것은 아니다. 사회복지사협회가 존재하는 이유가 사회복지사가 있기 때문이라면, 제한점이 많은 상황이더라도 그들을 위해 정말 열심히 뛰고 또 뛰어야 한다. 회장 선거할 때는 기성 정치권처럼 사회복지사의 처우개선, 인권보호 등과 같은 공약을 최우선적으로 추진하겠다고 소리를 높이지만, 당선된 후 임기가 시작되면 그 목소리가 점차 잦아드는 경우가 더 많았던 것으로 회상된다. 물론 정부의 재정지원과 행정지도감독을 받는 사회복지기관이나 시설의 입장에서 강한 목소리를 내게 되면, 소위 미운털 박혀서 다음 번 위탁심사에서 떨어질 위험이 높아질 수 있는 태생적 한계점이 있으니 이해는 할 수 있다. 그러나 바뀌는 회장님들마다 그리하면, 사회복지사의 노동환경 개선과 권익증진은 어디에다 얘기해야 할까?

이런 딜레마 상황을 어떻게 극복해야 할지는 좀 더 깊이 있는 논의가 필요하므로, 필자는 지금 당장 할 수 있는 일들만 먼저 말해 보고자 한다. 이 글을 읽는 사회복지사들은 지역사회복지협회 홈페이지를 방문하여 협회가 어디에 있고 회장은 누구고 무슨 일을 하는지부터 좀 알아주었으면 한다. 협회에서 소식지가 오면 꼼꼼하게 읽어 보고, 협회에서 행사하면 연차 쓰고 참석도 하고, 연회비도 납부하고, 선거하면 투표권도 행사하고, 협회가 제 할 일을 못하면 꾸짖기도 하고 그랬으면 좋겠다. 사회복지사협회도 이런 저런 핑계거리 다 제쳐 두고, 진정으로 사회복지사들의 노동환경 개선과 권익증진을 위해 맨발로라도 뛰겠다는 각오를 다져 주었으면 하는 바람이다.

우리가 우리 협회에 힘을 실어 주지 않는데, 우리 아닌 남이 알아서 우리들의 권익을 챙겨다 줄 리 만무하지 않은가? 우리가 함께 우리가 소속된 사회복지사협회에 관심과 사랑을 표현하고, 더 큰 힘을 가질 수 있도록 작은 마음과 손길을 보태야 한다. 그래야만 세상에서 사회복지사가 진정한 인간봉사전문직 노동자로 인정받고 존중받는 시간이 조금이라도 빨라질 것이다.

(부산 임랑해변 2018. 5. 11.)

《 지혜 VI. 》

* * *

성찰(省察)과 수기(修己)

* * *

사회복지사로서

앞으로 자신을

어떻게 다듬어 가야 할까

✳ ✳ ✳

의사는 청진기가 있고,

간호사는 주사기가 있고,

목사님과 스님은 성경과 불경이 있다.

사회복지사는

어떤 도구를 사용하여 사람을 돕는가?

바로 자기 자신이다.

장수가

전쟁에 나가기 전 칼을 갈 듯,

지금까지

사회복지사로서 한 일을 되돌아보고,

앞으로

사람을 돕고 세상을 바꾸는 도구인

자기 자신을 갈고닦을 방법을

찾아야 한다.

84

오늘 하루
진정 사회복지사답게 살았는가*

공자(孔子)의 제자 증자(曾子)가 말한 일일삼성(一日三省)에 대해서는 독자 여러분이 한 번쯤은 들어서 알고 있을 것이다. 증자는 '날마다 남을 위하여 일을 도모함에 충성하지 않았는지, 벗과 교제하면서 성실하지 않았는지, 전수받은 것을 익히지 않았는지를 반성한다(『논어』 학이편 4장)'고 했다. 증자의 성찰 항목 중에서 어느 하나도 중요하지 않은 것이 없으나, 첫 번째 항목은 사회복지사에게 특히 시사하는 바가 크다. 증자의 말처럼 사회복지사는 내담자를 돕는 일을 함에 있어서 충성을 다해야 한다. 이때 충성이란 의미는 '윗사람을 받들어 모신다.'는 의미가 아니라, 마음의 중심을 잡고 자신이 할 수 있는 최선을 다한다는 진기(盡

---

* '성찰과 수기' 장(章)은 이 책의 편제상 '지혜'라는 말을 붙기기는 했으나, 필자가 매우 부족한 사람이라 지혜라는 말을 붙이는 것 자체가 잘못이다. 이에 필자는 수기안인(修己安人. 자신을 갈고 닦아 남을 평안하게 한다)을 핵심 사상으로 하는 유학(儒學)의 사서(四書)(『대학』, 『논어』, 『맹자』, 『중용』)에 담긴 자아성찰과 자기계발의 지혜를 중심으로 논의하고자 한다. 또한 자아성찰과 자기계발은 누가 시키는 대로 따라하는 것이 아니라 자기 스스로가 해내야 하는 것이므로, 사회복지사가 유념(有念)해서 자신을 되짚어 보고 갈고 닦아야 할 핵심 주제만 간략히 제시하려 한다. 독자 여러분의 넓은 이해와 양해를 구하는 바이다.

己)의 뜻이다. 날마다 사회복지사는 사회복지사로서의 사명감과 올바른 가치관을 바탕으로 자신이 가진 모든 힘을 다해서 내담자를 받들고 섬겼는지 되짚어 보아야 한다.

증자와 표현은 다소 다르지만, 맹자(孟子)는 끊임없이 자신을 성찰하고 수양할 것을 요구하고 있다. 맹자는 '사람들이 하늘로부터 받은 벼슬[天爵, 천작]을 이행하는 데 필요한 자질(資質)을 함양하기보다는 사람에게서 받은 벼슬(人爵, 인작)의 권세를 누리려고 한다(『맹자』고자장구 상편 16장)'고 비판한다. 맹자의 표현을 빌리면, 사회복지사는 사람을 돕고 세상을 바꾸는 일을 하라는 사명, 즉 천작을 부여받은 사람이다. 그런데도 오늘날의 사회복지사는 조직에서 차지한 자리, 즉 인작에 따르는 권세와 혜택들을 누리려 하는 경향이 강하고 비판한다. 그렇다면 사회복지사는 무엇을 되짚어 보고 갈고 닦아야 하는가? 맹자는 '사람을 사랑하고[仁], 올바르고 마땅한 것을 추구하며[義], 자신이 할 수 있는 최선을 다하고[忠], 다른 사람의 신뢰를 얻고[信], 선한 것을 즐겨 하고[樂善], 맡은 직무를 부지런히 이행하라[不倦]'(『맹자』고자장구 상편 16장)고 요구하고 있다.

맹자가 성찰하고 키워가라고 요구하는 덕목(德目)들을 보면, 사회복지사가 갖추어야 할 가치와 관련된 것들이 많다. 그러나 '자신이 할 수 있는 최선을 다하고[忠], 맡은 바 직무를 게으름 피우지 말고 부지런히 이행[不倦]'하기 위해서는 가치만 함양해서는 안 되며 이 책의 첫 세 개의 글에서 말했던 사회복지사의 자질 모두를 갈고 닦아야 한다. 그러므로 사회복지사는 '차가운 머리, 뜨거운 가슴 그리고 움직이는 손과 발'이라는 세 가지 자질을 자신이 어느 정도 갖추고 있는지 날마다 돌이켜 깊이 생각[省察]하고, 부족함이 없도록 끊임없이 자신을 갈고 닦아 나가야[修己] 한다.

85

날로 새로워지려고
애쓰고 있는가

오늘의 내가 내일의 나를 만든다. 그런데 오늘을 열심히만 산다고 해서, 새롭고 멋진 내일이 펼쳐지지는 않는다. 『대학』전(傳) 2장에는 중국 상(商)나라 건국자인 탕(湯)임금의 반명(盤銘)에 관한 내용이 실려 있다. 탕임금은 세숫대야에 "진실로 어느 날 새로워졌거든. 나날이 새롭게 하고 또 날로 새롭게 하라[苟日新 日日新又日新]."는 글귀를 써놓고 날마다 스스로 반성하고 자기를 갈고 닦을 각오를 다졌다. 같은 책 전 3장에서는 『시경(詩經)』의 구절을 인용하여, 사람들에게 절차탁마(切磋琢磨)할 것을 권장한다.

사회복지사가 날마다 새로워지려면, 바로 지인용(智仁勇)의 자질을 갈고 닦아야 한다. 지(智)는 학습을 통해 얻는 지식과 실천경험을 통해 얻는 지혜를 모두 포괄하는 것이며, 인(仁)은 사람 사랑으로 표현되는 사회복지전문직의 가치 그 자체이며, 용(勇)은 사람을 돕고 세상을 바꾸는 행동을 실천에 옮기는 능력이다. 사회복지사는 슈퍼비전과 자문 등과 같은 다른 사람의 도움으로 자신의 부족한 부분을 채워서 날로 새로워질 수는 있다.

그러나 스스로 노력하지 않으면, 어느 누구도 가르쳐 주지 않는다. 『논어』술이편 33장에 "분발하지 않으면 일깨워 주지 않으며, 표현하려고 애태우지 않으면 말해 주지 않으며, 한 모서리를 들어 보여 주었을 때 나머지 세 모서리를 미루어 알아차리지 못하면, 다시 더 가르쳐 주지 않는다."고 했으니, 새겨 둘을 만하다. 그리고 날로 새로워지기 위해 절차탁마하는 과정은 매우 어려우므로, 중도에 포기하고 싶을 때가 분명 생긴다. 그런 생각이 들 때마다, '역부족(力不足)이라 말하고 중도에 그만두는 사람은 딱 거기까지가 그의 한계가 된다.'는 『논어』옹야편 10장의 장구를 떠올려 보기 바란다.

86

바탕을 튼튼히 한 후에
꾸밈을 더하라

공자는 『논어』 술이편 2장에서 겸손한 자세로 부지런히 배우고 익히라고 에둘러 말한 후에, 바로 3장에서 "덕을 닦지 못한 것, 학문을 익히지 못한 것, 의를 듣고도 능히 실천하지 못한 것, 나의 잘못을 알고도 고치지 못하는 것, 이것이 나의 걱정이다."고 술회하고 있다. 사실 이 네 가지는 성인(聖人)이 우려할 바가 아니라, 보통 사람의 큰 걱정거리임에 분명하다. 성인도 그러 할진데, 사회복지사라면 당연히 자기수양을 통하여 덕을 쌓는 노력을 하는지, 부단히 배우기 위해 노력하는지, 옳은 것을 듣고 이를 실천에 옮기고자 노력하는지, 자신이 부족하고 잘못한 점이 있다면 이를 고치려 하는지 늘 되돌아보고 반성하여 부족한 것을 채우기 위해 노력해야 한다.

사회복지사가 이렇게 자신을 갈고 닦음에 있어서, 사람을 사랑하고 섬기려는 전문직의 사명과 가치가 중요하다고 말하는 사람이 있는가 하면, 능수능란한 기술을 갖추어 효율적으로 사람을 돕는 행위 자체가 중요하다고 말하는 사람도 있다. 그런데 공자는 『논어』 옹야편 16장에서 "바탕이 꾸밈을 이기면 거칠고, 꾸밈이 바탕을 이기면 번드르르하게 되니, 꾸밈과 바탕이 잘 어우러진 뒤에야 군자가 될 수 있다."고 하였다. 네 글자로 줄여서 군자는 문질빈빈(文質彬彬)해야 한다는 것이다. 질(質)은 바탕이고 근본이며, 문(文)은 외양이요 꾸밈인데, 어느 하나가 이기면 거칠게만 보이거나 번드르르하게만 된다. 그러므로 사회복지사는 전문직의 사명과 가치, 즉 근본을 튼튼히 세운 후에, 그 위에 지식과 기술이라는 문식(文飾)을 더하여 안과 밖을 고루 갖추어야 한다.

87

마음이 흐트러지지 않게
다잡아라

맹자는 "사람이 닭과 개가 도망가면 찾을 줄을 알되, 마음을 잃고서는 찾을 줄을 알지 못하니, 학문하는 길은 다른 것이 없다. 그 잃어버린 마음을 찾는 것일 뿐이다."(『맹자』고자장구 상편 11장)라고 했다. 사회복지사가 방심한다는 것은 '사람 사랑의 가치, 즉 인(仁)의 마음과 올바른 세상을 만들기 위해 헌신하고자 하는 의(義)의 마음'을 잃어버린 상태를 말한다. 사람을 돕고 세상을 바로잡아야 하는데, 인의의 마음을 잃었다면 사회복지사는 제 본분을 잃은 것이나 마찬가지다. 그 마음을 잃는 순간 인간봉사전문직이 아니다. 따라서 사회복지사는 인의의 마음을 잃지 않기 위해 단단히 마음을 붙잡고, 타고난 밝고 선한 덕성을 갈고 닦는 노력을 기울여야 한다.

이런 인의(仁義)의 마음 밭을 가꾸지 않으면 금방 잡초가 무성하게 자라나거나 황무지같이 쩍쩍 갈라진다. 이른바 공자가 말하는 여섯 가지 버려야 할 것[六蔽]들로 마음 밭이 가득 차게 된다. 육폐란 어리석고[愚], 방탕하고[蕩], 남을 해치려 하고[賊], 박절하고[絞], 분란을 일으키고[亂], 조급하고 경솔한[狂] 마음이다(『논어』양화편 8장). 마음 밭이 이런 것들로 가득 차게 되면, 사회복지사가 내담자를 돕기는커녕 오히려 해를 끼칠 것이고, 세상을 험악한 곳으로 만들어 가게 될 것이다.

사회복지사는 사람을 사랑하는 마음이 옅어지려 할 때, 다시 회복하기 위해 노력해야 한다. 남을 돕고 세상을 바꾸려 할 때 마땅히 따라야 할 원칙을 지키지 않는 일이 하나 둘 생겨나면, 다시 옳고 바른 원칙으로 되돌아가기 위해 애써야 한다. 사회복지사는 사람을 사랑하는 마음과 옳고 바른 실천의 원리를 따르려는 마음을 다잡아야 한다.

88

널리 배우고, 깊이 생각하고,
힘써 행하라

『중용』의 표현을 빌리면, 사회복지사는 택선고집(擇善固執)하는 사람이어야 한다. 쉬운 말로 사회복지사는 나 혼자 잘 먹고 잘사는 것이 아니라 사람을 돕고 세상을 사람살기 좋은 곳으로 바꾸려는 선한 가치[善]를 선택하고, 그것을 굳게 잡고 지키려는 사람이다. 그런데 택선고집하는 일이 쉽지 않고 곳곳에 그것을 방해하는 요소들이 널려 있어, 때로 걸려 넘어지고 때론 그것을 놓아 버리기도 한다. 사회복지사가 그렇게 해 버리면, 사람들의 삶은 퍽퍽해지고 세상은 사람 살기 힘든 곳으로 점차 바뀌어 갈 것이다.

택선고집을 실천에 옮기는 방법으로『중용』에서는 박학(博學), 심문(審問), 신사(愼思), 명변(明辯), 독행(篤行)이라는 다섯 가지를 제시하고 있다. 가장 먼저 폭넓게 배워야 한다. 사회복지사는 사회복지 지식뿐 아니라 관련된 분야의 지식까지도 폭넓게 배우고 익혀야 한다. 두 번째로는 깊이 따져 물어야 한다. 사회복지사는 배우거나 배운 것들에 대해서 하나하나 따져 물어서 의문스러운 부분을 남기지 말아야 한다. 다음으로는 깊이 생각해야 한다. 사회복지사는 배운 것을 머릿속에 쌓기만

하는 것이 아니라, 깊이 생각하여 자신의 것으로 소화하여야 한다. 다음으로는 옳고 그름을 명확하게 판별해야 한다. 사회복지사는 세상에서 벌어지는 현상의 인과관계를 밝히고 그런 현상을 변화시킬 수 있는 방법을 명확하게 알아내기 위해 노력해야 한다. 마지막으로 독실하게 행동으로 옮기는 것이다. 사회복지사는 사람을 돕고 세상을 바꾸는 일을 지치지 않고 독실하게 행동으로 옮겨야 한다.

사회복지사는 삶의 모든 순간에서 이 다섯 가지를 놓지 않고, 굳게 붙들고 행해야 할 것이다.

89

홀로일 때 더욱 삼가라

누구나 남들이 보는 앞에서는 언행을 조심한다. 다른 사람 앞에서 체면을 지키고, 그들로부터 좋은 평판을 얻기 위해서 그렇게 한다. 그런데 보는 눈이 없으면, 말 그대로 널 부러지기도 하고 부끄러운 행동도 서슴지 않는 경우가 있다. 혼자 있으면 아무도 안보고 모를 거라고 생각하고, 쓸 데 없거나 재미만 추구하는 일에 시간 낭비하고, 게으름을 피우고, 남들 앞에서 못했던 나쁜 짓을 일삼고, 자신을 해치는 나쁜 습관과 행동을 밥 먹듯이 반복하여 자신을 망치게 된다. 따라서 사회복지사 자신을 갈고 닦는 수기(修己)를 함에 있어서는 남들이 볼 때보다는 홀로 있을 때 더욱 삼가야 한다.

『대학』에서는 수기(修己) 다른 말로 수신(修身)의 전제 조건으로 격물치지 성의정심(格物致知 誠意正心)이라는 네 가지를 전제하고 있다. 세상에서 일어나는 모든 현상을 깊이 살피고 따져서 앎을 지극히 하고, 뜻을 성실하게 하고 마음을 바로 잡아야만 수기를 할 수 있다고 본다. 그 중에서 뜻을 성실하려는 성의(誠意)는 스스로를 속이지 않고 선악의 기미를 살필 수 있어야 하는데, 그 방법으로 신독(愼獨)을 권면하고 있다

(『대학』 전 6장).『중용』에서도 아무도 모를 것이라고 생각하는 것이 가장 잘 드러나고 잘 알려지기 때문에, 홀로 있을 때에 삼가라고 권면하고 있다(『중용』 1장).

　이처럼 신독이란 남들이 보고 있을 때뿐 아니라 홀로 있을 때에도 도리에 어긋나는 일을 하지 않고 삼간다는 의미로, 수신을 위한 가장 중요한 덕목 중 하나다. 사회복지사가 신독할 때 성정(性情)이 올바르게 되고 선한 것을 좋아하고 악한 것을 싫어하는 태도를 유지할 수 있다. 오늘부터 홀로 있을 때 자신을 면밀히 관찰하고, 더욱 엄격하게 통제하고 관리할 일이다.

90

열등감을 딛고 일어나
성큼성큼 걸어라

개인심리이론을 만든 Alfred Adler는 "인간이 된다는 것은 자신이 열등하다는 것을 느끼는 것을 말한다."고 할 정도로 열등감(inferiority)을 중시하였다. 열등감은 '자신이 스스로에 대해 부족하다고 느끼는 주관적 감정'으로, 살면서 열등감을 느끼지 않는 사람은 아무도 없다. 열등감은 자신이 다른 사람에 비해 너무 뒤떨어져서 도저히 극복할 수 없다고 느끼는 병적 열등감(Inferiority complex)이나 자신의 능력을 지나치게 과대평가하는 병적 우월감(superiority complex)이라는 병리적 상태로 이어질 수도 있다.

다들 열등감을 개인을 위축시키고 성장을 방해하는 요인이라고들 생각하지만, 열등감은 성장의 밑돌이 될 수 있다. Adler는 열등감을 보상하여 우월해지기 위해 노력하는 과정에서 개인적 성장 발전이 이루어진다고 보고, 재능, 용기, 사회적 관심(social interest)이라는 세 가지 요인이 잘 결합되면 그것을 보상하고 우월(superiority) 상태로 나아갈 수 있다고 했다. 사회복지사는 사람을 아끼고 돌보는 고운 심성과 함께 배움을 통해 사회복지에 대한 전문지식과 기술을 갖추고 있으므로, 재능이란 요인을 이미 지니고 있다. 사회복지사는 자신뿐 아니라 다른 사람의 복지에 관심을 기울이고 이를 행동으로 표현하므로, 사회적 관심의 수준도 매우 높다. 그러므로 자신의 부족함이나 모자람을 정확하게 인식하고, 그 부족함을 극복하기 위해 당당히 맞서고 도전하는 용기와 끝까지 노력하는 자세가 필요할 뿐이다.

누구나 부족함이 있지만, 인간은 오늘보다 내일 더 나은 자신이 될 수 있는 존재(becoming)다. 지금부터는 열등감에 빠져 허우적거리지 말고 떨쳐 일어나, 그것을 성장의 밑돌로 삼아 나날이 성장해 가는 사회복지사가 되자.

91

환란(患亂)을
연단(鍊鍛)의 기회로 삼아라

『맹자』고자장구 하편 13장에 이런 말이 있다. "하늘이 장차 이 사람에게 큰일을 내리려 할 때는 반드시 먼저 사람의 마음을 힘들게 하고, 그의 육체를 고달프게 하고, 그의 배를 굶주리게 하고, 그 몸을 곤궁하게 만들고, 하는 일마다 어긋나고 뒤엉키게 하였다. 이는 그의 마음을 분발하게 하고 타고난 본성을 강인하게 만들어, 그 능하지 못한 부분을 키워 주기 위함이다."는 장구이다. 귀한 일에 쓸 사람은 그 일을 내려 주기 전에 먼저 연단을 한다는 말이고, 시쳇말로 아픈 만큼 성숙해진다는 말이기도 하다.

연단이란 대장장이가 쇠붙이를 불에 달구어 두드려 단단하게 만드는 작업이다. 벌겋게 달궈진 무쇠는 수없는 망치질을 당한 후에야 쓸모 있는 그릇으로 탄생하게 된다. 사람으로 태어나 모진 풍파를 겪지 않고 평탄한 대로만 걸을 수 있기를 모두들 바랄 것이다. 그런데 평탄한 인생길만 걸어온 사람은 길가의 작은 돌부리에도 걸려 넘어지고, 얕은 뒷동산만 올라도 숨을 헐떡거린다. 사회복지사로서 편하고 쉬운 것만 추구하고 거기서 만족한다면, 작은 고난과 환란에도 무릎을 꿇게 되는 굴욕을

맛보게 될 것이다.

사람을 사랑으로 섬기고, 세상을 살기 좋은 곳으로 바꾸는 일은 결코 쉬운 일이 아니다. 쉽지 않은 길을 걸어야 하는 사회복지사는 인간봉사 전문직으로서의 굳은 심지와 함께 갖은 고통과 노고를 견뎌낼 수 있는 내적 강인함을 갖춰야 한다. 『맹자』 진심장구 상편 9장에서 '선비는 궁벽(窮僻)한 상황에도 원칙과 신념, 즉 지조(志操)를 지킨다.'고 했듯이, 사회복지사는 크나큰 환란의 한가운데서도 섬김의 도리를 굳건히 지켜 나갈 수 있도록 자신을 쉼 없이 연단하고 연단해야 한다. 그럴 때만이 흔들리지 않는 뿌리 깊은 나무가 될 수 있다.

92

남 탓하지 말고,
자신에게서 구하라

남들이 자신이 한 일을 알아주지 않으면 서운한 마음이 들 법도 하다. 그런데 사회복지사가 내담자의 사정을 알아보려는 노력도 않고 제대로 도와주지도 않았으면서 자신이 애쓴 것과 힘든 점을 알아달라고 말한다면, 과연 사람들이 잘했다 칭찬해 주겠는가? 이런 상황에 걸맞는 옛 성현의 말씀이 있다. 바로 "남이 자신을 알아주지 않음을 걱정하지 말고, 내가 남을 알지 못함을 걱정해야 한다."는 『논어』 학이편 16장의 말이다. 사회복지사는 남을 돕는 일을 하면서 남들로부터 인정받는 직업인이 아니고, 남을 알아보지 못하지 않을까 늘 걱정하고 조바심을 가져야 하는 인간봉사전문직이다.

따져 보면 제 잘못도 없는데, 모든 책임을 뒤집어 써야 하면 화가 날 법도 하다. 그런데 사회복지사가 뭔가 조금이라도 잘못되면 남 탓만 한다면, 세상 사람들이 뭐라고 할까? 『성경』 마태복음 7장 4절에서는 "어찌하여 형제의 눈 속에 있는 티는 보고, 네 눈 속에 있는 들보는 깨닫지 못하느냐."고 준엄하게 꾸짖고 있다. 『논어』 위령공편 20장에서는 "군자는 자기에게서 구하고, 소인은 남에게서 구한다."고 했고, 14장에서는 "자기를 후하게 책망하고 남을 박하게 책망하면, 원망이 멀어질 것이다."라고 했다. 이 모든 말이 사회복지사에게 반구저신(反求諸身)하라고 권면하고 있다.

정신분석이론의 남 탓하는 투사의 자아방어기제를 사용하기 전에 자신에게서 부족함과 잘못을 찾는 내면화의 기제를 먼저 사용하자는 말이다. 또 '내 탓이오, 내 탓이로소이다.'라고 말하는 가톨릭 운동의 정신을 따르자는 것이다. 사회복지사는 남에게 인정받으려 하기보다 남을 알아 주려 하고, 남 탓하기보다 자신의 부족함을 먼저 살피는 사람이 되어야 한다.

93

욕심을 적게 하라

모든 인간은 삶의 본능과 죽음의 본능이 내포된 원초아를 갖고 태어나서, 사회규범이 허용하는 범위 내에서 현실적 본능충족 방편을 마련하여 본능을 충족하며 살아가는 존재라고 Sigmund Freud는 말하고 있다. 따라서 누구나 본능을 완벽하게 충족시켜 아무 고통과 불편이 없는 열반(nirvana)의 상태에 이르고 싶어 한다. 사회복지사도 사람인 이상 본능을 충족시키려는 욕망에서 자유로울 수 없다.

하지만 인간으로서 충족하지 않으면 살아남을 수 없는 본능을 넘어서서, 더 많은 것을 갖고, 더 높은 곳에 오르고, 더 큰 것을 움켜쥐려고 하다 보면 남의 것을 빼앗고 때로는 밟고 올라서야 한다. 그러다 보면 Karl Marx의 말처럼, 세상을 사람살기 좋은 곳으로 만들기보다는 제한된 자원을 서로 많이 차지하기 위한 끊임없는 싸움이 일어나는 아비규환의 전쟁터로 만들게 될 것이 분명하다. 이에 공자는 『논어』 안연편 1장에서 '사사로운 욕심을 이겨내고 예(禮)로 돌아가라[克己復禮].'고 권면하고 있다. 또한 같은 책 자한편 4장에서는 사사로운 욕심을 채우려는 일이 없었던 공자의 풍모를 닮으라고도 했다. 『맹자』 진심장구 하편

35장에서는 마음을 수양하는 데 있어서 욕심을 적게 하는 과욕(寡慾) 만큼 좋은 것은 없다고 했다.

　사회복지사도 사람인 이상 본능적 욕구와 욕심이 없을 수는 없지만, 본능과 욕심에 사로잡히는 일을 최대한 적게 만들기 위해 사사로운 욕망을 절제하는 삶을 살아야 한다. 그렇지 못하면 선한 마음을 보존하지 못하고, 본연의 사명과 역할 또한 제대로 이행하지 못할 것이 분명하다. 그러므로 사회복지사는 사사로운 욕심을 최대한 적게 하여 선한 마음을 굳게 지키고 키워 나가야 한다.

94

같은 잘못을 반복하지 말라

    사람은 완성된 존재가 아니므로, 아무리 현명하고 뛰어난 사람도 실수를 한다. 그래서 '지혜로운 사람이라도 여러 가지 생각 가운데 한 가지쯤은 잘못된 것이 있을 수 있다.'는 의미로 천려일실(千慮一失)이라고도 하고, '한 번 실수는 병가지상사(兵家之常事)'라고도 한다. 어떤 사람이든 어떤 일이든 실수나 실패가 있을 수 있으니, 사회복지사도 역시 그러할 것이다. 그렇다고 사회복지사가 실수를 해도 괜찮다는 의미는 아니다. 특히 사람의 인생에 개입하여 실수를 하게 되면, 그 사람의 인생이 꼬일 수도 있으므로 최대한 실수를 하지 않기 위해서 노력해야 하는 것은 당연지사(當然之事)이다.

    『맹자』공손추장구 하편 9장에는 "옛날의 군자는 허물이 있으면 고쳤는데, 지금의 군자는 허물이 있으면 그것을 지속하는구나 …… 또 더 나아가 변명을 하는구나."라고 나무라고 있다. 사회복지사가 같은 잘못을 반복하면서도 그 잘못을 인정하지 않고 합리화하거나 투사까지 한다면, 비난과 질책을 받아도 할 말이 없을 것이다. 공자는『논어』학이편 8장에서 잘못이 있으면 고치기를 꺼려하지 말라[過則勿憚改]고 하였고,

위령공편 29장에서는 '잘못을 고치지 않는 것이 잘못이라[過而不改 是謂 過矣]고 했다.

사회복지사가 일을 하는 과정에서 실수, 잘못이나 오류를 범했을 때, 핑계대고 남 탓하지 말고 자신의 잘못을 곱씹어 보고 받아들이는 성찰을 통하여 이를 고치고, 다시 반복하지 않기 위해서 노력해야 한다. 그렇게만 한다면 '시행착오를 통한 성장'이라는 결과물로 보상받을 것이고, 그렇지 못하면 조직과 내담자에게 피해를 입히고 자신도 망가뜨리게 될 것이다. 잘못이 있으면 반드시 고치고, 또 다시 반복하지 말아야할 일이다.

95

높이 오를수록 낮아지려 하라

부(富)와 명예와 권력은 추구한다고 해서 얻어지는 것이 아니며, 사회복지사가 하는 일은 그런 것들과는 거리가 있다. 하지만 조직생활을 하는 이상 사회복지사는 일정한 지위를 갖고, 더 높은 자리로 올라가서 그 자리에 따르는 권력과 명예를 얻을 수도 있다. 하지만 공자는『논어』에서 자리보다 사명이 먼저여야 하고(술이편 11장), 부귀가 출처(出處)의 기준이 되어서는 안 되며(이인편 9장), 자리에 오르려고 하면 먼저 역량을 갖추어야 하며(이인편 14장), 자리에 걸맞은 역할을 못하고 자리만 채우고 앉아 있을 것이면 물러나라(선진편 23장)고 권고하고 있다. 맹자 역시도 비슷한 권고를 하고 있다.『맹자』고자장구 상편 16장과 이루장구 하편 18장에서는 사회적 지위와 명성을 얻기보다 타고난 선한 본성을 보전하기 위해 애쓰라고 하였으며, 진심장구 상편 8장에서는 설령 자리에 올랐더라도 그 지위에 따르는 작은 권세를 누리려 하지 말라고 권면하고 있다.

옛 성현들의 말을 빌리지 않더라도 우리 모두는 '올라가기는 어려워도 내려가는 것은 순식간이다.'라는 세상 사람들 사이에 회자되는 말을 잘 알고 있다. 높은 지위에 오르는 것이 쉬운 일은 아니며, 그 자리에 오른 사람은 각고의 노력을 기울였을 것이 분명하다. 그런데 자리가 높아질수록 짊어져야 할 책무도 많아지고, 사람들은 그의 일거수일투족(一擧手一投足)을 지켜보고 있다가 조그만 잘못만 저질러도 억수같은 비난의 화살을 쏟아 붓기도 한다. 그러므로 사회복지사는 높은 자리에 오르게 되더라도, 거들먹거리고 누리려하고 부려먹으려 하지 말고, 오히려 겸손하고, 나누고 베풀며, 두 팔 걷어붙이고 앞장서서 일하는 낮은 사람이 되려고 애써야 한다.

96

늘 언행에 조심하라

우리는 옳지 않은 행동을 하고도 낯짝이 두꺼워 부끄러워할 줄 모르는 사람을 '후안무치(厚顔無恥)한 놈이다.'라고 말한다. 독자 여러분은 이런 사람과 마주앉아 대화를 나누고 싶지 않을 것이고, 작은 도움도 받기 싫을 것이 분명하다. 사회복지사는 당연히 그런 류(類)의 사람이 되어서는 안 될 것이고, 그런 사람은 없으리라 믿는다. 전문적 지식과 기술도 중요하지만, 사회복지사에게 무엇보다 중요한 것은 인격적으로 성숙한 사람이 되는 것이다. 그런데 사람의 인격이라는 것이 말과 행동을 통해 드러나기 때문에, 사회복지사는 자신의 작은 언행 하나하나에 늘 신경을 쓰고 조심해야 한다.

공자는 『논어』에서 사람으로서 갖추어야 할 기본적인 행동거지에 대해 수도 없이 얘기하고 있다. 필자의 눈에 띈 것들만 모아 보면 다음과 같다. 사회복지사는 온화하고 어질고 공손하고 검소하고 겸손한 성품을 갖추어야 한다. 사람을 만나거나 중요한 일을 앞두고는 몸과 마음을 경건히 하고, 작은 일상에서도 몸과 마음을 바르게 해야 한다. 공사를 엄밀하게 구분하고, 상황에 맞게 말하고 행동하되, 특히 공식석상에서는 말 한마디 행동 하나하나를 조심해야 한다. 웃어른을 공경하고, 윗사람과 손님을 대함에 있어서는 예의를 깍듯이 갖춰야 하며, 벗을 대할 때는 의리를 지키고, 직장 동료를 대할 때는 자상해야 한다. 자신의 분수에 맞게 행동하고 자기 자리가 아니면 앉아서는 안 되며, 사람과 교제할 때는 성의를 다해야 하며, 마음까지 세세하게 살펴야 한다. 말을 듣기 좋게 꾸며서 하거나 행동보다 말이 앞서서는 안 되며, 낯빛을 꾸며 내서는 안 된다. 상황에 맞는 옷차림을 하고, 먹고 마시는 데도 절도를 지켜야 한다. 더 말하면 잔소리가 될 테니 이 정도만 해 둔다.

97

아홉 가지를 생각하라

　일에 치쳐 마음이 힘든 사람들이 불멍이니 물멍이니 하면서 머리를
비우고 식혀야 한다고들 말한다. 그런데 아무리 일이 많아도 소고기 두
근 반 무게도 안 되는 뇌가 피곤에 찌들 정도로 생각하고 또 생각하는
작업을 하지는 않는다. 스마트폰을 엄지로 누르는 것이 습관화되면서,
생각의 끈은 점점 더 짧아짐으로써, 우리의 사고는 점점 단편화되어 가
고 있다. 생각하는 동물인 인간의 사고가 짧아지면, 많은 것에서 문제가
생겨날 것은 명약관화(明若觀火)한 일이다. 2,500년 전 공자는 이를 예
견이라도 한 듯이, 일상의 작은 행위를 함에 있어서도 생각하고 또 생각
하라고 권면하고 있다.

　『논어』 계씨편 10장에서 공자는 사람들에게 아홉 가지를 생각하라[九
思]하라고 권면하고 있다. 바로 "군자는 아홉 가지 생각함이 있으니, 봄
에 밝음을 생각하고, 들음에 귀밝음을 생각하며, 얼굴빛은 온화함을 생
각하며, 용모는 공손함을 생각하며, 말은 진실함을 생각하며, 일은 공경
함을 생각하며, 의심스러움은 물음을 생각하며, 성냄은 어려움을 생각
하며, 얻는 것을 보면 의를 생각하는 것이다."라고 했다.

이 장구에 따르면 사회복지사는 밝게 보고, 귀를 쫑긋하여 경청하고, 얼굴빛은 온화하고 용모는 공손히 하며, 꾸며 말하지 않고 진실되게 말하며, 일을 할 때는 몰입하여 일하고, 의문이 생기면 물어서 알아내고, 화가 나면 그로 인해 나중에 맞이하게 될 난처한 상황을 미리 생각하여 가라앉히고, 사사로운 이익을 챙길 일이 있으면 그것을 취함이 올바른지를 생각해야 한다. 이처럼 사회복지사는 내담자를 돕는 데에만 전문성을 발휘할 것이 아니라, 사람으로서 더욱 성숙해지기 위한 작은 노력을 함께 기울여 가야 한다.

98

쉬어야 멀리 갈 수 있다

사회복지사는 감정노동자이다. 사람을 만나 상대하는 일만큼 마음의 무게가 더해가는 일도 세상에 흔치 않다. 다들 내 마음 같지 않으니, 그 다른 마음으로 인해 표출되는 말 한마디 행동 하나에 다치고 아프고 하루를 슬프게 마감하기도 한다. 스스로가 지치고 힘들고 외롭고 아픈데, 남을 위한 마음자리를 넉넉히 내줄 수 없다는 것은 삼척동자(三尺童子) 도 모를 리 없다. 남을 돕고 세상을 올곧게 펴나가려면, 내 마음자리가 편안해야 한다. 그러기 위해서는 쉬어야 하고, 쉬어야 멀리 갈 수 있다.

쉬어가란다고 해서, 그냥 널 부려져 있으라는 말은 아니다. 잘 쉬어야 한다. 술로, 게임으로, 양푼 한가득 밥 비벼먹는 것으로, 욕설로, 두들겨 부수는 것으로 나의 힘듦을 해소해서는 안 되며, 돈 많이 드는 골프나 명품백은 다음 생에 배우고 들어도 늦지 않을 듯하다. 그런 방법 말고 건강하고 건전한 방법으로 나를 스트레스로부터 빨리 회복시켜야 한다. 평일에는 일에 몰입하여 내담자와 세상을 위해 살았다면, 휴일에는 온전히 자기와 가족을 위하는 일에만 모든 시간을 할애하자. 아무리 일이 밀려도 집에까지 일을 싸들고 가지는 말자. 힘들어 견딜 수가 없을 때는 목 놓아 울어도 보자, 애제자 안연을 잃은 공자도 시중드는 자의 편잔에도 아랑곳하지 않고 목 놓아 울었다(『논어』 선진편 9장)고 하니, 보통 사람이 운들 어떠하리.

사람을 돕고 세상을 바꾸는 일을 오래도록 잘하려면, 몸과 마음이 아프기 전에 쉬어 가야 한다. 사명감에 넘쳐 자신을 아프게 하고 망가뜨리면, 아무 것도 제대로 할 수 없다. 지치고 힘들어 자신을 몽땅 태워 버리기 전에, 쉬어가며 일해야 한다. 그래야 오래 가고, 멀리 가고, 더 잘할 수 있다.

99

사회복지사의 길을 걷지 않더라도,
복지를 잊지는 말자

첫 번째 글부터 아흔 여덟 번째 글에 이르기까지, 사회복지사로서 어떻게 일해야 하고 어떻게 살아야 할지에 대해서 줄기차게 쏟아 냈다. 그런데 사회복지가 좋은 것이긴 한데, 나하고는 영 안 어울리는 길이라고 생각하는 독자들에게는 여기까지 글을 읽는 것 자체가 고된 노동[苦役]이었을 듯하다. 마지막 글이니 만큼, 사회복지사의 길을 걷지 않는 독자들을 위한 글 한자락 정도는 쓰는 것이 글 쓰는 자의 기본 예의일 듯하다.

필자는 거의 30년 전 즈음에 지도교수 상담을 할 때 제자가 했던 말을 아직도 또렷이 기억한다. 바로 "교수님! 저 여기 오고 싶어 온 것 아니에요, 엄마 아빠가 가라고 해서, 떠밀려서 왔어요. 전 사회복지사 일 안 할 거예요, 대신에 제가 사업해서 돈 많이 벌어서, 좋은 일하는 데 후원금 많이 내놓을게요."라는 말이다. 그 말을 듣고 필자는 "그래! 꼭 사회복지사로 일해야 복지를 하는 건 아니다. 그것도 복지를 하는 것이다."라고 답했다.

이따금 현장에서 사회복지사로 일하는 제자들이 찾아와, 복지 일을 그만둘까 고민하고 있다며 하소연을 늘어놓기도 한다. 긴 넋두리를 하고는 복지 일을 열심히 하는 제자가 있는 반면 정말로 복지 일을 때려치우는 제자도 있다. 그러나 필자는 제발 복지 일 좀 더 해 달라고 사정하지 않는다. 사회복지사가 아니더라도 복지 일을 할 수 있는 길은 무수히 많다. 힘들게 일하는 사회복지사들을 멀리서 격려하고 박수쳐 주는 것도, 모자라는 시간 대신 돈을 후원하는 것도, 이웃의 아픔을 위로하는 것도, 세상을 바꾸는 행동에 나서는 것도 모두 복지의 일이다. 사회복지사의 길을 걷지 않더라도, 사회복지를 머릿속에서 까맣게 지우지는 말고 품 속 깊이 간직해 주었으면 한다.

저자 소개

권중돈(權重燉, Kwon Jung-Don)

1960년 늦여름 경남 의령의 작은 동네에서 태어나 성장하였고, 숭실대학교에서 영어영문학을 전공, 사회사업학을 부전공한 후, 연세대학교 대학원에서 사회사업학 석사와 박사과정을 이수하였다. 가족, 정신장애, 노인이라는 세 가지 주제에 관심을 갖고 연구하여, 치매가족의 부양부담에 관한 주제로 박사학위 논문을 제출하였다.

그 후 『노인복지론』(8판, 학지사, 2022), 『사회복지학개론』(5판, 공저, 학지사, 2022), 『인간행동과 사회환경』(2판, 학지사, 2021), 『인간행동과 사회복지실천』(2판, 학지사, 2021), 『복지, 맹자에서 길을 찾다』(학지사, 2019), 『길에서 만난 복지: 해파랑길 770km를 걸으며』(학지사, 2018), 『복지, 논어를 탐하다』(학지사, 2015), 『치매환자와 가족복지』(학지사, 2012), 『인권과 노인복지실천』(학지사, 2012), 『노인복지프로그램 개발의 실제』(공저, 학지사, 2012), 『자원봉사의 이해와 실천』(공저, 학지사, 2008), 『치매환자를 위한 프로그램의 실제』(현학사, 2004), 『한국치매가족연구』(弘益齋, 1997), 『집단사회사업방법론』(공저, 弘益齋, 1993) 등의 노인복지와 사회복지실천, 전통사회복지 분야의 15권의 저서와 다수의 논문을 발표하였다.

보건복지부 산하 연구원인 한국보건사회연구원의 주임연구원으로 재직하였으며, 현재는 목원대학교 사회복지학과의 교수로 재직하고 있다. 또한 보건복지부의 국가치매관리위원과 민생제도개선위원, 대전광역시 노인복지정책위원 등으로 활동하였으며, 한국노인종합복지관협회, 한국노인복지중앙회, 독거노인종합지원센터, 사회복지공동모금회, 삼성복지재단, 현대자동차, 아산복지재단 등의 사회복지프로그램 슈퍼바이저로 활동하였고, 그 외의 여러 사회복지법인, 기관과 단체의 이사, 자문위원, 운영위원 등으로 활동하였다.

email: kjd716@mokwon.ac.kr

사회복지사의 길
– 99가지 실천지혜 –

The Way of Social Workers

2024년 1월 5일 1판 1쇄 인쇄
2024년 1월 10일 1판 1쇄 발행

지은이 • 권중돈
펴낸이 • 김진환
펴낸곳 • ㈜ **학지사**

04031 서울특별시 마포구 양화로 15길 20 마인드월드빌딩
대표전화 • 02-330-5114   팩스 • 02-324-2345
등록번호 • 제313-2006-000265호

홈페이지 • http://www.hakjisa.co.kr
인스타그램 • https://www.instagram.com/hakjisabook

ISBN 978-89-997-3010-8 93330

정가 16,000원

출판미디어기업 **학지사**

간호보건의학출판 **학지사메디컬** www.hakjisamd.co.kr
심리검사연구소 **인싸이트** www.inpsyt.co.kr
학술논문서비스 **뉴논문** www.newnonmun.com
교육연수원 **카운피아** www.counpia.com